警官高等职业教育“十二五”规划教材

# 宪　法

XIAN FA

主　编◎刘传兰
副主编◎奚坚平
撰稿人◎（以撰写章节先后为序）
汪芳琼　张　晶　奚坚平
刘传兰　徐丽艳　杨东欣
许　胜

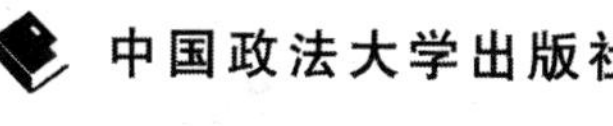

中国政法大学出版社

2014・北京

# 警官高等职业教育“十二五”规划教材
## 编审委员会

## 主编简介

**刘传兰** 女，安徽合肥人，1991 年毕业于西南政法学院法学专业。现任安徽警官职业学院教务处副处长、副教授，三级警监，兼职律师。2005 年以来入选警院学术委员会，曾获安徽省司法行政系统优秀教师、安徽省直机关先进工作者、警院十大教学名师等称号。曾任或现任安徽省法学会宪法学研究会副总干事长、理事，安徽省人社厅考试面试专家库成员，安徽省青年法律工作者协会成员，安徽省和合肥市“六五”普法讲师团成员。多年以来一直从事《宪法》和《律师与公证》等法律专业课程的教学工作，作为《宪法》精品课程负责人，先后主编了由中国政法大学出版社出版的警官高等职业教育系列教材《宪法》和由安徽大学出版社出版的《律师与公证》教材，并参加了《行政法与行政诉讼法》、《法律援助》等多部书籍的撰写工作。在多家刊物上发表学术论文。

# 编写说明

作为高等职业教育的重要组成部分，警官类高等职业教育正随着经济社会的快速发展和一线政法工作对专门人才的迫切需求而与时俱进。近年来，全国警法类高职院校都积极探索高职教育教学规律、改革专业人才培养模式，以适应经济社会发展对警法类专门人才的客观需求，改革内容涉及各个方面，包括专业建设、课程建设、师资队伍建设等，当然也少不了至关重要的教材建设。编写一套以就业为导向、以能力培养为核心、以服务学生职业生涯发展为目标、突出当前警官高等职业教育教学特点的系列规划教材就显得尤为重要。

为适应警法类专业人才培养的需要，安徽警官职业学院决定遴选理论功底扎实、教学能力突出、实践经验丰富的优秀教师组成编写组，对警官类高等职业教育原有的系列教材进行重新编写。本次编写工作按照“就业导向、能力本位、任务驱动”等职业教育新理念的要求，遵循高职学生自身的认知规律，紧密联系司法工作实务、相关专业人才培养模式以及课程教学模式改革实践，对教材结构和内容进行了革故鼎新的整合，力求符合教育部提出的“注重基础、突出适用”的要求，在强调基本知识和专业技能的同时，强化社会能力（含职业道德）和方法能力的培养，把基础知识、基本技能和职业素养三者有机融合起来。

本系列教材的主要特点是：

1. 创新编写思路，培养职业能力。“以就业为导向，注重培养学生的职业能力”是高等职业教育课程改革的方向，也是职业教育的本质要求。本系列教材针对警法类高职院校学生的特点，在教材编写过程中突出实用性和职业性，以我国现行的法律、法规和司法解释为依据，使学生既掌握法学原理，又明晓现行法律制度，提高学生运用法律知识解决实际问题的能力。同时，在教材内容编排上，本系列教材遵循由浅入深和工作过程系统化的编写思路，为学生搭建合理的知识结构，以充分体现高职的办学要求。

2. 体例设计新颖，表现形式丰富。为了突出实践技能培养，践行以能力为本位的职业教育理念，本系列教材改变以往教材以理论讲述为主的教学模式，采用新颖的编写体例。除基本理论外，本系列教材在体例上设置了学习目标、工作任务、导入案例、案例评析、实务训练、延伸阅读等相关教学项目，并在每章结束时通过思考题的形式，启发学生巩固本章教学内容。该编写体例为学生课后复习和检验学习效果提供便利，对提高学生的学习兴趣、促进学以致用、丰富教学形式、拓宽学生视野、提升职业素养具有积极的推动作用。

3. 课程针对性强，职业特色明显。高等职业教育教材突出相关职业或岗位群所需实务能力的教育和培养，并针对专业职业能力构成来组织教材内容。而法律实务类专业在社会活动中具有与各方面接触频繁、涉及面广的特点，要求学生具有较高的综合素质和良好的应变能力。因此，本系列教材采用案例教学法，通过大量的案例导入，并辅以简洁的案例分析，提供规范的实务操作范例，使学生能够更为直观地体会法律的适用，体验工作的情境和流程，增强学生的综合能力。

4. 文字表述简洁，方便学生使用。本系列教材在概念等内容编写中，尽量采用简洁明了的语言表述，使学生明确概念的要点即可，从而避免教材“一个概念多个观点”、“理论争论较多”的现象。

本系列教材共14本，在其编写过程中借鉴吸收了相关教材、论著的成果和资料；中国政法大学出版社也给予作者们大力支持和指导，责任编辑在审读校阅过程中更是付出了辛勤的劳动，在此我们深表谢忱。同时，由于时间紧、任务重，教材中难免出现不足和疏漏，恳请广大师生和读者给予批评指教，以便我们再版时进一步改进和提高教材质量，更好地服务于警官类高等职业教育事业。

警官高等职业教育“十二五”规划教材编审委员会

2013年12月

# 前 言

《宪法》是高职高专法律类专业的主干课程之一，属于法律基础课程。近年来，随着我国法治建设的不断推进以及相关法律的修订，该课程在法律体系中的根本大法地位更加突出。警官类高等职业教育以培养高素质技能型法律专门人才为目标，对理论知识的传授以“必需、够用”为度。因此，我们结合多年的教学经验，根据授课对象、课程定位、教学改革思路以及职业岗位（群）的任职要求，参照相关的职业资格标准，来编排教材体系和内容，有效地体现了知识与工作职位的一体化。

本教材以中国宪法为主，每章都穿插了对典型案例的介绍，从宪法的角度解读社会热点事件，收录最新宪政动态，以求教学内容与时俱进。这些特点使得本教材与本科宪法教材截然不同，本书不仅可以使学生了解宪法的基本知识、树立务实求新观念、顺应社会需求、传播宪政理念，同时也为学生学习部门法律搭建了桥梁，提高了他们对法律实务问题的综合分析能力。全书共分11章，除了简洁明了地介绍了宪法的知识架构与体系外，还突出了教学重点与难点。在内容上，本教材一方面侧重通俗性，对于基本理论和基本知识力求做到概念清楚、要点明确，对于深层问题通过社会事件或典型案例引出，引导学生思考和辨析；另一方面，本教材根据教学内容搜集了大量的背景材料，这些材料都是较新或最新的社会事件、社会新闻、统计数据等客观资料，对于学生理解宪法相关内容有很好的帮助作用。在体例上，本书体系完备、分析透彻、资料翔实，既照顾学界通说，又有鲜明的特色。它以案例开篇引发学生的学习兴趣，让学生带着问题去学习，从而提高学生的学习注意力和学习效果。同时，在每章最后都有实务训练、延伸阅读和思考题，使学生在阅读中思考问题，在训练中获得收益。通过对具体案件和社会现象进行分析，将社会实践引入课堂，实现教与学的互动，体现教、学、做三者合一的高等职业教育特色，引导学生由被动学习宪法走向主动学习宪法。

本书由刘传兰任主编，奚坚平任副主编，主编负责全书的统稿和修改定稿。具体编写分工如下（以撰写章节先后为序）：

汪芳琼：第一章、第六章；

张　晶：第二章；

奚坚平：第三章、第五章；

刘传兰：第四章、第十章；

徐丽艳：第七章、第八章；

杨东欣：第九章；

许　胜：第十一章。

编　者

2014年3月

# 目 录

第一章

# 宪法的基本理论

## 学习目标与工作任务

通过本章的学习，要求学生掌握宪法的概念和本质，宪法的分类和宪法规范等最基本、最普遍的宪法原理。着重理解和掌握宪法为什么是国家的根本大法，宪法与宪政的关系，并学会运用宪法的基本原则、宪法（尤其是我国宪法）的解释和监督体制等相关知识分析实际案例或事件。

## 第一节　宪法概述

### 导入案例

**1-1　　乙肝歧视案**

2003年安徽省芜湖市新芜区人民法院判决了中国乙肝歧视第一案。案中原告张先著于2003年6月在芜湖市人事局报名参加安徽省公务员考试。其笔试和面试成绩均名列第一，但在其后的体检中张先著被检查出是乙肝病毒携带者，9月25日，芜湖市人事局依据《安徽省国家公务员体检标准》正式宣布张先著因体检不合格不予录用。张先著不服，向人民法院提起行政诉讼，将芜湖市人事局告上了法庭。此后，全国各地颁布的歧视乙肝（携带者）的招考标准，遭到越来越多人的质疑，1161名公民联合签名，建议对公务员录用限制乙肝病毒携带者的规定进行违宪审查，这封建议书被送交到了全国人大常委会。建议书提出：将1.2亿乙肝（携带者）判为不合格，剥夺了《宪法》赋予他们的劳动权和平等权，希望全国人大常委会撤销《公务员暂行条例》。此后，人事部和部分省对《公务员体检标准》作了修改，删除了歧视乙肝病毒携带者的部分内容。

问：本案体现了宪法作为国家根本法的哪些特征？

“宪法”一词，自古有之，古代的西方和中国都曾经使用“宪法”这一词语，但其所指的涵义却与近现代的“宪法”并不完全相同。

**一、“宪法”词义的演变**

（一）古代西方“宪法”之词源

西方语言中用来表示宪法的单词，是由拉丁语发展而来，原词在拉丁语中是“组织”、“结构”、“规定”的意思。宪法一词在古代西方语言中的使用，与法律有关的有以下几种含义：

1. 古希腊。在哲学意义上，古希腊思想家亚里士多德把宪法视为整个城邦的政治秩序。他曾将古希腊各城邦的法律分为宪法和普通法律，并编辑过《一百五十八国宪法》一书。在其著作《政治论》中，论及了“立宪政府”的问题，认为国家应该有一个根本大法，作为立法与统治权行使的指导原则。而法律则是依此宪法而制定的，目的在于执行国家权力及制止违法行为。不过这一时期的宪法理念只是理论上的探讨，尚未形成国家的制度。

2. 古罗马。古罗马时期，宪法常用于表示皇帝的诏书、敕令和谕旨等，经常出现在罗马的法律和法学著作中。由查士丁尼皇帝钦定的、并被赋予法律效力的《法学总论》的序言中，曾四次使用“宪令”一词，就是在上述意义上使用的。古罗马政治家西塞罗在他的著作中也曾提到宪法，在他看来，自然法是全世界的宪法。

3. 中世纪。欧洲中世纪时期，宪法通常是用于表示教会与国王关系、封建主特权与国家关系的法律。12 世纪，英王亨利二世颁布的《克拉朗顿宪法》规定了英王与教士的关系。1215 年英王约翰颁布的《大宪章》规定了英王与英国贵族、诸侯及僧侣的关系。

（二）中国古代“宪法”之词源

中国古籍中常见的字眼是“宪”、“宪法”、“宪章”等。在中国古代，“宪”或“宪法”等词通常在两种含义上使用：

1. 宪法作名词时一般指法、法律、典章制度。例如，《国语·晋语》里有“赏善罚奸，国之宪法”之说，《尔雅·释估》里有“宪，法也”之说，《尚书·说命》里有“监于先王成宪，其永无愆”之说。

2. 宪法作动词时常指公布法律、遵守法律、实施法律制裁等意。例如，《康熙字典》释“宪”曰：“悬法示人曰宪”，《四书章句》对宪章的解释是：“宪章者、迎守其法”，《地官·小司徒》里提到的“令群吏宪禁令”，《南齐书·沈仲传》里提到的“中丞案裁之职，被宪者多结缘”，等等。

（三）中国近代意义宪法的出现

“宪”字在中国近代用语中，原本是表示“权威”、“纪律”的意思，例如，宪兵（维持军队纪律的兵种）、宪纲（官职尊卑）。一般认为，最早将西方语言中表示宪法的单词翻译为汉字“宪法”并正式使用的，是日本学者，中国和韩国只是沿袭了日本人的译法。19 世纪 80 年代，中国近代改良主义思想家郑观应在《盛世危言》一书中，首先使用了近代意义的“宪法”一词。1908 年，清政府敷衍民意，颁布《钦定宪法大纲》，中国近代意义上的“宪法”正式从法律上得以确立。

## 二、宪法的概念和特征

### （一）宪法的概念

学习和研究宪法学，首先必须解决“什么是宪法”的问题。然而，给宪法下一个准确的定义，却又是相当不容易的。西方学者根据宪法的作用和表现形式等，给宪法下了各种定义，一般都是从宪法的外部特征去定义宪法。而马列经典作家们则是从阶级分析的角度，对宪法的概念进行剖析，认为宪法是国家的根本大法，是阶级斗争的产物和阶级力量对比的总结，是掌握国家政权的统治阶级意志的体现。

我们认为，要给宪法作一个科学的定义，首先必须考虑的是宪法概念所应当包含的基本因素，否则就可能有失偏颇。这些基本因素应当包括：宪法作为法所调整的特殊的社会关系；宪法的基本作用；宪法的实质；宪法的基本内容和特征；等等。综合上述各方面的因素，我们为宪法给出如下定义：宪法是调整国家根本社会关系，规定国家根本制度和根本任务，集中表现各种政治力量对比关系，使民主制度化、法律化的，具有最高法律效力的国家根本大法。

### （二）宪法的特征

作为国家的根本法，宪法的特征主要表现在以下几个方面：

1. 在内容方面，宪法比普通法律更为全面、广泛和重要。宪法作为国家的根本法，它所调整的是国家最根本的社会关系，规定的是国家最根本、最重要的问题。这些问题包括国家的性质、国家的政权组织形式和国家结构形式、国家的根本任务和基本国策、公民的基本权利和义务、国家机构的组织及其活动原则等，关系到统治阶级的根本利益。而普通法律则是根据宪法的内容，为实现和保障宪法所规定的根本任务而制定的具体规定，所涉及的只是国家和社会生活中某一特定方面的问题，相对于宪法而言只是局部性的社会现象和社会关系。

2. 在效力方面，宪法与普通法律相比，具有最高的法律效力。由于宪法所规定的内容，是国家生活中的那些带有根本性的问题，是国家立法活动的基础，所以它在整个国家的法律体系中具有最高的法律地位和法律效力。宪法的这一特征，主要表现在以下几个方面：

（1）宪法是其他普通法律的立法依据，宪法与普通法律的这种关系，通常被称为“母法”与“子法”的关系。即宪法为母法，其他普通法律为子法。

（2）一切法律法规的制定都必须以宪法为依据，其内容和精神不得与宪法的原则和规定相抵触、相违背，否则就会因违宪而无效。我国现行《宪法》第5条第3款对此作了明确规定：“一切法律、行政法规和地方性法规都不得同宪法相抵触。”

（3）宪法是一切国家机关、政党、社会团体和公民的最高活动准则。我国现行《宪法》在序言中规定：“全国各族人民、一切国家机关和武装力量、各政党和各社会团体、各企业事业组织，都必须以宪法为根本的活动准则”，同时在第5条第4款中规定：“一切国家机关和武装力量、各政党和各社会团体、各企业事业组织都必须遵守宪法和法律。一切违反宪法和法律的行为，必须予以追究。”

**[导入案例分析]**

导入案例1-1中，修订前的《公务员体检标准》限制了乙肝（携带者）从事公务员的权利，违反了宪法所规定的每个公民所享有的平等的权利。因此，尽管《公务员体检标准》是各省的人事和卫生主管部门根据国务院的行政法规以及人事部部门规章的授权所制定，其制定程序并不违反任何法律规定。但是，最终在社会各界的共同建议下，人事部和部分省对《公务员体检标准》作了相应的修改，删除了限制乙肝（携带者）权利的部分内容。这一方面体现了宪法是一切国家机关、政党、社会团体和公民的最高活动准则，任何机关和个人都必须遵守宪法，另一方面体现了“一切法律、行政法规和地方性法规都不得同宪法相抵触”。

3. 在制定和修改程序上，宪法比普通法律更为严格、复杂。宪法是规定国家最根本、最重要的问题，具有最高法律效力的国家根本法，这就必然要求宪法具有极高的权威和尊严，而严格的制定和修改程序则是保障宪法权威和尊严的重要环节。宪法制定和修改的程序主要有：

（1）宪法的制定和修改一般都是由依法组织的专门机关来进行的。许多国家都成立专门的制宪委员会或者召开制宪会议来负责起草和制定宪法，同时都规定了特定的修宪议决机关，如立法机关、混合机关和特设机关。在我国，行使制（修）宪权的国家机关是全国人民代表大会。

（2）宪法的制定和修改需要经过特别的批准程序。如美国制宪者在《宪法》第5条中规定：“国会遇两院议员2/3人数认为必要时，应提出本宪法修正案，或因各州2/3之州议会的请求，召集宪法会议以提出修正案。在以上两种情形中之任何一种修正案，经各州3/4之州议会或经各州3/4之宪法会议批准时，即认为在事实上已成为本宪法的一部分而发生效力。”再比如法国在1958年《宪法》第89条中规定："宪法修改草案或提案须以内容一致之文字由国会两院表决通过。修改案尚须经公民投票复决认可，始告确定。共和国总统如将修改案提交国会两院联席会议审议，则该案无须交付公民复决；在此情况下，修改案须获联席会议3/5之多数有效票，始得通过。"我国现行《宪法》第64条规定："宪法的修改，由全国人民代表大会常务委员会或者1/5以上的全国人民代表大会代表提议，并由全国人民代表大会以全体代表的2/3以上的多数通过。法律和其他议案由全国人民代表大会以全体代表的过半数通过。"

宪法上述三个方面的特征，表明了它在国家法律体系中"根本法"的地位以及与普通法律的区别。当然，应当指出的是，并不是所有的宪法都同时具备上述三个方面的特征。例如不成文宪法，虽然内容是有关国家根本制度，但在效力和修改程序上却与普通法律相同。

### 三、宪法的实质

#### （一）宪法的政治实质

宪法的政治实质，即宪法的阶级性，它是指宪法作为政治法，集中表现了各种政治力量的对比关系。这里所说的"各种政治力量的对比关系"，包括阶级力量、各阶级联合的力量、同一阶级内部各种政治派别的力量以及社会上各种组织、团体等的力量。宪法是统治阶级意志的体现，但这种体现并非是随心所欲的。在制定或修改宪法的时候，统治阶级必须全面、综合地考察当时各种政治力量的对比关系，并以这种对比关系为依据，确定宪法的基本内容。

1. 宪法是在阶级斗争中产生的，是由在阶级斗争中取得胜利并掌握国家政权的统治阶级以国家名义制定的，它是阶级斗争胜利成果的记载和总结。资产阶级宪法是在资产阶级反封建的斗争中取得的胜利成果的总结。社会主义宪法是无产阶级经过长期斗争并建立无产阶级政权的结果。

2. 宪法在内容上反映了统治阶级的整体意志和利益。这主要体现在宪法规定了一系列有利于统治阶级的政治制度和原则。宪法所体现的统治阶级的意志和利益有着自身的特点，即通过民主与法制的程序和手段，建立稳定的社会秩序，以维护统治阶级的整体利益与需要。作为国家的根本法，宪法是在协调统治阶级内部各阶层的利益，同时兼顾全社会各个阶级、阶层利益的基础上，来体现和维护统治阶级的整体意志和利益的。

3. 宪法是各种政治力量对比关系的集中体现。从宪法的发展变化来看，它是随着各种政治力量实际对比关系的变化而变化的。这种变化有量变和质变之分。当各种政治力量的实际对比关系没有发生根本性变化，统治与被统治的关系不变时，即使宪法被部分修改或重新制定，但因为这不是由一个阶级推翻另一个阶级的统治所引起的，宪法的阶级本质也就不会发生改变，这是量变；当政治力量对比关系发生根本性转折，使一个阶级的统治让位于另一个阶级时，旧宪法即被废止，代之而产生的新宪法反映了社会各种政治力量新的对比关系，此时，宪法的阶级本质发生改变，这是质变。

（二）宪法的精神实质

宪法的精神实质，在于宪法是民主政治的制度化和法律化。近代意义宪法的一个最为重要的特征，就在于它与近代的民主制度有着密切的联系。它不仅是随着近代民主制度的产生与发展而不断发展完善的，而且在内容上是以确认民主的政治制度为核心的。

1. 宪法用国家根本法的形式，确认了民主的事实。正如毛泽东所指出的："世界上历来的宪政，不论是英国、法国、美国，或者是苏联，都是在革命成功有了民主事实之后，颁布一个根本大法，去承认它，这就是宪法。"

2. 宪法以国家根本法的形式，建立了民主的国家制度。其中主要包括：直接或间接地确认社会各阶级在国家政治生活中的地位；确认国家机构的组织与活动原则、职权和程序；确认和保障公民的民主权利和自由。

3. 宪法以根本法的形式确立了民主制度的法律基础。宪法规定了民主制度的基本形式，为其他确认民主制度的立法提供了法律依据，以切实保障民主政治的实现。

**四、宪法与宪政**

（一）宪政的含义

"控制政府或政府权力"是宪政一词较为原初的含义。由于在实践上各国是通过成文或不成文宪法来规范和限制国家权力的，凡是控制、约束政府权力一类的观念、制度和政治实践也因宪法而得宪政之名。但是，随着立宪成为各国一种普遍的政治现象，宪法承载的功能逐渐变得庞杂，此时宪政的含义也随之扩展，获得了"宪法政治"或"立宪政治"一类的解释。这类解释将宪政视为制定宪法与实施宪法的一种行为过程，它并不在乎宪法本身的内容与目的是什么，只要存在宪法，政治制度建立在宪法基础之上，政治过程依宪法运行，那么便可视之为宪政。

多数中国学者认为，宪政就是对民主政治、立宪政治或宪法政治的简称。我们认为，判断宪政必备的最低标准有：

1. 以宪法的制定和实施为前提。宪法的实施是宪政形成的必要条件。没有宪法的实施和宪法至上的确立就不可能有宪政。

2. 以民主为基础，以法治为基石。宪政以民主政治为基础，没有近代人民争取民主的事实，就不可能有宪法，更不可能有宪政。同时，民主政治理想状态的获得还需要得到法治的支撑，要将民主法治化。宪政中的法治以宪法之治为核心。

3. 以限制政府权力为主要功能。宪政虽然不否认政府权力存在的必要，但却将其视为一种“必要的恶”来认同其存在。从对人性的认识和对政府权力的警惕心态的意义上说，宪政是一种建立在悲观人性论上的对国家权力设防的学说。因此宪政主义者认为，如果在实际政治生活中没有限制和制约政府权力的制度设置，宪法设置的权力制约机制没有成为现实的政治实践，就不可能建成宪政。

4. 以保障人权为核心价值和终极目标。宪政是近代才出现的政治体制，重视并实现人的尊严和价值是制度形成和运作的主要目标，无论是权力制约还是实行法治，其终极目的都是保障人权。纵观当今各国宪法，无论是社会主义国家，还是资本主义国家，人权保障都已成为重要的宪法原则。这项原则或在宪法中得到概括性确认，或是以列举公民具体的基本权利的方式得到体现。由此可以看出宪政的价值理念所在。

（二）宪法与宪政的关系

从一般意义上理解，宪法是宪政的前提和基础，而宪政实践又推动宪法的发展。宪法是静态的，主要表现在规范层面，而宪政是动态的，主要表现在实践层面。宪法与宪政的对应和非对应是宪法发展过程中的必然现象。在实践中，宪法的实施可能形成符合宪政原理的政治形态，也可能会形成不符合宪政原理的政治形态，前者称为宪法与宪政之间的对应形态，后者称为宪法与宪政之间的非对应形态。

1. 宪法与宪政之间的对应形态。在这一形态下，宪法与宪政之间表现出来的是一种一致性关系，即有宪法也有宪政，宪政的形成是宪法实施的结果。而要达到这种对应形态至少应当具备三个条件：①宪法具有正当性，宪法的制定以及宪法的内容能够体现宪法的正当性要求。②宪法得到充分有效的实施。政治资源和公权力通过宪法的规定及相关的程序来配置，宪法的实施有较为完善的制度保障，建立了相应的违宪审查机制等。③宪法的实施直接导致政治实践的转变，建构了符合宪法价值和宪政原理的政治体制，实施宪法后的政治形态符合宪政的最低标准。如果宪法与政治实践符合以上三个条件，宪法的实施就将形成宪政并支持宪政的发展。

2. 宪法与宪政之间的非对应形态。在这一形态下，宪法与宪政之间表现出来的是一种矛盾性关系，即有宪法而无宪政，没有因宪法的实施而产生符合宪政基本原理的政治体制和政治实践。出现这种形态大致有两种情形：①没有一部在制定和内容上均符合正当性要求的宪法。如果一部宪法本身不具有宪法价值和功能，那么它实施与否都不可能产生宪政事实。二战以后出现的宪法有相当一部分属于这种情况，究其原因是这些国家尚未形成成熟的宪政观念，没有在社会范围内形成法治和人权保障的公民诉求，缺乏宪政成长的社会文化基础，宪法没有真正被当作是规范政治权力和人权保障的根本法。②存在先进的宪法却没有形成良好的宪政。这类国家的情形是，从宪法规范本身及其规定的政治体制来看，存在通过宪法实施而实现宪政的可能性，但是，由于宪法没有实施的社会条件或政治条件，而不能在政治实践中发挥作用，因此出现了先进的宪法和落后的政治现实之间的矛盾。在这种情况下，即使存在高度的民主理念，存在符合宪政的价值要求的宪法，也不能真正建成法治秩序和人权保障机制。

## 五、宪法的分类

在理论研究中，为了对宪法进行深入的探究，以寻求其客观规律性，学者们往往会依据一定的标准，将不同的宪法加以区分和归类，并作出比较分析。由于所立的标准不同，分类的结果也就不同。从现存的分类而言，大体上有形式上的分类和实质上的分类两种。

### （一）形式上的分类

1. 按宪法是否具有统一的法典形式，将宪法分为成文宪法和不成文宪法。成文宪法，是指具有统一的法典形式的宪法。1787 年的美国宪法是世界上的第一部成文宪法。当今世界上，包括我国在内的绝大多数国家的宪法都是成文宪法。不成文宪法，是指国家没有颁布统一的宪法典，关于国家根本事项的规定散见于各个不同时期颁布的宪法性法律、宪法判例和宪法惯例之中。英国宪法是典型的不成文宪法。

2. 按效力和修改程序的不同，将宪法分为刚性宪法和柔性宪法。刚性宪法亦称为硬性宪法或固定宪法，其效力高于普通法律，宪法的修改必须经过比普通法律更为繁复和严格的程序，如美国宪法、我国宪法等。柔性宪法则又称为软性宪法或可动宪法，其效力和修改程序均与普通法律相同，英国的宪法是柔性宪法的代表。

3. 按制定宪法的主体不同，将宪法分为钦定宪法、民定宪法和协定宪法。由君主制定和颁布的宪法，称为钦定宪法，如 1889 年日本明治天皇颁布的日本帝国宪法。由君主与国民或其代表共同制定的宪法，称为协定宪法，如 1830 年的法国宪法。由国民代表机关、制宪机构或者公民直接投票制定或通过的宪法，称为民定宪法。现今世界上绝大多数国家的宪法都属于这一类型。

### （二）实质上的分类

随着无产阶级掌握国家政权，社会主义国家的宪法也随之产生。由于社会主义国家与资本主义国家有着本质的不同，因此社会主义国家的宪法和资本主义国家的宪法也存在着本质的区别。

马克思主义宪法学者以宪法赖以产生和发展的经济基础及其所反映的阶级本质为标准，把宪法分为资本主义类型的宪法和社会主义类型的宪法。凡建立在公有制的经济基础上，反映无产阶级的意志和利益，由社会主义国家制定的宪法就是社会主义宪法；凡建立在私有制的经济基础之上，反映资产阶级的意志和利益，由资本主义国家制定的宪法就是资本主义宪法。这种分类的特点在于鲜明地揭示了宪法的本质，反映了宪法的阶级属性。

列宁曾经说过："当法律同现实脱节的时候，宪法是虚假的；当它们是一致的时候，宪法便是不虚假的。"有的宪法学者根据列宁的这一论点，把宪法分为虚假宪法和非虚假宪法。不过，宪法条款同现实脱节与否，实际情况非常复杂，需要作具体分析，所以这种分类方法尚不被宪法学界普遍采用。

## 第二节　宪法原则

**导入案例**

**1-2　　风可进，雨可进，国王不能进**

德皇威廉一世在波茨坦修建了一座行宫。一日，他登高远眺时，发现许多景物被一座古老的磨坊挡住了。威廉一世要买下这座磨坊，谁知磨坊主不买账，多少钱都不肯出卖。威廉一世派人将磨坊拆掉。磨坊主一纸诉状将德皇威廉诉至普鲁士最高法院，诉讼理由是威廉一世滥用职权擅拆民房，侵犯了公民的私有财产。法院最终判决如下：被告人威廉一世擅用王权，侵犯原告的财产权利，触犯了《帝国宪法》第79条，判决责令被告人在原址立即重建一座同样大小的磨坊，并赔偿各项损失费、诉讼费共150马克。

问：本案的判决体现了什么宪法原则？

**1-3　　尼克松"水门事件"**

1972年6月17日，警察在水门大厦抓获了5名潜入民主党总部安装窃听器和偷拍文件的嫌犯，经调查，确认几名嫌犯都与尼克松总统有关，"水门事件"发生后，引发了行政权与司法权、立法权的正面较量。主审法官西瑞卡通过一系列的努力终于在嫌犯那里取得了突破口，前白宫高级助理巴特菲尔德的白宫内部录音系统证词，将事件的发展推向高潮。特别检察官和国会水门委员会同时发出传票，要求总统交出录音带。在即将面临国会弹劾程序的压力之下，尼克松成了美国历史上第一个因丑闻而辞职的总统。

问：本案美国国会、法院对"水门事件"的调查体现了什么宪法原则？

宪法原则，亦称宪法的基本原则，它是指人们在制定和实施宪法过程中必须遵循的最基本的准则，是贯穿了立宪和行宪过程中的基本精神。任何一部宪法的制定都会受到社会主流宪法思想的深刻影响，都会反映出一国当时的政治指导思想、社会经济条件和历史文化传统。

作为体现宪法应然价值取向、统合宪法规则并指导全部宪政过程的依据和准则，宪法原则具有以下几个方面的基本特征：

1. 普遍性。宪法原则是能够普遍适用于每个国家的原则，具有全球的普适性和共享性。同时，宪法原则能够指导一国宪法实践的全过程，即贯穿于立宪、行宪的全过程。

2. 特殊性。宪法有独特的调整领域，其调整对象有自身的特点，因此，宪法原则必须符合宪法调整对象的特点。宪法原则是宪法本身特有的原则，不是与其他法律共享的法律原则。

3. 最高性。宪法原则是宪法价值的最高体现，也是判断一切权力行为是否具有合法性的最高和最终依据。

4. 抽象性。宪法原则来源于人们对宪法思想和宪政实践的高度抽象概括。

根据宪法原则的上述主要特征，特别是结合世界各国宪法与宪政的理论与实践，我们认为，宪法原则主要有人民主权原则、基本人权原则、法治原则和权力制约原则。这四条原则构成了宪法内在精神的统一体，成为现代民主宪政体制的基本支柱。具体说来，人民主权是逻辑起点，基本人权是终极目的，法治是根本保障，权力制约是基本手段。

**一、人民主权原则**

人民主权原则，也称为主权在民原则，是指国家最高权力来源于人民，属于人民，权力的行使不得背离人民授权的目的。

自法国法学家让·博丹提出主权理论以来，不同的思想家对主权归属问题作出了不同的回答。博丹赞同建立在神权基础上的君主主权，认为主权是君主的当然权力。英国思想家霍布斯虽反对“君权神授”，但也坚持主权在君。英国另一思想家洛克在总结英国革命成果的基础上，主张议会主权。法国思想家卢梭是人民主权学说的集大成者，首次全面系统地论述了人民主权原理。

人民主权学说符合文艺复兴以来人类解放的历史要求，也符合社会自由发展的要求，所以推动了18世纪欧美各国的反封建革命。在这些革命中，美国的《独立宣言》及1787年宪法、法国1789年《人权宣言》等宪法性文件分别宣布了人民主权的原则，从此，人民主权原则就成了各国宪法最一般的原则。

1791年法国宪法是通过序言宣告人民主权原则的代表，该宪法以1789年

《人权宣言》为序言，《人权宣言》中明确宣告：“整个国家主权的本源寄托于国民。任何团体、任何个人都不得行使主权所未明白授予的权力。”俄国在十月革命胜利后制定的宪法和日本现行宪法都在序言中宣布了人民主权原则。

大多数国家则是在宪法正文中宣告人民主权原则，并大致采用了两种不同的表述体例：①直接使用“主权属于人民或国民”的表述，其特点在于明确使用了“主权”的字眼。如《法兰西第五共和国宪法》第3条第1款规定：“国家主权属于人民，……”再如意大利1947年《宪法》第1条规定：“意大利是一个建立在劳动基础上的民主共和国。主权属于人民，……”②采用“国家的一切权力属于人民”的表述，其特点是并不使用“主权”的字眼，但“一切权力属于人民”实质上即主权在民，宣布一切权力属于人民也就是宣告了人民主权原则。社会主义国家多采用这种体例。如朝鲜《宪法》第4条第1款规定：“朝鲜民主主义人民共和国的权力属于工人、农民、军人和劳动知识分子等劳动人民。”再如我国现行《宪法》第2条第1款规定：“中华人民共和国的一切权力属于人民。”

值得注意的是，虽说世界各国宪法都承认并以不同的形式宣布了人民主权原则，而且还建立了各种制度来实践这一原则，但在不同的文化传统和政治制度下，人们对这一原则的理解还是存在着许多分歧，有些分歧甚至是根本性的。具体来讲，东西方对这一原则的理解存在如下三个方面的差异：

### （一）对人民主权原则之理论基础的认识不同

在西方的人民主权理论体系中，天赋人权、社会契约和权力让渡等自然法理论构成了人民主权原则的思想和理论基础。

在社会主义国家，马克思主义学者虽然也主张人民主权理论和原则，但他们认为西方学者理论的论证是唯心的。他们弘扬“人民是历史的创造者”的历史唯物主义主旋律，认为主权产生于人民的共同意志，主权是人民专有的权力。在较长的历史过程中，主权脱离了人民之手，为少数个人、家庭或集团所控制，人民只有通过斗争方能夺回主权。主权是人民斗争得来的。我国现行宪法首先在序言中描述了我国人民在中国共产党的领导下夺取国家权力的历史过程，正是这种人民主权理论的体现。

### （二）对人民之范围的界定不同

在西方，“人民”只是一个形式上的用语，并不具有特定的政治意义，与“国民”的意义相通，都是指全体社会成员。人民主权原则意味着主权属于全体国家成员。一些国家的宪法在宣告人民主权原则时，直接使用了“国家主权寄托于国民”、“主权属于国民”等表述，另一些国家的宪法则使用“国家主权属于人民”的表述，两者之间并无本质上的差距。

在社会主义国家，“人民”与“公民”、“国民”不同，它是一个政治性的概念，与“敌人”相对应。学者更多的是从实质民主的角度来界定人民的概念，认为只有享受民主的主体才是人民，而被专政的对象则被排斥在人民之外。社会主义国家宪法强调只有公民中的人民享有国家的最高权力，而非所有的社会成员都是主权的所有者。

（三）对主权能否分割的认识不同

在西方，主权在民与三权分立并不矛盾。相反，他们通常主张以三权分立的政治构架来表现人民主权，以普遍、平等的公民权利制度这一设计来实现人民主权。总之，他们认为，立法、行政和司法三权的分立并辅之以建设良好的选举制度，能够共同体现人民主权。

马克思主义学者则认为，主权不可分割，必须在国家的权力体系中为主权设定一个位置。在社会主义国家，全国性的人民代表机关首先是作为“主权所在”的角色出现的，人民代表会议制度是实现人民主权的根本政治制度。基于这样的一种理论设计，我国的全国人民代表大会在国家机构体系中居于核心和最高地位，其他国家机关皆由它产生并对它负责。

**二、基本人权原则**

基本人权原则，是指保障基本人权是宪法的核心价值、发展动力和归宿。人权在本质上是指人之为人应该享有的权利，基本人权则是人权的核心部分，其内容随着社会发展不断地扩充和变化，已从最初的生存权、平等权、自由权和财产权等个体性、消极性权利，发展到社会经济权利、发展权等集体性、积极性权利。

霍布斯、洛克和卢梭等资产阶级启蒙思想家提出了对西方宪法发展影响深远的“天赋人权学说”，为资产阶级革命提供了强有力的思想理论武器，起到了历史的进步作用。在资产阶级革命胜利之后，它便首先在资产阶级的政治宣言和宪法中得到了体现。

最早将天赋人权理论予以规范化的，是美国《独立宣言》和法国 1789 年《人权宣言》。美国《独立宣言》明确宣布：“我们认为下述真理是不言而喻的：人人生而平等，造物主赋予他们若干不可让与的权利，其中包括生存权、自由权和追求幸福的权利。为了保障这些权利，人类才在他们中间建立政府。”美国《独立宣言》作为最早宣布人权内容的宪法性文件，被马克思称为世界上“第一个人权宣言”。法国 1789 年《人权宣言》规定，“在权利方面，人们生来是而且始终是自由平等的”。“任何政治结合的目的都在于保护人的自然的和不可动摇的权利。这些权利即自由、财产、安全及反抗压迫”。

1787 年美国宪法和 1791 年法国宪法，是最早确认基本人权原则的资产阶级宪法。最初，美国宪法认为，有限政府和联邦共和的制度能够有效地保障人权，因而没有在宪法中规定人权的内容，但在民主主义者的讨伐声中，1791 年美国国会通过了 10 条修正案，以“概括列举”的方式规定了公民的基本权利，被称为美国的“权利法案”。法国 1791 年宪法以 1789 年《人权宣言》作为宪法的序言，并在正文中辟专章规定公民的基本权利。美法两国开创的人权宪法保障模式，对后来各国的人权立宪活动产生了深刻影响。现代各国宪法，无不确认基本人权原则。

从世界各国宪法的规定看，它们对基本人权原则的体现主要有以下四种形式：

第一种形式是既确认基本人权原则，又以公民基本权利的形式规定基本人权的具体内容。当今多数国家的宪法采用这一人权立宪体例。如日本宪法除在序言中规定“我们确认，世界各国国民同等享有在和平中生存并免除恐怖与贫乏的权利”之外，还在第三章“国民的权利与义务”中规定了公民享有的基本权利。除此之外，孟加拉国、斯里兰卡以及白俄罗斯等国宪法也采取了这样的人权立宪体例。

第二种形式是宪法中并不明确宣告基本人权原则，而是通过规定公民的基本权利来体现这一原则。如美国宪法，虽没有直接宣告基本人权原则，但却通过权利法案和联邦最高法院司法裁判文书对公民基本权利予以规定和确认，体现了基本人权原则。联邦德国基本法也是仅在第一章“基本权利”中具体规定了公民的基本权利，而没有对基本人权原则予以明确宣告。另外，还有比利时、丹麦、荷兰等国采取这一体例。

第三种形式是法国式的，既以人权宣言作为序言，又在正文中明确规定公民的基本权利。法国 1958 年《宪法》宣布：“法国人民庄严宣告，他们热爱 1789 年《人权宣言》所规定的，并由 1946 年宪法序言所确认和补充的人权和国家主权的原则。”除此之外，这部宪法还在具体条文中对公民的选举权作了补充规定。在世界各国的宪法中，采取这种体例的很少。

第四种形式是在宪法中专门列出一章或一节来确认基本人权原则。其中，有些国家的宪法以基本人权原则为章名或节名，并在该章中具体规定基本人权的内容。如意大利宪法在“基本原则”的大标题下确认基本人权原则的同时，规定了基本人权的具体内容。

我国宪法设“公民的基本权利和义务”专章，规定了公民在政治、经济、文化和社会生活方面的权利，并于 2004 年修宪时，在现行《宪法》第 33 条中增加了一款规定：“国家尊重和保障人权”，将基本人权原则正式载入宪法。

**三、法治原则**

法治，与人治相对，也称“法的统治”，是指统治阶级按照民主原则把国家事务法律化、制度化，并严格依法进行管理的一种治国理论、制度体系和运行状态。当我们把法治作为一种手段来理解时，又称其为依法治国。在我国，法治意味着一切国家权力的行使都应受到法律的规范，任何国家机关、各政党、社会团体和个人都应当在法律规定的范围内活动，任何违反宪法和法律的行为都必须受到制裁，反对任何组织和个人享有法律之外的特权。

近代宪法的法治原则，是以形成于西方的法治思想或法治理论为基础的。历史上很早就有人提出过法治的思想和理论，如古希腊的亚里士多德、古罗马的西塞罗等。亚里士多德曾阐述道："凡是不凭感情因素治事的统治者总比感情用事的人们较为优良。法律恰恰正是全没有感情的。""法治包含两重含义：已成立的法律获得普遍的服从，而大家所服从的法律又应该本身是制定得良好的法律。"这些观点，对近代资产阶级法治理论的形成产生了重大影响。经过卢梭等资产阶级启蒙思想家的发展和传播，法治理论产生了进一步的飞跃，并深入人心。

最早将法治原则规范化和实证化的是资产阶级革命早期的政治宣言和宪法，其中最有代表性的是法国1789年《人权宣言》和美国1787年宪法，这些法律文件中规定了诸多体现法治原则的内容。例如，宪法是国家的最高法律，其他任何法律、法令不得与之相抵触；法律面前人人平等；未经正当法律程序，不得剥夺任何人的权利和自由；国家机关的职权由宪法和法律授予，不得行使法律未授予的权力；司法独立；未经审判不得为罪，法律不得溯及既往；实行三权分立的体制；宪法未列举的权利由公民保留；等等。

**[导入案例分析]**

导入案例1－2中，法院判决国王威廉一世侵犯了磨坊主的财产权利，体现了法律面前人人平等，彰显了法治原则。

随着资产阶级革命的胜利和美、法两国宪法在世界上的传播，法治原则逐渐为各国宪法所接受。各国宪法对法治原则的确认大致采用了以下几种体例：

第一种体例是在宪法序言中明确宣布本国为法治国家。如葡萄牙共和国宪法序言规定："制宪会议庄严宣布：葡萄牙人民决心保卫国家独立，捍卫公民基本权利，确立民主制度的根本原则，确保法治在民主国家中的最高地位。"

第二种体例是在宪法正文中宣布本国是法治国家。如土耳其共和国《宪法》第2条规定："土耳其共和国是一个民主的、非宗教的、社会的法治国家；……"摩纳哥公国《宪法》第2条第2款宣称："公国是一个法治国家，尊重自由和基本权利。"

第三种体例是虽不直接使用"法治"一词，但从其文字或有关内容可以推导出宪法以法治为基本原则。如1958年法国《宪法》第2条第4款规定："共和国的口号是：'自由、平等、博爱'"，第2条第5款规定："共和国的原则是：民有、民治和民享的政府"。联邦德国基本法不仅规定它要实行三权分立的联邦政体，而且在基本法中明文规定"法官应该独立，并服从法律"。另外，联邦德国基本法还确认了自身的最高法律效力。美国和日本等国也采用这种立宪体例。

我国现行《宪法》第5条第1款规定："中华人民共和国实行依法治国，建设社会主义法治国家。"除了在宪法正文中明确宣告法治原则，现行宪法的不少规范也体现了法治的精神。法治原则在我国适用时，除了追求法律至上以外，还特别重视法律的良善性，即要合乎社会主义的本质。另外，我国的法治建设要特别强调党和国家领导人的意志服从宪法和法律，以及加快建立完善社会主义法律体系。

**四、权力制约原则**

权力制约思想由来已久，在历史上可以追溯到古希腊的亚里士多德和波利比阿。近代分权学说主要由洛克提出，由法国的孟德斯鸠加以发展完善。孟德斯鸠将国家权力分为立法权、行政权和司法权，并将三种权力交由三个不同的机关行使，这种分权的目的，在于实现分立后的权力之间的相互制约。孟德斯鸠认为："一切有权力的人都容易滥用权力，这是亘古不易的一条经验。"西方学者的分权制衡理论，对资本主义国家的宪法产生了直接影响，并成为资本主义国家宪法的一项重要原则。法国1789年《人权宣言》中明确宣称："凡个人权利无切实保障和分权未确立的社会，就没有宪法。"

资本主义国家宪法以分权学说为指导，形成了三权分立的权力制约机制。分权原则，又称为分权制衡原则，是指把国家权力分为立法权、行政权和司法权三部分，分别由不同的国家机关独立行使，这些国家机关在行使权力的过程中，互相牵制达到权力间的平衡。

美国是运用分权制衡原则最典型的资本主义国家，其权力构架中的分权与制衡关系极为具体。美国宪法将国家权力一分为三，立法权属于由参众两院组成的国会行使，行政权由美利坚合众国总统执掌，司法权则属于联邦法院及其下级法院。宪法明确规定三个国家机关分别独立行使宪法规定的权力的同时，还确立了立法权、行政权和司法权三者之间的制衡关系。如国会有权要求总统条陈政策以备审议，有权批准总统对外缔结的条约，有权通过弹劾审判案撤换总统；有权建议、批准总统对联邦最高法院法官的任命，有权弹劾、审判联邦最高法院法官并撤销其职务；参议院对弹劾案有审判权；总统对国会通过的法案有有限的否决权；副总统兼任参议院议长；总统有特赦权，有权提名并任命联邦最高法院法官；联邦最高法院首席法官担任总统弹劾案的审判庭主席；根据宪法惯例，联邦最高法院有权解释法律，宣布国会通过的法律违宪；等等。

[导入案例分析]

导入案例 1－3 中，国会对总统的弹劾、法院对总统的审判，体现了立法权、行政权和司法权之间相互制约的关系。

基于各国历史传统、民族状况等方面的差异，除了上述以美国为代表的三权分立与制衡的权力制约模式之外，还有些国家采用了以议会为重点的和以行政权为重点的权力制约模式，代表国家分别是英国和法国。权力制约原则在社会主义宪法中的具体形式是监督原则，关于监督原则在我国现行宪法中的具体表现，我们将在后面的相关章节中加以介绍。

## 第三节 宪法渊源与宪法结构

**导入案例**

**1－4 英王提名下议院多数党领袖为首相**

英国首相是代表英国王室与民众执掌国家最高行政权力的官员。在英国，一般情况下，国会的下议院多数党的首领可以自动成为首相人选，人选经过英王任命成为正式首相。英国国会下议院议员通过普选产生，英国有659个选区，每个选区选出一名代表成为下议院中的议员，所以，英国下议院一共由659名议员组成。各项工作准备就绪后，工党、保守党以及自由民主党三个主要政党以及其他各个政党，会在英国各个选区逐一争夺每一个议席。下议院哪个党派的议员多，就由哪个党派的领袖来组阁。选举结束后，英王将召见多数党的领袖，邀请他出任首相。

问："英王提名下议院多数党领袖为首相"是哪种宪法渊源？

### 一、宪法渊源

宪法渊源，是指宪法基于不同效力来源所形成的外部表现形式。通观世界各国宪法，宪法的渊源主要有成文宪法典、宪法性法律、宪法判例、宪法惯例、国际条约和国际习惯、宪法解释和权威性宪法著作等。

我国的宪法渊源主要包括：

(一) 宪法典

成文宪法国家的宪法典是宪法的主要渊源。1954 年第一届全国人大通过了新中国的第一部宪法，标志着我国社会主义成文宪法典的正式产生。之后，经过 1975 年、1978 年和 1982 年三次全面修改，以及 1988 年、1993 年、1999 年和 2004 年以修正案的形式进行的四次部分修改，确立了我国现行成文宪法的体系结构。成文宪法典是我国宪法的主要渊源。

（二）宪法性法律

所谓宪法性法律，是指与宪法有着密切关系的、效力仅次于宪法的规范性文件。全国人大和全国人大常委会依据宪法制定了一系列调整宪法关系的法律，如国旗法、国徽法、选举法、代表法、国籍法、全国人大组织法、国务院组织法、全国人大议事规则、全国人大常委会议事规则、地方人大和地方政府组织法、人民法院组织法等。这些宪法性法律是我国部门法意义上的宪法的重要组成部分。

（三）宪法惯例

宪法惯例，是指在长期的政治实践中形成的、宪法条文无明确规定但在实际政治生活中存在和通行的规则与习惯。关于我国是否存在宪法惯例以及有哪些宪法惯例的问题，目前理论界存在着不同的看法。有人认为，宪法惯例只存在于英美法系国家，所以在我国不存在宪法惯例。我们认为，宪法惯例是一种通行的政治习惯和传统，因而一般国家都存在。

**［导入案例分析］**

导入案例 1－4 中，“英王提名下议院多数党领袖为首相”并没有成文的规定，但它是英国政治生活中存在的一种习惯，所以它是一种宪法惯例。而我国在长期的国家政治生活中也形成了一些政治习惯和传统。如全国政协和全国人大每年在同一时间开会，并且政协全体委员会全体委员列席全国人大的有关会议。

（四）宪法解释

简单地说，宪法解释就是对宪法条文涵义进行的释义和说明。根据我国现行《宪法》第 67 条的规定，解释宪法的权力由全国人大常委会行使。也就是说，只有全国人大常委会对宪法条文进行的解释，才能作为我国宪法的一种渊源。

（五）国际公约

在我国与其他国家所签订的或者参加的国际公约中，涉及调整宪法关系的内容是我国宪法的渊源。2013 年 5 月 14 日，中国国务院新闻办公室发表题为《2012 年中国人权事业的进展》白皮书，宣布我国已加入了 27 个人权类国际公约，其中包括我国分别于 1997 年和 1998 年加入的《经济、社会、文化权利国际公约》和《公民权利和政治权利国际公约》两个著名的人权公约。我国参与签订和认可的国际性法律文件，是我国法律的渊源之一，因此，在我国参与的国际公约中，有关人权问题的规定，是我国宪法的一种渊源。

## 二、宪法结构

（一）宪法结构概述

宪法结构，是指在成文宪法的国家，其宪法典各组成部分的外部排列和内部组合。宪法典的结构可以从形式结构和内容结构两个方面来分析。

1. 宪法的形式结构。宪法的形式结构，是指构筑一国成文宪法典各个要素的外部组合，即将宪法规范予以合理排列的顺序。

当今世界各国宪法典没有固定的体例模式，一般分为章、节、条、款、项和目，也有在章之上再分编或者篇的，有的国家宪法典对章、节、条、款、项的排列顺序进行进一步细化，如章下设分章，节下设分节，条、款、项下设小条、小款、小节或者是条之几、款之几和项之几。据统计，采用章、节、条体例的国家占多数。我国现行宪法从体例上可以分为章、节、条、款、项。

就宪法典的整体布局而言，各国也没有一个统一的标准。在名称、目录、序言、正文、附件以及制宪机关、制宪时间和公布令等构成部分中，除了宪法正文以外，各国宪法典对其他构成部分各有取舍。新中国颁布的四部宪法典，均包括有名称、目录、序言和正文以及制宪机关、制宪时间、公布机关和公布时间等。

从宪法的长短来说，各国宪法典也有相当差距。据统计，世界上最短的宪法典是马尔加什共和国宪法，只有700多字；而世界上最长的宪法典是南斯拉夫宪法，共6万多字；印度宪法为5.4万多字。

2. 宪法的内容结构。宪法的内容结构，是指宪法典的整体内容，由于调整对象的性质和调整方式的不同，因而划分为若干部分，并由此形成的有机组合和有序排列。

尽管世界各国宪法典编排的体例、格式不完全一致，各部分内容的顺序安排不完全一样，但构筑内容结构的要素基本一致。一般都包括国家的根本制度、公民的基本权利与义务、国家机关的组织、权限和活动原则等内容要素。

各国宪法的内容结构一般由六个部分组成，即序言、总纲、公民的基本权利和义务、国家机关的组织与活动、国家标志、宪法的保障与修改。大陆法系国家的宪法结构大多比较完整，但英美法系各国宪法则属于结构不完整宪法，一般没有总纲和关于国旗、国徽等国家标志的规定。而社会主义国家宪法一般都有完备的宪法结构，篇幅也相对较长，有的还在通常的六大部分之外增加其他的内容。

我国现行宪法的内容结构，依次是序言，总纲，公民的基本权利和义务，国家机构和国旗、国歌、国徽、首都。有关宪法的保障与修改方面的内容没有单独设章，而是在其他部分加以规定。值得注意的是，与前三部宪法相比，现行宪法将“公民的基本权利和义务”一章置于“国家机构”一章之前，从而突出了公民基本权利和义务的重要地位。

### （二）宪法的序言

宪法序言是指独立于宪法正文以外的一部分叙述性文字。从表述上看，有明示序言和非明示序言两种。前者以“序言”为明示标题，如中国、韩国、联邦德国等；后者无“序言”的明确标题，如美国、日本、俄罗斯等。世界各国宪法，有序言的约占2/3以上。

1. 宪法序言的分类。根据宪法序言繁简程度和表现形式的不同，可将其作如下分类：

第一类为目的性序言。从内容上说，这类序言仅陈述制定宪法的目的，而且字数不多。如美国1787年《宪法》的序言，只有寥寥数十字，其表述为：“我们美利坚合众国的人民，为了组织一个更完善的联邦，树立正义，保障国内安宁，建立共同防务，增进全民福利和确保我们自己和我们后代能安享自由带来的幸福，特为美利坚合众国制定和确立这一部宪法。”

第二类为原则性序言。这类序言主要表述宪法的基本原则，字数一般在一两百字左右。如法国1958年《宪法》序言规定：“法国人民庄严宣告，他们热爱……人权和国家主权的原则。”又如斯里兰卡1978年《宪法》序言中明确宣布了代议制原则、人民自由平等原则、基本人权原则、司法独立原则等。原则性序言在世界上约占60%。

第三类为纲领性序言。采用这类序言的多为第三世界国家的宪法，字数相对较多。如中国、越南、蒙古、阿尔巴尼亚等。我国现行宪法的序言在总结历史经验的基础上，提出了四项基本原则，并规定了国家的根本任务和对外政策等内容。基本上属于纲领性序言，并兼有史实的记载。

第四类为综合性序言。这类序言为数最少，但篇幅最长。其中最典型的是前南斯拉夫宪法的序言，长达两万余字，内容包括基本原则、基本任务、基本政策、国际关系和宪法的最高效力等。

2. 宪法序言的法律效力。各国宪法学界对宪法序言的法律效力问题存在不同观点。有学者认为，宪法是一个整体，序言作为它的重要组成部分，当然具有最高的法律效力；也有学者认为，序言所宣布的原则过于抽象，不能作为具体的行为准则，不具有法律效力；还有的学者认为，陈述性序言，尤其是其中关于历史事实记载的部分没有法律效力，而原则性序言、纲领性序言，以及综合性序言中关于基本原则、基本国策、基本任务和宣布宪法本身效力的部分，属于宪法规范的内容，应该具有法律效力。

我们认为，宪法序言是宪法的重要组成部分，而且从其规定的内容以及地位和作用来看，大部分宪法序言与总则或总纲的内容有重合或交叉之处，因此应该具有最高法律效力。例如，美国宪法序言是典型的目的性序言，但它所陈述的制宪目的，同时也是美国人民为之奋斗的目标，因而具有纲领性色彩，应该具有法律效力。中国现行宪法虽未明确规定宪法序言具有法律效力，但从宪法有关规定的基本精神来看，是把宪法序言作为宪法的有机组成部分，而确认其具有最高法律效力的。

（三）宪法的正文

宪法正文是宪法的主体部分，是宪法的重心所在。其内容一般包括：社会制度和国家制度的基本原则；公民的基本权利和义务；国家机关及其相互关系；国家标志；宪法的保障实施和修改程序；等等。在具体内容、顺序和表述等方面，不同国家的宪法呈现不同的面貌。我国现行宪法正文分为四章，分别是：第一章，总纲；第二章，公民的基本权利和义务；第三章，国家机构；第四章，国旗、国歌、国徽、首都。

宪法的总纲部分主要规定宪法制度的基本原则和基本国策，这是一国统治阶级管理国家和社会的基本方针，是国家和社会得以稳定、有序运转的关键，在整个宪法结构中，宪法总纲起着指导性、原则性与统一性的作用。我国现行宪法总纲规定的主要内容包括：国家制度，即人民民主专政制度和人民代表大会制度；社会主义法治、国家机关责任制等基本原则；国家结构形式，即特殊单一制的国家形式，包括行政区划制度、民族区域自治制度、特别行政区制度；国家的基本经济制度和经济政策；社会主义精神文明制度；等等。

公民的基本权利和义务是宪法的核心内容，实际上体现宪法的制定目的和基本价值，是世界各国宪法所不可缺少的。随着社会的发展和法治的成熟，宪法规定的公民基本权利和义务方面的内容也日益丰富多样。我国现行宪法改变了前几部宪法的结构，将公民基本权利和义务一章提到国家机构之前。这一调整充分表明对公民权利的保护居于宪法的核心地位，这不仅符合人民主权原则，也与我国国家政权的本质特征相一致。具体内容方面，我国现行宪法根据基本人权原则和法治原则，结合我国社会发展实际，规定了公民在政治、经济、社会和文化生活等方面享有的广泛的权利和自由，并规定了相应的保障措施。

国家机构是宪法调整的重要内容之一，现代各国宪法以不同的形式规定各类国家机关在宪政体制中的不同地位，以规范权力运作的具体程序。一般先规定国家机构运作的基本原则，然后依其性质具体规定统治机构的产生、职权与活动程序等。我国现行宪法具体规定了全国人民代表大会及其常务委员会、国务院、国家主席、中央军事委员会、审判机关和检察机关、地方国家机构等的产生、职权与活动程序，确立了以宪法为基础的完整的国家机构体系。

国家标志部分同样是宪法的重要内容，不过所占篇幅不长，而且往往被安排在宪法的末尾或者接近末尾的部分，如我国宪法。当然也有例外，如法国的1958年宪法便将其规定在第一章。国旗、国歌和国徽均是国家的标志，代表国家主权，象征国家尊严。

（四）宪法的附则

宪法正文的附则，有的称为“补则”或“最后规定”，通常规定宪法自身的最高法律效力、生效时间和生效条件、宪法的修改和补充等内容。几乎每一部宪法都有附则性条款，但从形式上看，标有“附则”之名的宪法不多而且表述也不一样。

## 第四节 宪法规范

**导入案例**

**1－5　　劳动教养制度废除**

任建宇，2009年7月毕业于重庆文理学院，大学毕业后顺利考上“村官”。2011年8月，任建宇在2年试用期满，正在公示等待转正的时候，因为在微博和QQ空间里复制、转发和点评“100多条负面信息”，被重庆市公安局以“涉嫌煽动颠覆国家政权罪”立案并刑拘。2011年9月17日，重庆市公安局提请逮捕任建宇。2011年9月23日，重庆市人民检察院第一分院审查后认为，任建宇犯罪情节轻微，不构成犯罪同时不批准逮捕。同日，重庆市劳教委下达了劳教决定书，决定将任建宇送往涪陵劳教戒毒所，劳教期为2年。2012年11月19日，重庆市劳教委撤销对任建宇的劳教决定，任建宇重获自由。2013年12月28日，闭幕的全国人大常委会通过了关于废止有关劳动教养法律规定的决定。该决定规定，劳教废止前依法作出的劳教决定有效；劳教废止后，对正在被依法执行劳动教养的人员，解除劳动教养，剩余期限不再执行。

问：由国务院制定并实施了50多年的劳动教养制度的废止说明了宪法规范的什么特点？

### 一、宪法规范的概念

宪法规范，又称宪法规则，是指由国家制定或确认的用以调整国家生活中基本社会关系的根本行为准则。

宪法规范并不调整所有的社会关系，而只调整国家和社会生活中最基本的社会关系。此类社会关系是非常广泛和复杂的，它包括国家与公民之间的关系，国家与国内各阶级、各民族、团体和其他组织之间的关系，国家机关的内部关系，国家机关之间的关系，等等，且这个社会关系的一方一般总是国家或国家机关。

从逻辑结构上看，宪法规范与一般法律规范一样，由假定（即宪法规范适用的条件)、处理（宪法规范规定的行为模式）和制裁（违反规则的法律后果）三个要素组成。在逻辑结构上，宪法规范必须具备三要素，但这三要素却不一定总是会在宪法条文中得到完整的体现，尤其是制裁要素，往往在宪法条文中无具体规定，而需要由其他的普通法律来补充。

## 二、宪法规范的特点

与其他的法律规范相比，宪法规范具有如下几个方面的特点：

### （一）根本性和广泛性

宪法规范的根本性，是指宪法主要确认国家的根本制度和根本任务、社会和国家制度的基本原则、公民的基本权利和义务、国家机关的组织和活动的基本原则及体系等国家生活中的根本性问题，而不是事无巨细、面面俱到。同时宪法规范还呈现出广泛性的特点，宪法规范的内容包容性强，调整的社会关系范围广泛。它所调整的社会关系，涉及政治、经济、文化、教育、科学、卫生、国防、外交等领域，几乎包括了国家生活的一切方面。

### （二）原则性和概括性

宪法规范的原则性，是指由于宪法规范内容的根本性和范围的广泛性，宪法规范只能是非常原则性的规定，即仅规定有关问题的基本原则。因此宪法规范需要采取高度概括的形式，它并不是社会现实的直接反映，而是在对社会生活进行高度抽象以后，作出概括性的规定，以便遵循。

### （三）适应性和相对稳定性

宪法规范的根本性和原则性决定了它比一般法律规范具有更大的适应性，使得宪法规范能够在较大的限度内承受因客观形势的变化而带来的影响。只要客观形势的变化没有引起国家根本制度的质的变化，宪法所作的根本性与原则性的规定就仍然可以适用，从而保持了宪法规范的相对稳定性。宪法的长期稳定，对于社会成员树立宪法信仰，形成宪法意志力，维护宪法的尊严具有重要意义。例如，美国宪法颁布已有200多年，没有做过根本性改动，只是为适应客观形势的变化增加了一些修正案。

### （四）最高权威性

宪法规范的最高权威性，是指宪法规范的地位和效力高于其他法律规范。宪法规范是社会生活中的最高价值准则，它构成一切政治社会的基础。宪法是一切规范之母，与普通法律的关系是母法与子法的关系。国家的一切法律和制度都根源于宪法，都由宪法所派生。宪法规范具有最高的法律效力，即一切与宪法规范相抵触的法律、行政法规、地方性法规都是无效的。

**[导入案例分析]**

导入案例1－5说明了宪法规范的最高权威性。根据宪法性规范《立法法》

第9条的规定，限制公民人身自由只能由全国人大及其常委会制定的法律规定。而1957年实施的限制人身自由的劳动教养制度，却是由国务院制定和颁布的，其因与宪法性规范《立法法》的上述规定相抵触，最终被全国人大常委会废止。宪法规范的最高权威性还意味着，宪法是调整社会生活的最高依据，是判断政治行为是否合法、合理的标准。

（五）妥协性

宪法规范的妥协性，又可称为灵活性，是指部分反映阶级力量对比关系的宪法规范是现实中各种政治力量相互妥协的结果。从某种意义上来说，宪法的制定是为解决政治纠纷提供一套规则，以避免各种政治势力之间的冲突不可调和，那么，宪法在制定过程中，不同政治势力的利益发生冲突时，往往就只有通过相互间的妥协与让步才能达到解决。因此，许多宪法规范的内容体现出妥协性的特点。

**三、宪法规范的种类**

宪法规范的存在形式是多样化的，我们可以从不同的角度对宪法规范进行分类。有关宪法规范的分类标准与分类方法，学者们提出了不同的观点，如认为从表达方式上，可分为宣言性规范与确认性规范；从作用的时间看，可分为纲领性规范与现实性规范；从宪法规范约束力的强弱程度看，可分为提倡性规范、任意性规范和强行性规范；从规范的功能来划分，可分为调整性规范与保护性规范。也有学者根据宪法规范对宪法主体行为的引导作用不同，将宪法规范分为授权性规范、禁止性规范、义务性规范和确认性规范；根据宪法规范的确定性程度不同，将宪法分为确定性宪法规范和非确定性宪法规范。上述分类方法在深入分析宪法规范的结构方面进行了有益的探索。基于不同的分类标准，我们将宪法规范分为如下类型：

（一）确认性规范

确认性规范，是指对已经存在的事实进行认定的宪法规范。其主要意义在于，根据一定的原则和程序，确立具体的宪法制度和权力关系。以肯定性规范的存在为其主要特征。

我国现行《宪法》第1条第1款规定：“中华人民共和国是工人阶级领导的、以工农联盟为基础的人民民主专政的社会主义国家。”第2条第1款规定：“中华人民共和国的一切权力属于人民。”这类规范从宏观角度确立了国家制度的基本原则和国家权力运行的基本原则。

（二）禁止性规范

禁止性规范，是指对宪法主体或其行为进行某种限制的宪法规范，也称为强行性规范。这类规范对于宪法的实现起着十分重要的作用，集中表现了宪法的法的属性。

在我国宪法中，禁止性规范主要以“禁止”、“不得”等形式加以表现，这类规范虽数量不多，但产生的影响较大。如我国现行《宪法》第12条第2款规定：“国家保护社会主义的公共财产。禁止任何组织或者个人用任何手段侵占或者破坏国家的和集体的财产。”第65条第4款规定：“全国人民代表大会常务委员会的组成人员不得担任国家行政机关、审判机关和检察机关的职务。”

（三）授权性规范与义务性规范

授权性宪法规范，是指授予宪法主体作出或不作出，或者要求他人作出或不作出某种行为的权利能力或可能性的宪法规范；义务性宪法规范，是指规定宪法主体必须履行一定义务的宪法规范。

这类规范主要是在调整公民基本权利与义务过程中形成的，同时为行使权利和履行义务提供了依据。从我国宪法的规定看，权利性与义务性规范具体有以下三种形式：

1. 单一的权利性规范。如我国现行《宪法》第35条规定：“中华人民共和国公民有言论、出版、集会、结社、游行、示威的自由。”宪法第二章规定的公民的基本权利中，权利性规范占有很大比例。

2. 单一的义务性规范。如我国现行《宪法》第52条规定：“中华人民共和国公民有维护国家统一和全国各民族团结的义务。”这类义务在宪法中的规定比较清楚。

3. 权利性与义务性相结合的复合性规范。如我国现行《宪法》第42条第1款规定：“中华人民共和国公民有劳动的权利和义务。”第46条第1款规定：“中华人民共和国公民有受教育的权利和义务。”在这类规范中，权利与义务互为一体，表现出其特殊的调整方式。

（四）程序性规范

程序性宪法规范，是指规定宪法制度运行过程的程序的宪法规范，主要涉及国家机关活动程序方面的内容。

程序性规范主要有以下两种表现形式：

1. 直接的程序性规范，即对有关行为的程序作出具体规定的宪法规范。如全国人大召开临时会议的程序规定、全国人大延长任期的规定、宪法修改程序的规定、全国人大代表质询权的规定等。

2. 间接的程序性规范，即宪法典本身对程序性规范不作具体规定，而通过法律保留的形式予以规定。比如，对法律的具体制定程序、国家机关领导人的具体选举程序等，宪法只作原则性规定，具体程序则由其他法律规定。

## 第五节　宪法解释与违宪审查

**导入案例**

**1－6　　　华新民等28人请求全国人大常委会解释宪法**

2010年11月19日，华新民在自己的博客里撰文称已于14日将一份由28人联合署名的请求发往全国人大常务委员会，并将其内容向社会公布，名为《请求全国人大常委会解释八二宪法第十条》。在该请求中，华新民等人表达了对现行《宪法》第10条规定（实为第10条第1款“城市的土地属于国家所有”）的一些疑问，并提出“请求全国人大常务委员会对上面这条规定作出解释”。

问：结合宪法解释体制的种类，分析华新民等人请求全国人大常委会作出宪法解释是否正确？

**1－7　　　马伯里诉麦迪逊案**

马伯里诉麦迪逊案发生于1801年年初新旧总统权力交接之际。起因是当时的美国总统亚当斯在其任期的最后一天午夜，突击任命了42位治安法官，但其中16人的任命状未来得及送出；继任的总统杰弗逊让国务卿麦迪逊停发这16份委任状。其中一位因此而没能当上法官的人（即马伯里），向联邦最高法院提起了对麦迪逊的诉讼。审理该案的法官马歇尔，运用高超的法律技巧和智慧，判决该案中所援引的1789年《司法法》第13款因违宪而无效，从而解决了此案，并从此确立了美国最高法院有权解释宪法、裁定政府行为和国会立法行为是否违宪的制度，对美国的政治制度产生了重大而深远的影响。

问：本案确立了美国的何种违宪审查体制？

### 一、宪法解释

#### （一）宪法解释的含义

宪法解释，是指享有宪法解释权的国家机关依法定程序，对于宪法规范的内涵、外延以及词语用意等，依照宪法的精神、原则和意图，加以诠释或说明。

应该说，宪法解释与宪法文本是相伴而来的，有了宪法也就开始了解释宪法的历史。我们认为，宪法解释之所以必要，主要由以下几个方面的因素决定：

1. 宪法都是普遍性、原则性规范，抽象性甚强，要使宪法得到正确地遵守和实施，便有必要对宪法含义进行准确说明。

2. 宪法解释是维护法制统一和法律公正的需要。宪法是民主的基石，法制的核心，是最高和最根本的行为准则，如果对宪法的理解不一，甚至相互矛盾，极易造成法制的不统一，从而影响法律的公正性和权威性。

3. 宪法解释是使宪法适应社会关系的发展变化，从而保证宪法生机和活力的重要手段。宪法是一种相对稳定的行为规范，而社会关系又在不断的发展变化，因此宪法制定后，既要适应社会关系发展变化的需要，又不能丢失其应有的稳定性，而最及时有效的解决办法，就是通过宪法解释赋予宪法规范以新的活力，使宪法自身在解释中得到发展。

4. 宪法解释也是改正宪法缺陷的需要。立宪是一项十分艰巨复杂的工作，往往难以做到完美无缺。因此，宪法制定后出现应规定而未规定、规定模糊不清、甚至相互矛盾的情况时，为了使宪法保持相对稳定，宪法解释就成为弥补缺漏、协调矛盾的重要方法和手段。

（二）宪法解释体制的种类

由于世界各国宪政发展的历史传统不同，关于宪法解释主体资格的理念不同，因而在实践中形成了不同的宪法解释体制，大体有以下几种：

1. 国家元首解释制。国家元首解释制始于君主制，最早在宪法中确立这一制度的是日本明治宪法。该宪法规定，宪法的解释权由天皇行使。近现代宪法解释制度因受民主思想影响，因而不再将宪法解释权授予君主，但由于国家元首在一国家宪政体制中所处的特殊地位，所以许多国家的宪法都规定，国家元首在行使宪法赋予的职权时，可以对相关的宪法含义进行解释。

2. 立法机关解释制。立法机关解释制，即由一国立法机关解释宪法的体制。代表国家是英国。

立法机关解释制的主要特点有：①宪法解释权的行使分为两种，或是立法机关主动行使，或是以其他机关的申请而行使；②宪法解释依照立法程序进行；③宪法解释的形式有两种，一种是寓解释于立法之中，另一种是单独作出解释；④实行后法优于前法的原则。

由国家立法机关行使解释权，有利于保证宪法解释的权威性。但也有可能发生使立法机关的意思代替立宪者原意的情况，如同汉密尔顿所说的：“代表的地位反高于所代表的主体，仆役反高于主人，人民的代表反高于人民本身。”

需要指出的是，在许多国家中，立法机关就是制宪机构，因此，为保障宪法自身含义解释的权威性，赋予立法机关以宪法解释权应属当然。另有一些国家，由兼具立法职能的最高国家权力机关或最高国家权力机关的常设机关行使宪法解释职能。如根据我国现行《宪法》第67条的规定，全国人民代表大会常务委员会行使解释宪法的职权。

**[导入案例分析]**

导入案例1－6中，由于我国宪法解释体制是立法机关（全国人大常委会）审查制，所以华新民等人请求全国人大常委会对宪法作出解释是正确的。

3. 普通法院解释制。普通法院解释制，是指以普通法院作为解释宪法的机关，最后决定权属于国家最高法院的宪法解释体制。美国是首先采用这一体制的国家。

普通法院解释制的主要特点有：①依司法程序进行，即实行不告不理的原则；②寓解释于审判之中，即主要对那些审判过程中涉及的法律是否违宪进行宪法解释；③只解释司法性质的问题而不解释政治问题；④实行遵循先例的原则。

由普通法院行使解释权，有利于抵制以立法代替宪法。但是这种宪法解释过于被动，而且有可能出现法官独裁。

4. 特设机关解释制。特设机关解释制，又称为专门机关解释制，指的是国家设立专门的宪法法院或宪法委员会，负责处理宪法争议，并就其中相关宪法条文的含义进行释义的制度。采用这一体制的有法国、韩国等。

特设机关解释制的主要特点有：①专门性，特设机关以专门处理宪法问题为职责；②权威性，特设机关的工作人员往往是地位较高的法官或政治家，在国家政治结构中具有崇高地位；③解释方法的多样性，有的采取寓解释于审查之中的形式，也有的采取对某一宪法问题进行专门解释的形式等。

特设机关解释制是世界现代宪政史上新出现的宪法解释体制。最早提出设立宪法法院的，是奥地利规范法学派的代表人物、被称为“奥地利宪政之父”的汉斯·凯尔森。1920年10月，第一部奥地利共和国宪法规定设立宪法法院，负责监督宪法实施、审判违宪案件、撤销违宪法律。此后这种体制迅速流行。在主张这一体制的人们看来，宪法是国家的最高法，监督宪法实施、进行宪法解释，是国家最重要的权力，因而行使这一权力的机关，应居于普通国家机关之上，使其以超然地位，解决宪法问题，以保障宪法的尊严。

5. 公民团体解释制。在一些实行公民复决制度的国家（如瑞士、日本），公民团体有最终解释宪法的权力。

公民复决的法理依据在于，民主宪政的首要意义是人民主权，而法律是主权者的意志表现，因而人民自然拥有批准立法机关所制定的法律的权力；同时，在政党政治较为发达的国家里，公民复决权制度有利于防止政党对立法机关的操纵；在立法与行政发生冲突的情况下，公民复决权制度有利于缓解它们在立法方面的冲突。

此外，在各国宪政实践中，还有一些不成文的宪法解释制度，有些具有约束力，有些虽然不具有约束力，但也有很大的影响。如主要党派的解释、权威学者的解释等。

（三）宪法解释的原则和方法

1. 宪法解释的原则。宪法解释必须遵循一定的原则，不能随心所欲。概括起来，各国普遍采用的宪法解释原则主要有以下几项：

（1）恪守宪法精神原则。这是宪法解释的首要原则。宪法精神是宪法的灵魂，是维系国家宪政制度的基础。任何一个国家的宪法，都有其内在的基本精神。宪法精神并不是完全的抽象物，它一般都是通过宪法基本原则这一载体表现出来的，而且这些原则不因时代的变迁而受到影响。因此，宪法解释活动必须始终恪守并维护宪法的根本精神和基本原则，而不能与之相悖。否则，宪法的权威、法制的统一就无法维持。

（2）适应社会需要原则。宪法解释制度存在的逻辑基础在于解决宪法规范与社会现实之间的矛盾。因此，宪法解释必须适应社会发展的需要。否则，宪法解释将丧失其存在的正当性。当然，适应社会需要也是有限制的，这一限制就是恪守宪法精神原则。换言之，在遵循宪法精神的前提下，可以按照社会发展的实际需要，对宪法规范作出较为灵活的解释，以满足社会变迁对宪法规范的要求。

（3）遵循法定程序原则。一切国家公共权力的行使都必须合乎法定程序，这是现代法治的基本要求。宪法解释程序的设定，不仅能够规范、制约宪法解释权的行使，而且也是确保宪法解释权合理运作的有效措施。因此，任何不按法定程序所作出的宪法解释都是无效的。

（4）系统整体解释原则。任何一部宪法都是一个有机整体，其内容、条文、结构之间互相联系、密不可分。因此，宪法解释机关在对某项宪法规范进行解释时，不能孤立地进行，而要将这项规范置于宪法系统之下，综合考虑宪法的精神、原则以及这项规范与其他规范的联系，以整体的观点来阐明这项宪法规范的内涵。

2. 宪法解释的方法。宪法解释的方法，是指具体解释宪法的技术手段。各国在开展宪法解释工作过程中，运用的方法很多，主要包括以下四种：

（1）统一解释。统一解释是指对人们理解不一的宪法条文作出明确而统一的说明。这种解释可以消除人们的误解，便于国家机关、社会团体和全体公民的统一遵循。

（2）条理解释。由于宪法规范具有原则性、概括性和纲领性的特点，为准确理解宪法条文，便需要根据文字含义、法理、先例、类推和上下文之间的关系等对其予以说明，这就是条理解释。其中，以字面为说明依据的可称之为文字解释，以法学原理为说明依据的可称之为法理解释。

（3）补充解释。宪法在制定过程中存在遗漏，因而在实施中通过解释予以适当补充，这就是补充解释。这种解释方法可以弥补宪法条文内容上的遗漏，从而使宪法在实际运用过程中，发挥其灵活完整的作用。

（4）扩大解释。由于社会情况的发展变化，使宪法的内容不能满足社会现实的需要，因而通过宪法解释扩大其含义，这就是扩大解释。这种解释方法既能避免繁琐的修宪程序，又能重新赋予宪法以生机和活力。但此种解释弹性太大，对它的运用必须慎重。

## 二、违宪审查

### （一）违宪审查的含义

宪法监督是指为保证宪法实施所采取的各种办法、手段、措施和制度。其中，既包括有权机关进行的具有法律意义的违宪审查，也包括来自其他机关、各政党、各社会团体以及公民等的批评、建议、舆论、抗议等不具有法律意义的监督措施。我们在这里要研究的，主要是违宪审查制度。

违宪审查，是指基于宪法授权或惯例认可而享有违宪审查权的国家机关，通过法定程序，以特定方式审查和裁决某项立法或某种行为是否合宪的制度。它是宪法监督的重要手段，其目的在于保证宪法实施，维护宪法秩序。一般认为，这种制度起源于西方资本主义国家。17 世纪，英国枢密院对其殖民地的立法进行监督审查，这被认为是违宪审查的先例。时至今日，违宪审查已经成为世界宪政国家的重要法律制度。

### （二）违宪审查体制的种类

在世界范围内两三百年的宪政实践中，逐渐形成了一些比较固定的体制。以违宪审查权的归属为标准，这些体制主要可以分为以下几种：

1. 司法机关审查制。司法机关审查制，是指由普通法院在审理具体的案件过程中，对涉讼的议会立法和行政机关的行政行为是否违反宪法进行审查的违宪审查体制。

这一体制由美国开创，就其思想基础而言，美国的司法审查制直接受到了由汉密尔顿等联邦党人发展了的权力制衡思想的影响，认为立法、司法、行政三权中，唯有法院，既无军队，又无财权，无法支配社会的力量和财富，又不能采取任何主动的行动，所拥有的只有判断。为改善法院的这种软弱地位，必须扩大司法机关的权力，使“法院必须有宣布违反宪法明文规定的立法为无效之权”。

**[导入案例分析]**

导入案例 1－7 中，美国联邦最高法院首席大法官约翰·马歇尔在“马伯里诉麦迪逊”一案中，认为《司法法》第13条与《联邦宪法》第3条第1款相抵触而无效，从而以判例的方式确立了司法机关违宪审查制。马歇尔对该案的判定，使最高法院成为联邦宪法的维护者，确立了联邦最高法院的司法审查权。

这种审查体制的优点在于能使一国的违宪审查具有经常性、有效性和可操作性，从而有利于平衡国家权力、协调各种利益关系、稳定国家政权结构、维护宪法的最高权威和一国法制的统一。但是司法机关审查制也有其自身的不足，主要表现在：①司法审查主要是个案审查和附带性审查，较为单一、消极；②对于被认为违宪的法律，法院将否认其效力而拒绝适用，但是它不能撤销违宪的法律及法律性文件；③对有关法律违宪性裁决的效力具有有限性和不确定性。因为司法权属于被动性权力，且受立法、行政权力制约，法院对违宪案件的裁决，如果当事人不服，还可以上诉或申诉。因此，司法审查很难具有终局性。

2. 立法机关审查制。立法机关审查制，是指由立法机关审查、裁决违宪案件的违宪审查体制。该体制源于不成文宪法传统的英国。英国宪法的重要原则之一是议会主权，即议会享有至高无上的法律地位，法院无权质疑议会制定的法律。其后有不少国家也效仿了英国这种由立法机关行使违宪审查权的违宪审查体制。

由立法机关承担违宪审查职责的体制，在19世纪时期，曾被其他一些资产阶级国家所效仿，如法国、比利时和意大利等国。20世纪以后，英国的违宪审查体制也被社会主义政治体制的模式所借鉴。如1918年《苏俄宪法》第31条规定：“全俄苏维埃中央执行委员会为俄罗斯社会主义联邦共和国最高立法、号令及监督机关。”其后，在其他一些社会主义国家，如越南、朝鲜、古巴和东欧前社会主义国家，也都借鉴了苏俄宪法的规定，确立违宪审查权由国家权力机关行使。

立法机关审查制的优点在于，立法审查具有权威性和权力行使的统一性，监督的直接性和快捷性。但该体制也有实效性、经常性和公正性不够理想的缺陷。因为立法机关本身担负着沉重的立法任务，加上违宪审查的专业性强、工作量大，立法机关往往缺乏精力和时间对所有的法律、法规进行合宪性审查，更不可能受理具体的违宪诉讼。同时，立法机关对自己的立法审查是一种自我监督，很难确保审查的公正性。

3. 专门机关审查制。专门机关审查制，是指由宪法法院之类的专门机关对有关立法和行为的合宪性进行审查的违宪审查体制。

由于各国历史、文化背景不同，其宪法规定的专门机关的名称也不同。概括起来，这些机关可分为两大类，即特设司法机关和专门政治机关。

有些国家设立一个独立的宪法法院等特设司法机关，承担违宪审查的职责，比如德国的宪法法院审查制就颇具代表性。一般来说，宪法法院在违宪审查方面具有广泛的权限，它不仅有权审查当事人提起诉讼的有关法律是否合宪，而且有权审查没有当事人提起诉讼的有关法律是否合宪。同时，有的国家的宪法法院还有权审理对总统或联邦法官的弹劾案及政党违宪案等。相对于由普通司法机关负责违宪审查的体制，特设司法机关审查制不仅具有地位超脱、权限广泛、程序灵活和审查方式多样的特点和优点，而且特设司法机关的审查具有终极性效力。然而，特设司法机关审查制也会引发一些弊病，其突出表现是案件堆积如山，人手、精力不够，难于应付等。

有的国家则设立宪法委员会等专门政治机关，来承担违宪审查的职责，法国实行的就是典型的宪法委员会审查制。这一体制的特点在于专门政治机关的职权主要是政治性职权。例如，法国宪法委员会的首要任务是“监督共和国总统选举。宪法委员会审查申诉，并且公布投票的结果”。同时法国宪法还规定，“在发生争议的情形下，宪法委员会就国民议会议员和参议员选举的合法性作出裁决”。由于保障总统及议员选举的合法性是一项政治性极强的职能，因而这种体制一般被称为专门政治机关审查制。

（三）我国的违宪审查制度

1. 我国现行违宪审查制度的内容。

（1）明确宣告本宪法具有最高的法律效力。规定一切法律、行政法规和地方性法规都不得同宪法相抵触；全国各族人民、一切国家机关和武装力量、各政党和各社会团体、各企业事业组织，都必须以宪法为根本的活动准则，并且负有维护宪法尊严、保证宪法实施的职责。

（2）实行立法机关审查制。现行宪法规定由全国人大及其常委会共同行使宪法监督的权力，改变了过去单纯由全国人大监督宪法实施的状况，在一定程度上解决了宪法监督的经常性和连续性问题。此外，宪法还赋予了地方各级人大及其常委会保证宪法在本行政区域内遵守和执行的职责。

（3）审查的内容主要包括：全国人大有权改变或者撤销全国人大常委会不适当的决定；全国人大常委会有权撤销国务院制定的同宪法、法律相抵触的行政法规、决定和命令；有权撤销省、自治区、直辖市国家权力机关制定的同宪法、法律和行政法规相抵触的地方性法规和决议。地方人大及其常委会也有相应的审查权。

（4）采取事前审查和事后审查相结合的审查方式。事前审查，是在法律生效之前对其合宪性进行审查；事后审查，是在法律已经生效之后对其合宪性进行审查。我国从实际出发，同时采取了事前审查和事后审查两种审查方式，比如，自治区制定的自治条例和单行条例报全国人大常委会批准以后才能生效，这属于事前审查，而全国人大常委会有权撤销国务院制定的同宪法、法律相抵触的行政法规、决定和命令，则属于事后审查。

2. 我国现行违宪审查制度存在的不足。

（1）缺乏专门的违宪审查机关。全国人大及其常委会本身是立法机关，由其行使违宪审查的权力，无法使违宪审查成为一种专门化和经常性的工作，妨碍违宪审查制度发挥其应有的作用。

（2）违宪审查存在着空白或盲区。例如：对基本法律的合宪性审查未作出规定；对法律、法规之外其他具体行为的合宪性审查未作出明确规定；对国家机关之外其他宪法主体行为的合宪性审查未作出明确规定；宪法监督欠缺相应的启动机制和具体程序，违宪审查无法实际进行。

（3）违宪审查方式较为单一，目前只有全国人大及其常委会对法律、法规的合宪性进行的事前监督和事后监督，缺乏其他审查方式如宪法诉讼。

（4）违宪制裁措施的制裁性或惩罚性不够强，使得宪法监督缺乏应有的严肃性和强制性，不利于树立宪法的权威。

3. 我国违宪审查制度的完善。如何完善进而建立适合我国国情的违宪审查制度，是我国宪法和宪政极为关切的问题。过去学者们曾针对现行模式中监督机构不明确和无程序保障等重要缺陷，进行过十分激烈的讨论。在程序保障方面，理论界普遍主张借鉴国外重要经验，制定一部专门性的单行法律，即宪法监督法。在审查机构设计方面则可谓见仁见智，其中有代表性的主张有：①由普通法院主要是最高人民法院行使违宪审查权；②设立专门的宪法法院行使违宪审查权；③在全国人大之下设立宪法监督委员会专司违宪审查职责；④将现行的全国人大法律委员会改为宪法和法律委员会，在保持原有职权的基础上增加违宪审查权；⑤在全国人大和全国人大常委会之下设立协助监督宪法和解释宪法的宪法工作委员会。

我国违宪审查制度的完善，体制的选择当然是必要的，没有一个恰当的体制为载体，再好的主张都只是纸上谈兵。目前宪法学界关于完善我国违宪审查制度的各种主张，大部分都是在维持现行立法机关审查制的前提下展开的，只是在坚持立法机关审查制的前提下，在如何设立具体承担违宪审查职责的机关上存在一些细微的差别。而立法机关审查制是否就是最好的、最适合我国国情的审查体制呢？这些问题是值得我们进一步思考的。

## 实务训练题

2003 年 3 月 17 日，就职于广州一服装公司的大学生孙志刚，在外出时因未办暂住证被治安人员带到广州黄村街派出所予以收容，后又先后被送往广州收容遣送中转站和广州收容人员救治站，3 月 20 日，孙志刚死亡。经调查，孙志刚因遭受反复打击，造成大面积软组织损伤致创伤性休克死亡。2003 年 5 月 14 日，3 位法学博士提出了“关于审查《城市流浪乞讨人员收容遣送办法》（以下简称《办法》）的建议书”，并传真至全国人大常委会法制工作委员会。他们认为，国务院 1982 年 5 月 12 日颁布的《办法》，作为行政法规，其中有关限制人身自由的内容，与我国《宪法》以及有关法律相抵触，建议全国人大常委会对其进行审查。2003 年 6 月 20 日，国务院颁布了《城市生活无着的流浪乞讨人员救助管理办法》，8 月 1 日起施行，1982 年国务院发布的《城市流浪乞讨人员收容遣送办法》同时废止。

问题：国务院废止《城市流浪乞讨人员收容遣送办法》的行为是否属于违宪审查？结合本案，分析讨论我国的违宪审查制度。

## 延伸阅读

### 习近平在纪念现行宪法公布施行 30 周年大会上的讲话

2012 年 12 月 4 日下午，首都各界在人民大会堂集会，隆重纪念《中华人民共和国宪法》公布施行 30 周年。中共中央总书记、中央军委主席习近平在大会上发表重要讲话（《习近平在纪念现行宪法公布施行 30 周年大会上的讲话》）。他强调指出，宪法与国家前途、人民命运息息相关。维护宪法权威，就是维护党和人民共同意志的权威。捍卫宪法尊严，就是捍卫党和人民共同意志的尊严。保证宪法实施，就是保证人民根本利益的实现。只要我们切实尊重和有效实施宪法，人民当家做主就有保证，党和国家事业就能顺利发展。我们要更加自觉地恪守宪法原则、弘扬宪法精神、履行宪法使命。习近平指出，全面贯彻实施宪法，是建设社会主义法治国家的首要任务和基础性工作。他还强调，宪法的生命在于实施，宪法的权威也在于实施。要坚持不懈地抓好宪法实施工作，把全面贯彻实施宪法提高到一个新水平。

## 思考题

1. 什么是近现代意义的宪法？它具有哪些方面的特征？
2. 怎样理解宪法的实质？
3. 宪法有哪些分类方法？分类标准分别是什么？
4. 宪法有哪些基本原则？
5. 简述宪法规范的概念和特点。
6. 什么是违宪审查？世界上有哪几类违宪审查体制？

第二章

# 宪法的历史发展

### 学习目标与工作任务

通过本章的学习，要求学生了解近代宪法的产生条件，外国宪法的产生和发展，旧中国历史上的制宪活动，新中国宪法的产生和发展；重点掌握英国和美国宪法的产生和发展、我国现行宪法的修改过程以及四次修正案的内容。

## 第一节 近代宪法的产生与发展

### 导入案例

**2 –1 废除黑奴制**

美国联邦最高法院1857年就斯科特诉桑福德案作出判决。黑人奴隶德雷德·斯科特随主人到过自由州伊利诺伊和自由准州威斯康星。主人死后，斯科特提起诉讼要求获得自由，案件在密苏里州最高法院和联邦法院被驳回后，斯科特上诉到美国最高法院。最终9位大法官以7:2的票数维持原判。该判决否认黑人有公民资格，更成为南北战争的关键起因之一。南北战争后，美国宪法进行过几次修订。1865年美国《宪法》第13条修正案规定："在合众国境内受合众国管辖的任何地方，奴隶制和强制劳役都不得存在，但作为对于依法判罪的人的犯罪的惩罚除外。"1866年美国《宪法》第14条修正案规定："所有在合众国出生或归化合众国并受其管辖的人，都是合众国的和他们居住州的公民。任何一州，不得拒绝给予任何人以平等法律保护。"1869年美国《宪法》第15条修正案规定："合众国公民的选举权，不得因种族、肤色或以前是奴隶而被合众国或任何一州加以拒绝或限制。"

问：本案反映出宪法产生以来的何种发展趋势？

## 一、近代宪法产生的条件

马克思主义法学的基本原理认为，法律随着私有制、阶级和国家的产生而产生。然而，奴隶制国家和封建制国家的自然经济结构以及在此基础上建立起来的君主专制制度，决定了在奴隶社会和封建社会不可能产生宪法。作为国家根本法的近代宪法，是社会发展到资本主义阶段才出现的，是资产阶级革命的产物，它的产生有着经济、政治和思想方面的前提条件。

### （一）经济条件

近代以来，封建社会的经济和政治制度严重阻碍着资本主义商品经济的自由发展，新的生产力与旧的生产关系产生了激烈的矛盾和冲突，引发了资产阶级革命。事实上，最早进行革命的英、美、法三国，革命的起因中最主要的都是经济因素。它们后来在其所公布的宪法及宪法性文件中，都对以个人利益为本的资本主义生产关系作了无微不至的保护，确认了私有财产权的不可侵犯性，规定了保护贸易自由、契约自由、竞争自由和人身自由的原则和制度。由此可见，资本主义商品经济的普遍发展，是近代宪法产生的经济条件。

### （二）政治条件

随着商品经济的发展，城市进一步的壮大和繁荣，资产阶级逐渐在经济生活中确立了重要地位，随之形成了一股强大的政治力量。在同封建贵族的斗争中，与君主政治相对，以普选制、议会制为核心的民主政治也日渐发达和成熟。随着资产阶级革命的爆发和最终取得胜利，掌握国家政权之后的资产阶级需要将有利于自己的政治体制、政治权利和自由，以具有最高法律效力的形式固定下来，近代宪法便应运而生。所以说，资产阶级革命胜利和掌握国家政权，为近代宪法的产生提供了政治条件。

### （三）思想条件

为了铲除封建制度的束缚，破除“君权神授”等思想观念的影响，资产阶级启蒙思想家提出了以自然法理论为基础的“社会契约论”，并进而提出了民主、自由、平等、人权和法治等学说，阐述了通过制定宪法来规范国家权力的行使，以保障公民的权利和自由等立宪主义思想，从而为近代宪法的形成提供了理论指导。因此，资产阶级启蒙思想家提出的民主、自由、平等、人权和法治等理论，是近代宪法产生的思想条件。

## 二、资本主义宪法的产生和发展

近代西方国家宪法产生的基本规律是相同的，但产生道路和模式则各有特色，具有代表性的是英国宪法、美国宪法和法国宪法。

### （一）英国宪法

英国是世界上最早发生资产阶级革命的国家，也是世界上最早制定宪法、实施宪政的国家。但是，由于英国历史与传统的特殊性，而且发生资产阶级革命时资本主义市场经济还不很发达，资产阶级的势力也并不十分强大，因此，在革命的过程中，资产阶级同封建贵族这两种势力相互斗争、相互妥协，成为英国资产阶级革命的一个重要特点，同时也是英国宪法发展的重要特点。这个特点主要表现在两个方面：

1. 妥协性。英国宪法主要是通过一些限制王权的宪法性法律，逐步扩大资产阶级的政治权力，确立资产阶级的民主政治体制。其中可以清晰地看到从封建制度过渡到资产阶级民主制度的连续性与继承性的历史痕迹。反映在国家政权上，就是它依旧保留了君主，建立的是君主立宪制的政治体制。

2. 不成文性。近代意义上的英国宪法虽然已有300多年的历史，但从来没有制定过一部统一的、完整的宪法典。所谓英国宪法，实际上是由分散的、在不同年代陆续颁布的宪法性法律和各个时期逐步形成的宪法惯例、宪法判例所构成的，是典型的“不成文宪法”。

在英国，1215年就出现了具有宪法性文件性质的《自由大宪章》，其中规定了对王权的限制，对“大会议”权力的肯定以及对自由、人权的保障等内容，被视为英国宪法起源的标志。一般认为，1689年的《权利法案》标志着英国君主立宪制政体的正式确立，是英国宪政发展史上一部里程碑式的宪法性文件。除此之外，还有1628年的《权利请愿书》、1679年的《人身保护法》、1701年的《王位继承法》以及1911年颁布的《国会法》、1918年的《国民参政法》等，这些宪法性法律构成了英国宪法的成文部分。

除了宪法性法律之外，在英国的政治实践中，还逐步形成了许多具有连续性和稳定性的宪法惯例和宪法判例。这些宪法惯例和宪法判例在长期的政治生活中得到确认并延续下来，成为英国宪法的重要组成部分。

（二）美国宪法

美国宪法是美国独立战争的产物，也是世界宪法发展史上第一部成文宪法。1775年，英属北美殖民地爆发了反抗英国殖民统治的独立战争。1776年7月4日，北美殖民地宣布独立并发表了著名的《独立宣言》，提出人人生而平等，每个人都有天赋的不可转让的权利。《独立宣言》是世界宪政史上一个重要的历史文献，马克思曾将其称为“世界上第一个人权宣言”，它对美国宪法的产生与宪政体制的确立有着直接的影响。1787年，北美12州的代表（罗得岛州未派代表参加）在费城召开了制宪会议，制定并通过了《美利坚合众国宪法》草案，1789年正式生效。

美国《宪法》由序言和7条宪法正文组成，第1～3条规定了立法权、行政权和司法权的行使，规定了行使三权的国会、政府和法院的产生及组织制度等；

第4条规定了联邦与各州之间以及州与州之间的权限与关系；第5条规定了修宪的程序；第6条强调了宪法的地位与效力；第7条规定了宪法的批准与生效。

美国宪法开创了总统制共和制的政体模式，赋予总统较大的权限，规定总统为国家元首和政府首脑，并统帅国家武装力量。经过长期演变，时至今日美国总统拥有的权力更是大大超过了宪法范围，被称为“世界上最有权力的职务”。总统由选民选举产生，任期4年，连任不得超过两届。由参、众两院组成的国会与总统及法院，分别行使立法权、行政权和司法权，三方互相制衡。此外，宪法还确立了联邦和州的分权体制以及文职官员控制军权的原则。美国宪法最初并未规定人民的权利和自由，并在奴隶制度、种族歧视、总统连任限制等方面存在着制度缺陷，后来通过修正案的方式对上述问题进行了弥补，陆续颁行了27条修正案。美国宪法施行至今已有200多年，被认为是具有较强的稳定性和适应性的宪法。

（三）法国宪法

法国是欧洲大陆最早制定成文宪法的国家。1789年，法国爆发了资产阶级革命，成立了制宪会议，制定通过了《人和公民的权利宣言》（简称《人权宣言》）。《人权宣言》是法国资产阶级在反封建的革命斗争中颁布的著名纲领性文件，它充分反映了资产阶级的基本要求，宣布了资产阶级的自由、平等原则，提出了“主权在民”、“权力分立”的主张，确立了“法律面前人人平等”、“罪刑法定”、“无罪推定”等资产阶级法制原则，对法国乃至整个世界民主宪政的发展都产生了深远影响。

《人权宣言》制定后，经过2年时间，法国国民议会于1791年制定了法国的第一部宪法。这部宪法以《人权宣言》为序言，确立了君主立宪制政体。在此后80年的时间里，政治上的动荡反映在制宪上，不仅表现为这一时期先后制定了许多部宪法：1793年宪法、1795年宪法（共和第三年宪法）、1799年宪法（共和第八年宪法）、1801年宪法（共和第十年宪法）、1803年宪法（《共和第十二年元老院整体决议案》）、1814年宪章、1815年宪法、1830年的七月王朝宪法、1848年宪法和1852年宪法，而且这些宪法所确认的政体及内容也变幻不定。直到1875年法兰西第三共和国宪法，才正式将多党议会制的资产阶级民主共和政体确立下来。1946年，通过了法兰西第四共和国宪法。1958年，在戴高乐的主持下，又制定了法兰西第五共和国宪法。该宪法共计92条，由序言和15章构成，其重大特征是扩大了总统权力和行政权力，缩小了议会权力，形成“半总统制”的政治体制。该宪法经过多次修改沿用至今。

法国宪法的特点主要表现在三个方面：①添置宪法数量较多。法国资产阶级革命道路的曲折性和复杂性，使法国从1791年第一部宪法开始，至今已颁布了十几部宪法。②法国宪法内容变化较大。以宪法所确定的国家制度为例，有的宪法规定实行资产阶级民主共和制，有的规定实行封建帝制，有的规定实行君主立宪制。③保持成文宪法的传统。自1791年宪法以来，法国各个时期所制定的宪法绝大多数都是体系清晰、结构严谨的宪法典。

**三、社会主义宪法的产生和发展**

1917年俄国十月社会主义革命胜利后，建立了第一个无产阶级专政的社会主义国家，即俄罗斯社会主义联邦苏维埃共和国。

在十月革命胜利后的最初时期，苏维埃政权颁布了《和平法令》、《土地法令》和列宁亲自起草的《被剥削劳动人民权利宣言》等宪法性法律，捍卫了十月革命的胜利成果。这些宪法性法律为后来制定《俄罗斯社会主义联邦苏维埃共和国宪法》（简称《苏俄宪法》）确立了基本原则。1918年7月在第五次全俄苏维埃代表大会上通过了《苏俄宪法》，这是世界上第一部社会主义类型的宪法。

1922年12月，苏联成立。为了把联盟关系用根本法的形式固定下来，1924年1月召开了全苏联第二次苏维埃代表大会，通过了第一部苏联宪法，即1924年苏联宪法。

1936年12月，全苏联第八次苏维埃代表大会通过了苏联新宪法，即1936年宪法。此部宪法对社会主义国家的宪法产生很大影响。

1977年10月7日，苏联第九届最高苏维埃第七次非常会议通过了新宪法，这也是苏联最后一部宪法，其间经过几次修改，一直沿用到1991年12月25日苏联解体为止。

除了苏联之外，第二次世界大战以后，欧洲、亚洲和拉丁美洲出现了一系列的社会主义国家，它们在各自取得民主革命或社会改革胜利的基础上，先后制定了适合自己国情的社会主义类型的宪法。

1989年起，东欧与苏联等社会主义国家发生了剧烈的政治动荡，这些国家的宪法也发生了根本性的变化。在当今世界上，中国宪法是社会主义类型宪法的代表。

**四、宪法的发展趋势**

国家的公共权力与公民的个人权利是宪法所要解决的两个基本问题，随着各国国内政治形势和国际关系的发展变化以及社会的发展、人类对人权认识的不断深化，宪法在其内容与形式上也不断发生变化，其发展趋势主要表现在：

（一）公民权利逐渐扩大

首先，公民权利内容的扩大。二战后，一系列新的社会问题在各国出现，公民也提出了一些新的权利要求，如环境权、健康权、空气权、日照权等，这些权利经宪法法律的确认，成为公民的基本权利。其次，公民自由权利限制的改变。二战前，西方各国在公民言论、集会、结社等自由上都设置了诸多限制和附加条件，其中比较突出的就是对言论出版自由实行“预防制”，但二战后，西方国家普遍取消了这种事前限制的预防制，代之以追惩制。最后，公民平等权范围的扩大。各个国家宪法在强调和扩大公民各项政治平等权利的同时，还增加了公民在经济、民族、种族、性别等社会生活各方面的平等权利。

**［导入案例分析］**

导入案例 2－1 中，美国黑人从奴隶到选民的转变，在法律上实现了和白人同等的权利，体现了公民权利逐渐扩大的近代宪法的发展趋势。

（二）人权问题的普遍化、国际化

二战后，人权问题成为各国宪法的中心问题之一，人权保障的范围也逐步扩大。至 20 世纪中叶，随着第三世界国家的蓬勃兴起，民族自决权和发展权也成为人权概念不可分割的部分而反映在许多第三世界国家的宪法中。同时人权问题扩展到了世界范围，成为一个国际化的问题。二战后由各国共同签署的《联合国宪章》、《世界人权宣言》、《经济、社会与文化权利国际公约》、《公民权利和政治权利公约》等一系列国际人权公约，不仅成为公认的国际人权道德准则，而且这些人权标准被许多国家的宪法所认可，并成为宪法的基本内容。

（三）行政权力的强化

现代社会是在思想、利益以至传统等各方面都呈现多元化发展的社会，随之而来的就是国家管理任务的增多和行政权范围的扩大及权限的加强。这主要表现在两个方面：①委托立法的发展。一些国家的宪法授予政府享有制定行政法规的职权。如德国基本法规定：“联邦政府，联邦部长或各州政府根据法律的授权，发布有法律效力的命令”；我国现行《宪法》第 89 条也规定，国务院可以“根据宪法和法律，规定行政措施，制定行政法规，发布决定和命令”。②一些国家的宪法授权国家元首或政府，在有紧急需要时，享有发布或停止执行部分宪法条款的命令权。如法国 1958 年宪法即有此种规定，阿尔及利亚民主人民共和国的宪法中也有类似的条文。

（四）宪法保障制度的日趋完备

随着行政权或国家管理权范围的扩大，立宪国家纷纷意识到保障宪法的实施与制定宪法具有同等重要的地位，宪法保障制度在各国普遍建立。为了规范国家行为、维护宪法秩序，各国均采取一系列措施，先后建立了不同形式的宪法保障制度，规定由立法机关、司法机关或设立宪法法院、宪法委员会等专门的监督机构来行使违宪审查权，保障宪法的贯彻实施。

（五）宪法与国际法的结合

进入 20 世纪以后，许多国家的宪法中出现了同国际法接轨的内容。这些国家在宪法中宣布遵守国际公约，承认某些国际法是国内法的一部分，并具有高于普通法的效力。如法国1946年宪法在序言中宣布："法兰西共和国忠于其传统，尊重国际法规则。"《联邦德国基本法》第25条规定："国际公法的一般规则构成联邦法律的一部分，这些规则的效力高于各项法律，并对联邦领土内的居民直接产生权利和义务。"

## 第二节 旧中国宪法的产生与发展

**导入案例**

**2-2 曹锟贿选及制宪**

1923年6月，一直觊觎总统位置的直系军阀首领曹锟，指使其党羽采用各种手段进行"逼宫"，很多反对曹锟的国会议员纷纷南下，留在北京的议员已为数不多。由于这些议员大多热心制宪，曹锟便以制宪为耳目、以重利将一部分议员诱回北京。1923年10月5日总统选举，曹锟如愿当选总统。后经调查发现，曹锟派系在贿选期间至少签发500多张支票，每张5000元至10 000元不等，其中亲自领取的议员达190多人。参与贿选的返京议员以完成制宪大业为幌子，匆匆几天，宪法会议便正式公布了宪法全文，即1923年《中华民国宪法》。曹锟贿选发生后，国民党发表讨伐宣言，联合皖奉等军阀讨伐曹锟。1924年，冯玉祥倒戈导致曹锟下台，1923年宪法制定不过1年便成废纸。

问：怎样客观评价1923年《中华民国宪法》?

### 一、清末"预备立宪"

17世纪~19世纪，西方国家大多通过资产阶级革命走上富强之路，政治上实行了民主宪政制度。清朝末年，中国封建制度日趋腐朽与没落，政治、经济、科技等方面远远落后于新兴的资本主义国家，在1840年的鸦片战争中清政府受到英国的沉重打击，此后清王朝又频频遭遇到来自西方列强的挑战，危机日渐深重。同时资本主义生产关系在封建制度内部开始出现并逐渐发展，19世纪60年代，我国出现了近代资本主义工业，外国列强对中国的资本输出进一步强化了资本主义的发展趋势。与经济发展的要求相适应，西方国家的社会政治学说包括立宪政治理论开始传入中国。中国一些先进的政治思想家为求国家的强盛，希望按西方的模式改造中国的封建制度，实现民主宪政。然而，使清政府真正认识到宪政的重要性的还是中日甲午战争和日俄战争。1895年，清廷在中日甲午战争中的惨败，使康有为、梁启超为首的资产阶级改良派更深刻地认识到对封建君主专制制度进行改良的必要性，因而发起了争取资产阶级民主的宪政运动，提出了“伸民权、争民主、开议院、定宪法”的政治纲领。不幸的是，清政府实施的100多天的“新政”最终由于触犯顽固派的利益而归于失败。1904年日俄战争爆发，小国日本打败了强大的俄罗斯，被认为是立宪国打败了专制国的证明，震动了中国朝野上下，推动了中国立宪进程。为立宪形式所迫，1905年，清政府成立了政治考察馆，并派出五大臣出国考察日、美、英、德等国的宪政体制，考察大臣认为“非立宪无以救国”，并以立宪还可以使“皇位永固”、“外患渐轻”、“内乱可弭”的理由，消除了朝廷的一些保守派的顾虑。经过数次御前会议，慈禧太后终于下定决心，于1906年下谕，清末预备立宪自此正式开始。

1908年9月，清政府颁布了《钦定宪法大纲》，宣布开始进行为期9年的预备立宪。大纲共23条，其中正文14条，为“君上大权”，赋予君主行政、立法和司法大权于一身；其他9条，以附录形式规定了臣民的权利义务。《钦定宪法大纲》是我国历史上第一部宪法性文件，它并非正式的宪法典，仅仅为宪法纲要，它以根本法的形式使君权合宪化，带有浓郁的封建色彩。

1911年10月10日，武昌起义爆发，各省纷纷响应，宣布独立。清廷迫于各方面的压力，匆匆起草了《宪法重大信条十九条》（简称《十九信条》），于1911年11月3日公布。这份文件采用责任内阁制，形式上限制皇权，扩大国会权力；在内容上，规定了象征性国家元首制和皇权以宪法为限，皇位继承顺序也由宪法规定。由于《十九信条》是非常时期的产物，所以它的制定从根本上来说是种应变措施，而不是真正意义上的制定宪法。它终究未能挽救清王朝的灭亡。在《十九信条》颁布后不久，清帝溥仪宣布退位，清末的预备立宪与清王朝一起宣告终结。

## 二、中华民国时期的制宪活动

### （一）中国资产阶级民主共和国的宪法性文件

1911年的辛亥革命推翻了中国的最后一个封建王朝。1912年元旦，中华民国宣告成立，但中华民国临时大总统的职位很快为袁世凯所把持。为制约袁世凯的政治野心，维护辛亥革命的胜利成果，以孙中山为首的资产阶级革命派通过临时参议院制定了《中华民国临时约法》（简称《临时约法》）。全文共7章56条，内容有二：①确立了资产阶级民主共和国的国家制度，宣布中华民国的主权属于全体国民，中华民国为统一的多民族国家，按照三权分立的原则配置了各类各级国家机关，特别是规定大总统不单独行使最高行政权（与国务总理和各部总长一起），并受参议院的牵制；②赋予了国民广泛的人身自由和政治权利。如规定国民享有人身、居住、言论、出版、集会、结社、通信、迁徙、信仰、保有财产和营业等自由；有请愿、诉讼、考试、选举及被选举的权利；有纳税、服兵役等义务。

《临时约法》是中国资产阶级革命的产物，是中国历史上第一部也是仅有的一部资产阶级民主共和国性质的宪法性文件。它以根本法的形式确认了辛亥革命的成果，宣告了在中国延续两千多年的君主专制制度的终结，带有民主性和革命性，标志着中国进入了一个新的历史时期。但是，由于民族资产阶级的软弱性和局限性，它未能提出彻底的反帝、反封建的革命纲领。这就注定了在中国建立资产阶级民主共和国的道路是行不通的，所以它并没有得到实现。随着袁世凯的上台，《临时约法》很快就变成一张废纸。

（二）北洋军阀政府时期的宪法性文件

袁世凯担任中华民国大总统后，中国进入北洋军阀统治时期。袁死后，北洋军阀分裂为皖系、直系、奉系三派，开始军阀混战。历任北洋军阀政府的统治者虽然均以武力为后盾，并不愿意以宪法约束和限制自己的权力，但为使自身的统治披上合法、合宪的外衣，也制定、颁布了一系列的宪法性文件，主要有：

1. 1913 年《中华民国宪法草案》（“天坛宪草”）。1913 年 10 月 31 日，由国会宪法起草委员会三读通过，在北京天坛祈年殿颁布，它的起草过程反映了袁世凯与国会的斗争，最后采用的是国民党为主的国会方案，即责任内阁制政体，而为袁所不满。这部草案因袁世凯于 1914 年 1 月 14 日解散国会而未付诸实施。

2. 1914 年《中华民国约法》（“袁记约法”）。这是为袁世凯个人独裁提供合宪外衣而炮制的，于 1914 年 5 月 1 日由总统公布。其突出特点就是实行总统独裁制，它取消了责任内阁制以及国会对总统的牵制，把外交、宣战、任免、财政等大权交由总统行使，使总统有权召集或解散立法院，否决立法院的法律案，还有权“发布与法律有同等效力之教令”，总之，将总统权力扩大到了极致。

3. “贿选宪法”，即 1923 年 10 月 10 日公布实施的《中华民国宪法》。这部宪法在起草和通过过程中受到曹锟贿选的操纵，故而被国人讥称为“贿选宪法”。

**[导入案例分析]**

导入案例 2－2 讲述了贿选宪法的产生过程。它是中国第一部正式颁布的宪法，共 13 章 141 条，内容较为完整和规范，标志着我国的立宪技术已达到了一个较高的水平。但是由于其“贿选”的恶名，在近代宪政史上留下了不光彩的一页。

4. 1925 年《中华民国宪法草案》。它由皖系军阀段祺瑞政府于 1925 年 12 月起草，确认了大总统高度集中的权力，因段祺瑞政府在“拥有”宪法议决权的国民代表会议召开前便倒台，该草案也就胎死腹中。

（三）南京国民政府时期的宪法性文件

北伐战争的胜利宣告北洋军阀军政府独裁统治的结束，以蒋介石为首的国民党在南京组织国民政府，实行“以党治国”，中国宪政从此进入了“党治”时期。其间先后制定了三部宪法性文件：

1. 1931年《中华民国训政时期约法》。它于1931年5月12日制定，共8章89条，其效力一直延续至1946年。虽然它在形式上抄袭了一些资产阶级宪法的民主词句，宣布“中华民国之主权属于国民全体”，并规定了政治、经济、文化等方面的制度。但在具体内容上却确认了训政时期实行国民党的一党专政和蒋介石个人独裁的专制统治，本质上是反民主的。

2. 1936年《中华民国宪法草案》（“五五宪草”）。“九一八事变”后，国民党政府迫于抗日民主运动的压力，于1932年底通过了制宪决议，1933年初成立了宪法起草委员会，1934年通过了宪法草案，并于1936年5月5日公布。它共8章148条，基本上沿用了《中华民国训政时期约法》。

3. 1946年《中华民国宪法》。它是在国民党政府撕毁政治协商会议协议，准备发动全面内战的情况下，通过没有共产党和其他民主党派参加的国民大会于1946年底制定，1947年元旦公布的。它共14章175条，确立了高度专制的总统制，并按照孙中山的“五权宪法”思想设立了行政、立法、司法、考试和监察五院制的国家机关体系；确认了四大家族为代表的官僚资本的宪法地位；规定了一些人民权利和国家的政治、经济、文化、国防等方面的国策。这部宪法公布两年多后即随人民解放战争的胜利和国民党政府的垮台而失去了效力。

### 三、革命根据地的制宪活动

（一）《中华苏维埃共和国宪法大纲》

1927年大革命失败后，中国共产党领导工农武装力量走上了农村包围城市，武装夺取政权的道路，在以江西瑞金为中心的各个根据地建立了红色政权。1931年11月，在江西瑞金召开了第一次全国苏维埃代表大会，通过了《中华苏维埃共和国宪法大纲》。1934年1月，第二次全国苏维埃代表大会对其作了一些修改和补充。大纲共计17条，规定了革命政权的性质和任务、政权组织形式和工农劳动人民的各项基本权利。这是中国历史上第一部由人民代表机关公布实施的宪法性文件。尽管其内容尚不完备，体例亦欠周全，但它总结了革命政权建设经验，指明了革命方向，为以后的民主建设和制宪工作提供了宝贵的历史经验。

（二）《陕甘宁边区施政纲领》

1937年抗日战争爆发后，民族矛盾上升为主要矛盾。为了建立最为广泛的抗日民族统一战线，彻底打败日本侵略者，1941年11月，陕甘宁边区第二届参议会制定了《陕甘宁边区施政纲领》，该纲领由序言和21条组成。它规定了抗日民主政权的任务和抗日人民的各项权利和自由；确认了著名的“三三制”原则，即在由根据地人民选举产生的各级参议会和由各级参议会选举产生的各级政府委员会中，共产党员、党外进步分子和中间派（包括中等资产阶级和开明士绅）各占1/3；并且确认了抗日政权的更为广泛的民主基础和抗日根据地的各项基本制度。

（三）《陕甘宁边区宪法原则》

抗日战争胜利后，中国人民同美帝国主义支持下的蒋介石政权之间的矛盾成为主要矛盾。阶级关系的变动使政权的性质也发生了相应的变化，政权的组织形式也从抗日战争时期实行“三三制”的参议会逐步过渡为人民代表会议。1946年4月陕甘宁边区第三届参议会通过了《陕甘宁边区宪法原则》，规定了建立新民主主义共和国的基本原则、政权组织形式、司法制度和各项基本政策。这些规定在当时起到了积极作用，也为新中国成立后的法制建设积累了有益经验。

## 第三节　新中国宪法的产生与发展

**导入案例**

**2-3　　深圳“驱逐高危治安人员”事件**

2010年8月12日~23日，深圳举办了第26届世界大学生运动会。为了保证这一盛事顺利举行，深圳市政府及相关职能部门全力以赴，采取了多种措施维护社会安全，其中一项便是排查清理“治安高危人员”的行动。这项行动中所称的“治安高危人员”包括如下七类：有前科、长期滞留深圳又无正当职业的；在应当就业的年龄无正当职业、昼伏夜出、群众举报有现实危险的；涉嫌吸毒、零星贩毒、涉嫌销赃的；使用假身份证入住旅馆酒店、租房的；长期滞留深圳靠明显非法收入生活的；肇事、肇祸、对他人有危害的精神病人；扬言报复社会，有可能产生极端行为以及其他一些未列举的，对群众安居乐业有现实或潜在危险的。一系列排查清理行动后，深圳警方高调召开新闻发布会，宣扬成果（如：抓获犯罪嫌疑人6371人，治安拘留1731人，强制戒毒829人，抓获在逃人员921人，并累计有8万余名“治安高危人员”受到震慑离开深圳），因而受到社会的广泛关注和评论。社会舆论总体认为，深圳警方公开驱逐“治安高危人员”的行动，背离了大运会精神，违背了法治原则，侵犯了人权。

问：保障人权的相关规定是在哪次宪法修正案中提出来的？对本案深圳市的做法该如何评价？

## 一、《中国人民政治协商会议共同纲领》

在新中国诞生之时，由于三大战役的胜利，国民党反动政权的灭亡已成定局，此时急需有一部宪法性文件，来规范和统一全国人民的行动并指导当时各项重大任务的进行。然而由于人民政权还不巩固，战争还未完全结束，人民群众的组织程度与思想觉悟还有待提高，尤其是普选的各级人民代表大会还不可能召开，所以制定一部正式宪法的条件还不成熟。在中国共产党的号召和领导下，作为人民民主统一战线组织形式的中国人民政治协商会议第一届全体会议于1949年9月在北京正式开幕，会议通过了《中国人民政治协商会议共同纲领》（简称《共同纲领》）。

《共同纲领》包括序言及总纲、政权机关、军事制度、经济政策、文化教育政策、民族政策和外交政策，共7章60条。它确认了国家性质和任务；规定了政权组织和原则；赋予人民广泛的权利和义务；规定了国家的经济、文教、民族、军事、外交等方面的大政方针。

《共同纲领》的历史意义：①由于它所规定的是国家制度和社会制度的基本原则以及各项基本政策，并且它是由代行全国人民代表大会职权的中国人民政治协商会议制定的，因此，不管从内容上还是法律效力上看都具有国家宪法的特征，起到了临时宪法的作用；②它是建国初期团结全国人民共同前进的政治基础和战斗纲领，对于巩固人民政权，加强革命法制，维护人民民主权利，恢复和发展国民经济起着指导作用；③它的许多基本原则在制定1954年宪法时都得到了确认和进一步发展，因而在我国宪政史上有着重要的历史意义。

## 二、1954年宪法

在《共同纲领》实施后的几年里，我国的政治和经济形势发生了重大变化。为了适应这一变化，中国共产党中央委员会及时提出了过渡时期的总路线，开始了社会主义改造和建设事业，逐步实现由新民主主义向社会主义过渡。与此同时，人民群众的组织和觉悟程度空前提高。从1953年开始在全国范围召开了普选的地方各级人民代表大会，政权进一步巩固。在这种情况下，《共同纲领》已经远远不能适应客观形势发展的需要，而制定一部正式的宪法不仅必要而且可能。

1954年9月20日，第一届全国人民代表大会第一次全体会议一致通过《中华人民共和国宪法》，由大会主席团予以公布实施。

1954年宪法是我国第一部正式的社会主义类型宪法，包括序言及总纲、国家机构、公民的基本权利和义务、国旗、国徽、首都共4章106条，它在内容上充分反映了社会主义原则和人民民主原则。确认了新中国的基本政治制度，规定了人民民主国家、人民代表大会制度和单一制结构下的民族区域自治制度；确认了我国社会主义过渡时期的经济政策，规定了我国的四种生产资料所有制形式，即国家所有制、合作社所有制、个体劳动者所有制和资本家所有制，并规定了国营经济在国民经济中的领导地位和优先发展的方针；规定了过渡时期的总任务是实现社会主义工业化和完成对农业、手工业和资本主义工商业的社会主义改造；确认了公民的基本权利和义务及国家外交政策等方面的内容。

1954年宪法以《共同纲领》为基础，又是对《共同纲领》的发展。在宪法实施的最初三四年里，对国家和社会发挥了重要作用，大大促进了社会主义事业的发展。它的基本原则和结构，为以后的几部宪法确立了基本模式，无论是它的指导思想、基本原则、内容，还是文字等方面都是一部比较好的宪法。

然而，由于种种主客观方面的原因，加上宪法本身在保障监督方面的缺陷，使宪法在颁布以后没有得到切实有效的贯彻实施。尤其是后来政治局势的变化，使宪法失去了应有的权威与尊严。随着“文化大革命”的发生，1954年宪法已名存实亡了。

**三、1975年宪法**

“文化大革命”进入第九个年头时，在林彪和“四人帮”两个反革命集团的干扰和影响下，1975年1月17日，第四届全国人民代表大会第一次会议通过了全面修改了的《中华人民共和国宪法》。这部宪法虽然保持了1954年宪法在结构上的基本框架，但条文却从106条减为30条，内容简单，规范疏漏，文字上有许多不确切、不协调之处。在总纲中，把无产阶级专政的科学理论改为“全面专政”，并把这一“专政”的矛头指向人民内部；与此相应，还规定“大鸣、大放、大辩论、大字报，是人民群众创造的社会主义革命的新形式”。在国家机构一章中，取消了国家主席的建制，原由国家元首行使的职权改由全国人大常委会、中共中央主席、中共中央委员会共同行使；“地方各级革命委员会是地方各级人民代表大会的常设机关同时又是地方各级人民政府”；“各级人民法院院长由本级人民代表大会的常设机关任免”；撤销了检察机关，其职权改为“由各级公安机关行使”。在公民基本权利和义务一章中，不仅在形式上先列义务，后列权利，以示公民履行义务是主要的，享有权利是次要的，而且取消了1954年宪法规定的“公民在法律上一律平等”的原则；删去了1954年宪法关于公民实现权利的一些保障条款；同时，公民权利和自由的范围和内容也比1954年宪法的规定大为缩小。

1975年宪法是我国特定历史条件下的产物。它受“文化大革命”中“左”

的路线的严重干扰，从指导思想到具体条款都掺杂了极“左”的内容，把“文革”中的许多错误理论和做法加以法律化、制度化，使之成为国家生活的最高准则，是一部有着严重缺点和错误的宪法，可以说是我国制宪史上的一次严重倒退。但它保留了1954年宪法的某些基本原则，如坚持生产资料的社会主义公有制和无产阶级专政等，因此它基本上还是属于社会主义性质的宪法。

**四、1978年宪法**

1976年10月粉碎了“四人帮”后，中国进入了新的历史时期。为了清除1975年宪法中“左”的流毒，恢复被破坏的民主和法制建设，并适应新的历史时期的需要，适时地向全国人民提出建设社会主义现代化强国的任务，必须对1975年宪法进行修改，这就产生了1978年宪法。

1978年3月5日，由第五届全国人民代表大会第一次会议通过的《中华人民共和国宪法》是新中国成立之后的第三部宪法。这部宪法包括序言，总纲，国家机构，公民的基本权利和义务，国旗、国徽、首都，共4章60条。与1975年宪法相比，在内容上，提出了“在本世纪内把我国建设成为农业、工业、国防和科学技术现代化的伟大强国”的总任务；强调“国家坚持社会主义的民主原则”；基本恢复1954年宪法对公民基本权利的规定，恢复了检察机关的设置及其职权。

1978年宪法取消了1975年宪法中的某些错误规定，但仍存在一些严重的问题，主要是：在序言中错误地肯定“文革”的“成就”，坚持“阶级斗争为纲”的指导思想和“无产阶级专政下继续革命”的理论；在公民基本权利部分，仍保留了“大鸣、大放、大辩论、大字报”的权利；在国家机构部分，仍保持了地方国家机关中“革命委员会”名称，也未能恢复国家主席建制；等等。

为了适应形势发展的需要，第五届全国人民代表大会的第二次和第三次会议曾经先后两度对1978年宪法的部分条文作了修改：决定在县和县以上的地方各级人民代表大会设立常务委员会；将地方各级革命委员会更名为地方各级人民政府；将县级人大代表的产生方式由间接选举改为直接选举；将上级人民检察院同下级人民检察院的监督关系改为领导关系；取消公民有“大鸣、大放、大辩论、大字报”的权利。这两次修改，纠正了宪法中的一些严重错误，但是局部的修改并不能解决原则性和实质性问题。因此，对1978年宪法进行全面修改，也就势在必行了。

**五、1982年宪法**

（一）1982年宪法的制定

1980年9月10日，第五届全国人民代表大会第三次会议接受了中共中央的修宪建议，并成立了宪法修改委员会。经过广泛征集和认真研究各地方、各部门、各方面的意见，于1982年2月提出了宪法修改草案讨论稿。经宪法修改委员会认真讨论、修改，并广泛征求各方面的意见后，形成宪法修改草案，由全国人民代表大会常务委员会公布，交付全民讨论。然后在此基础上进行修改后，宪法修改委员会于1982年11月23日最后通过了正式的宪法修改草案，提交第五届全国人民代表大会第五次会议审议。会议于1982年12月4日通过，并予以公布实施。

1982年宪法由序言、总纲、公民的基本权利和义务、国家机构及国旗、国歌、国徽、首都共4章138条组成。它把坚持四项基本原则作为总的指导思想；进一步完善了人民代表大会制度；规定了社会主义经济制度和国家的根本任务；设置了较为科学的国家机构体系；增加了社会主义精神文明建设的目标和具体内容；赋予公民广泛的权利自由和必要的义务；改善了宪法监督制度；等等。

1982年宪法是一部具有中国特色的社会主义类型的宪法。它从中国的国情出发，将马列主义的国家学说同中国的具体实际相结合，具有鲜明的时代特色，是新中国成立以来最好的一部宪法。

（二）1982年宪法的四次修正案

1982年宪法颁布后，对于促进我国的政治体制改革和经济体制改革，推动我国社会主义现代化建设和改革开放事业的顺利进行，健全社会主义民主法治建设等都发挥了重要作用。但是，由于1982年宪法是在改革开放初期颁布的，随着政治经济形势的不断发展变化，其中有些规定已不能适应时代发展的要求。因此，我国陆续制定和颁行了31条修正案。

1. 1988年宪法修正案。1988年4月12日，第七届全国人民代表大会第一次会议，通过了2条宪法修正案。其内容有：

（1）删去第10条第4款中不得出租土地的规定，并增加规定“土地的使用权可以依照法律的规定转让”。这有利于促使人们节约土地资源和合理利用土地，有利于形成和发展包括房地产市场在内的市场体系。

（2）第11条增加规定“国家允许私营经济在法律规定的范围内存在和发展。私营经济是社会主义公有制经济的补充。国家保护私营经济合法的权利和利益，对私营经济实行引导、监督和管理”。肯定了私营经济的合宪地位。

2. 1993年宪法修正案。1993年3月29日，第八届全国人民代表大会第一次会议通过了宪法修正案第3~11条。主要内容包括：

（1）明确把“我国正处于社会主义初级阶段”、“建设有中国特色的社会主义”、“坚持改革开放”写进宪法，使党的基本路线在宪法中得到集中、完整的表述。

（2）增加了“中国共产党领导的多党合作和政治协商制度将长期存在和发

展”，明确了我国现行的政党制度。

（3）把家庭联产承包责任制作为农村集体经济组织的基本形式确定下来，有利于实现农村政策的长期稳定。

（4）把社会主义市场经济作为国家的基本经济体制规定下来，并对相关内容作了修改。

（5）把县级人民代表大会的任期由 3 年改为 5 年。

3. 1999 年宪法修正案。1999 年 3 月 15 日，第九届全国人民代表大会第二次会议通过了宪法修正案第 12 ~ 17 条。主要内容包括：

（1）将邓小平理论写进宪法，确立邓小平理论在国家的指导地位。并根据邓小平理论，对《宪法》序言第七自然段相关内容作了相应修改。

（2）将“我国正处于社会主义初级阶段”修改为“我国将长期处于社会主义初级阶段”。这对于认识社会主义建设的长期性和复杂性、解决深化改革中遇到的种种矛盾、克服急于求成的急躁情绪、避免重犯过去那种超越历史阶段的错误，具有重要而深远的意义。

（3）《宪法》第 5 条增加 1 款作为第 1 款，规定：“中华人民共和国实行依法治国，建设社会主义法治国家。”这对于发展社会主义民主政治、维护宪法和法律的权威、健全社会主义法律体系、完善行政执法制度和司法制度均具有重要意义。

（4）明确规定“国家在社会主义初级阶段，坚持公有制为主体、多种所有制经济共同发展的基本经济制度，坚持按劳分配为主体、多种分配方式并存的分配制度”。这些对于深化改革开放，进一步解放和发展社会生产力，具有重要的积极作用。

（5）规定“农村集体经济组织实行家庭承包经营为基础、统分结合的双层经营体制”。这有利于这一经济制度的长期稳定和不断完善，从而促进农村生产力的解放。

（6）将国家对个体经济和私营经济的基本政策合并修改为“在法律规定范围内的个体经济、私营经济等非公有制经济，是社会主义市场经济的重要组成部分”。进一步明确了非公有制经济在我国市场经济中的地位和作用，有力地推动了非公有制经济的健康发展，有利于促进我国所有制结构的完善。

（7）将镇压“反革命的活动”修改为镇压“危害国家安全的犯罪活动”。这对更好地适应新情况，与危害国家安全的犯罪做斗争，具有积极意义。

4. 2004 年宪法修正案。2004 年 3 月 14 日，中华人民共和国第十届全国人民代表大会第二次会议通过了宪法修正案第 18 ~ 31 条，主要内容有：

（1）将《宪法》序言第七自然段中“在马克思列宁主义、毛泽东思想、邓小平理论指引下”修改为“在马克思列宁主义、毛泽东思想、邓小平理论和‘三个代表’重要思想指引下”，并将“沿着建设有中国特色社会主义的道路”修改为“沿着建设中国特色社会主义道路”。确立“三个代表”重要思想在国家政治和社会生活中的指导地位。

（2）在《宪法》序言第七自然段中“逐步实现工业、农业、国防和科学技术的现代化”之后，增加“推动物质文明、政治文明和精神文明协调发展”的内容。把“三个文明”及其相互关系写入宪法，为“三个文明”协调发展提供了宪法保障。

（3）在宪法关于统一战线的表述中增加“社会主义事业的建设者”，将宪法序言关于统一战线的表述修改为:“在长期的革命和建设过程中，已经结成由中国共产党领导的，有各民主党派和各人民团体参加的，包括全体社会主义劳动者、社会主义事业的建设者、拥护社会主义的爱国者和拥护祖国统一的爱国者的广泛的爱国统一战线，这个统一战线将继续巩固和发展。”这样修改，有利于最广泛、最充分地调动一切积极因素。

（4）将《宪法》第10条第3款“国家为了公共利益的需要，可以依照法律规定对土地实行征用”修改为“国家为了公共利益的需要，可以依照法律规定对土地实行征收或者征用并给予补偿”。这进一步完善了土地征用制度。

（5）将《宪法》第11条第2款“国家保护个体经济、私营经济的合法的权利和利益。国家对个体经济、私营经济实行引导、监督和管理”修改为“国家保护个体经济、私营经济等非公有制经济的合法的权利和利益。国家鼓励、支持和引导非公有制经济的发展，并对非公有制经济依法实行监督和管理”。这样修改，全面、准确地体现了促进非公有制经济健康发展的精神，也反映了我国社会主义初级阶段基本经济制度的实际情况，符合生产力发展的客观要求。

（6）将《宪法》第13条中的“国家保护公民的合法的收入、储蓄、房屋和其他合法财产的所有权”、“国家依照法律规定保护公民的私有财产的继承权”修改为“公民的合法的私有财产不受侵犯”、“国家依照法律规定保护公民的私有财产权和继承权”、“国家为了公共利益的需要，可以依照法律规定对公民的私有财产实行征收或者征用并给予补偿”。进一步明确国家对全体公民的合法的私有财产都给予保护，体现了党的十六大关于“完善保护私人财产的法律制度”的精神，并有利于正确处理私有财产保护和公共利益需要的关系。

（7）将《宪法》第14条增加1款作为第4款，规定：“国家建立健全同经济发展水平相适应的社会保障制度。”社会保障直接关系广大人民群众的切身利益。建立健全同经济发展水平相适应的社会保障制度，是深化经济体制改革、完善社会主义市场经济体制的重要内容，是发展社会主义市场经济的客观要求，是社会稳定和国家长治久安的重要保证。

（8）将《宪法》第33条增加1款作为第3款，规定："国家尊重和保障人权。"第3款相应地改为第4款。这是以宪法权威确认了我国对人权保障的高度重视，亦体现了社会主义制度的本质要求，有利于推进我国社会主义人权事业的发展，也有利于我国在国际人权事业中进行交流和合作。

**［导入案例分析］**

导入案例2－3中，深圳市的"百日行动"是与《宪法》第33条第3款"国家尊重和保障人权"的规定相违背的。它存在很多漏洞，容易在实施过程中严重侵犯公民的基本权利。

（9）在《宪法》第59条关于全国人民代表大会组成的规定中，增加了"特别行政区"。在香港、澳门回归祖国后，作这样的修改，符合全国人民代表大会组成的实际情况。

（10）《宪法》第67条、第80条和第89条中，原来关于"戒严"的规定，一律修改为"进入紧急状态"。"紧急状态"包括"戒严"又不限于"戒严"，适用范围更宽，既便于应对各种紧急状态，也同国际上通行的做法相一致。

（11）在《宪法》第81条关于中华人民共和国主席的职权中，增加"进行国事活动"的规定。对元首外交留有空间，有利于促进国际交往。

（12）将《宪法》第98条中关于乡、民族乡、镇的人民代表大会"每届任期3年"修改为"每届任期5年"。这样修改，各级人大任期一致，有利于协调各级经济社会发展规划、计划和人事安排。

（13）把《宪法》第四章章名修改为"国旗、国歌、国徽、首都"。在第136条中增加1款作为第2款，规定："中华人民共和国国歌是《义勇军进行曲》。"赋予国歌的宪法地位，有利于维护国歌的权威性和稳定性，增强全国各族人民的国家认同感和国家荣誉感。

## 实务训练题

结合第一章"宪政"、第二章"旧中国百年宪政运动的历史"、"英国、法国宪法的产生和发展"等内容，讨论旧中国制定的多部宪法和宪法性文件为何没能使中国走上真正的民主宪政之路？

## 延伸阅读

### 费城奇迹

1787年，13个州的代表聚集到费城，制定宪法。这部宪法的制定过程被称作"费城奇迹"。立宪者为什么立宪？是为了促进民主吗？当然，美国立宪者在那个年代就已经明智地看到，民主是一个大趋势，因而，不得不顺应这个潮流，但要说他们是民主的“推手”，那就大错而特错了。正好相反，这批人是典型的既得利益者，用今天的话说就是“富二代”、“官二代”。华盛顿是美国第一“大地主”，当时拥有的土地最多；起草《独立宣言》的杰弗逊够伟大，但也是奴隶主。占主流的联邦党代表着大地主和新兴资产阶级的利益，联邦立宪的目的正是为了遏制地方草根民主的盲动，保护他们的财产和利益。托克维尔在《美国的民主》中说，美国人是“理性的利己主义者”；他们会和他人合作，不是想当“雷锋”，而是为了更好地实现自己的长远利益。

## 思考题

1. 简述近代宪法产生的条件。
2. 简述英国宪法的特点。
3. 简述美国宪法的内容。
4. 简述宪法的发展趋势。
5. 为什么说《共同纲领》起到了临时宪法的作用？
6. 简述 1982 年宪法四次修正案的通过时间及其主要内容。

第三章

# 国家性质

## 学习目标与工作任务

通过本章的学习使学生了解国家性质是国家制度的核心。明确我国的国家性质，领会人民民主专政实质上是无产阶级专政。理解中国共产党领导的多党合作与政治协商制度，了解人民政协的性质、地位和主要职能。培养学生的宪法意识，以宪法思维为基础解释和解决各种法律问题，适应社会的发展和促进我国的法治建设。

## 第一节　国家性质概述

### 导入案例

**3－1**

近年来随着改革开放的不断深化，作为市场经济的重要组成部分，非公有制经济在我国的经济社会发展中的地位和作用越来越突出。非公有制经济人士参政议政的热情和程度也在增强。据全国工商联系统的不完全统计，其非公有制经济人士会员中，被选为各级人大代表的有24 143人，被推荐为各级政协委员的有48 359人。其中担任全国人大代表或全国政协委员的有243人，担任省级人大代表或政协委员的有1730人，担任市、县两级工商联会长的有592人。[1] 2013年2月，苏宁云商集团股份有限公司董事长、第十届全国工商联副主席张近东再度当选为全国政协委员，从第十届政协委员到第十二届政协委员，2013年是张近东委员连续第十一年参加两会，为社会民生、行业发展建言献策。十一年来，张近东委员共提交近50件提案，多项提案被相关部门采用实施。[2]

---

〔1〕熊剑锋："大陆富豪十年沉浮史"，载《凤凰周刊》2013年第19期。

〔2〕"政协委员张近东：参政议政让我视野更开阔"，载《兰州晨报》2013年3月5日，第A11版。

问：1. 非公有制经济人士在现阶段属于什么阶层？
2. 非公有制经济人士通过什么途径参政议政？

**一、国家性质的概念**

国家性质即国家的本质，是指社会各阶级在国家中的地位。它包括两个方面：一是指社会各阶级、阶层在国家中所处的统治与被统治地位；二是指社会各阶级、阶层在统治集团内部所处的领导与被领导地位。国家性质主要是由社会各阶级、阶层在国家中所处的统治与被统治地位决定的。明确了这一重要的宪法概念，具体到宪法中主要是通过对一个国家内各个阶级、阶层的权利和义务作出最基本规定，表明各阶级在国家中所处的不同社会政治经济地位，从而表明哪些阶级是统治阶级，占据统治地位，掌握国家权力；哪些阶级是被统治阶级，处于被统治地位；在统治阶级内部，哪些阶级是领导阶级，哪些阶级是其同盟者，以及由此产生的统治阶级与被统治阶级、统治阶级内部领导者与被领导者之间的各种社会关系。简言之，就是指这个国家对哪些阶级实行民主和对哪些阶级实行专政。

人类社会出现过四类不同性质的国家，有奴隶制国家、封建制国家、资本主义国家和社会主义国家四种不同类型的国家制度。前三类属于剥削阶级性质的专政，由极少数剥削者占有和支配生产资料并控制国家政权，对社会上绝大多数人实行剥削和统治，民主的主体仅为少数剥削阶级；只有在社会主义类型的国家中由广大人民享有民主，对极少数敌对势力和敌对分子实行专政，即无产阶级专政或人民民主专政。

**二、国家性质与宪法的关系**

宪法作为国家根本法，在规定国家制度时，首先要确认本国的国家性质。国家性质是宪法的一项最主要的内容，各国宪法对此都有反映，但不同类型的宪法对国家性质的反映方式是不一样的。

资本主义国家宪法大都没有关于国家性质的明文规定，在国家的产生与本质问题上，都宣传超阶级的国家观，用“政治团体”的概念掩盖国家的本质，不敢也不愿意在宪法中公开规定自己国家的阶级本质，一般以“主权在民”、“全民国家”等超阶级的字眼掩盖其资产阶级专政的阶级本质。美国在宪法序言中规定：“我们美利坚合众国的人民，为了组织一个更完善的联邦，树立正义，保障国内安宁，建立共同防务，增进全民福利和确保我们自己和我们后代能安享自由带来的幸福……”1789年法国的《人和公民的权利宣言》，宣称人民或国民拥有主权，即主权在民，后来被1791年宪法及该国以后的多部宪法作为序言部分。德国1919年魏玛宪法第1条第2款规定：“国权出自人民。”1949年德意志联邦共和国基本法第20条第2款规定："全部国家权力来自人民。人民通过选举和投票表决并通过特定的立法、行政和司法机关行使这种权力。"资本主义国家宪法一般抽象地将人民主权原则确定为国家权力的来源，用"主权在民"、"民有、民治、民享"等词句掩盖资产阶级专政的国家本质，实际上"民"更多地指少数在经济上占统治地位的资产阶级。

社会主义国家宪法都以规范的形式明确规定了国家性质，即公开宣称国家政权的实质是无产阶级专政，国家实行社会主义制度。如1936年《苏联宪法》规定："苏维埃社会主义共和国联盟是工农社会主义国家；苏联的一切权力属于城乡劳动者，由各级劳动者代表苏维埃实现之。"朝鲜《宪法》第1条规定："朝鲜民主主义人民共和国是代表全体朝鲜人民利益的自主的社会主义国家。"1960年《捷克斯洛伐克宪法》第1条第1款规定："捷克斯洛伐克社会主义共和国是以工人、农民和知识分子的巩固联盟为基础、以工人阶级为首的社会主义国家。"我国历部宪法对国家性质都做了明确的规定。

**三、我国的国家性质**

我国《宪法》第1条第1款规定："中华人民共和国是工人阶级领导的、以工农联盟为基础的人民民主专政的社会主义国家。"这表明，人民民主专政是我国的国家性质。序言进一步确认："工人阶级为领导的、以工农联盟为基础的人民民主专政，实质上即无产阶级专政。"这表明了人民民主专政的实质和基本内容。

（一）人民民主专政和无产阶级专政的关系

1. 人民民主专政理论是无产阶级专政理论在中国的特殊表现形式。马克思主义认为，革命的根本问题是政权问题，无产阶级革命的根本问题是无产阶级专政问题。无产阶级专政理论是马克思主义国家学说的精髓。所谓无产阶级专政，是马克思主义对资本主义国家内无产阶级战胜资产阶级取得革命胜利后建立起来的人民政权的通称，其核心是要求无产阶级（亦即工人阶级）通过共产党执掌国家领导权并以工农联盟为政权基础。

中国共产党在领导中国革命的过程中，将马克思主义关于无产阶级专政的理论与中国的国情相结合，创造性地提出了人民民主专政的理论，丰富和发展了无产阶级专政的理论。我国采用"人民民主专政"而没有采用"无产阶级专政"的提法，反映了我国的阶级性质，也反映了我国的具体历史国情特点：①"人民民主专政"反映了我国革命的历史特点，即中国革命是在半殖民地半封建社会的历史条件下进行的，其革命政权是在反帝反封建和反官僚资本主义的斗争中逐步建立起来的，有其广泛的群众基础。②"人民民主专政"表明了我国的阶级状态和政权的阶级基础，即在我国工人阶级比重小，农民占绝对优势，工人阶级（通过中国共产党）是革命的领导阶级，但它必须与农民结成巩固的工农联盟，同时还必须团结一切革命阶级和革命力量，组成最广泛的统一战线，才能完成革命任务。③“人民民主专政”的提法最终取决于我国现阶段的多种所有制并存、存在多种分配方式的社会经济结构。④“人民民主专政”的提法直接体现了对人民实行民主和对敌人实行专政的两个方面，从而准确地体现了我国国家政权的民主与专政职能。

2. 人民民主专政实质上即无产阶级专政。人民民主专政是无产阶级专政在我国的一种具体表现形式，两者在精神实质和核心内容上是根本一致的，这种实质上的相同主要表现在以下四个方面：

（1）两者的领导阶级一致。工人阶级独掌国家领导权是无产阶级专政的根本标志。我国人民民主专政是由工人阶级（通过中国共产党）领导的，工人阶级是国家的领导阶级，中国共产党是人民民主专政的领导核心。

（2）两者的阶级基础一致。无产阶级专政的最高原则是无产阶级必须同农民结成巩固的联盟，只有这样，才能战胜资产阶级，完成历史使命。我国的人民民主专政就是以工农联盟为基础的，这体现了我国政权是绝大多数的人民对极少数敌对分子专政的性质。而且历史实践也表明，只有依靠这两个阶级的力量才能巩固和发展人民民主专政和社会主义制度。

（3）两者的专政职能一致。人民民主专政和无产阶级专政都担负着保障人民当家做主的权利，组织社会主义政治、经济和文化建设，镇压敌对阶级和敌对势力的反抗，保卫祖国抵御外来侵略的职能。

（4）两者的历史使命一致。两者的最终目的和历史使命都是要消灭阶级、消灭剥削，实现社会主义，并创造条件最终实现共产主义。

3. 人民民主专政是民主与专政的结合。在人民内部实行民主是对敌人实行专政的前提和基础。“民主”一词来源于古希腊，本意是指多数人的统治。人民民主的实质即社会上绝大多数人享有管理国家和社会的一切权力，这是社会主义国家政权的本质特征。在我国，对人民实行民主，即社会主义民主，就是人民通过各种途径和措施，享有各项民主权利，参与国家事务和社会事务的管理，实现人民当家做主的地位。我国《宪法》第2条第1款明确地规定：“中华人民共和国的一切权力属于人民。”这是我国人民民主专政的根本所在，是我国国家制度的本质特征。同时宪法还规定了人民代表大会制度、选举制度、民族区域自治制度、基层群众性自治制度等一系列对人民实行民主的制度。所以，人民民主专政的国家是绝大多数人享有民主的新型国家。

对敌人实行专政是对人民民主的有力保障。“专政”一词来源于古罗马，本意是指“独裁”。马克思主义认为，专政这一概念同样是指一种国家制度，即指掌握政权的阶级依靠暴力对被统治阶级实行压迫的制度。我国目前正处于社会主义初级阶段，虽然剥削阶级作为阶级已经被消灭，社会的主要矛盾已不再是阶级斗争，但阶级斗争仍将在一定的范围内长期存在，并且在一定的条件下还可能激化。在国内有敌对分子和严重刑事犯罪分子存在，在国际上有对我国进行渗透、颠覆的敌对势力的存在，所以，对敌专政的职能必不可少。我国《宪法》序言规定："中国人民对敌视和破坏我国社会主义制度的国内外的敌对势力和敌对分子，必须进行斗争。"《宪法》第28条规定："国家维护社会秩序，镇压叛国和其他危害国家安全的犯罪活动，制裁危害社会治安、破坏社会主义经济和其他犯罪活动，惩办和改造犯罪分子。"这表明人民民主专政除了有对人民民主的一面外，还包含对极少数敌人专政的一面。

实践证明，要坚持人民民主专政，必须同时开展两方面的工作，既要坚持人民对敌人的专政，又要切实保障人民内部的民主。可以说，社会主义国家对极少数人实行专政，正是为了保障绝大多数人充分享受民主。同时，只有在人民内部充分发扬民主，才能调动广大人民的积极性、主动性，真正当家做主，进而才能加强对敌人的专政。作为一种国家制度，民主与专政是不可分割的。两者相互依存，不可偏废，削弱任何一方，都会导致对整个人民民主专政国家制度的严重损坏。

（二）人民民主专政的阶级构成

1. 工人阶级是我国的领导阶级。工人阶级是人民民主专政的领导力量，工人阶级通过共产党实现对国家的领导是人民民主专政首要的根本标志。中国共产党是中国的领导核心，是马克思列宁主义、毛泽东思想武装起来的，以邓小平理论、"三个代表"重要思想、科学发展观为指导的政党，它主要通过政治领导、思想领导和组织领导的方式来实现对国家的领导。历史表明，没有共产党，就没有新中国；没有共产党，也不可能建成富强、民主、文明、和谐的社会主义现代化国家。所以，必须坚持和加强党的领导，坚决维护它的领导地位，任何怀疑、削弱、否定党的领导的想法和做法，都是极端错误和十分有害的。

2. 工农联盟是人民民主专政的基础。无产阶级能否取得国家政权以及取得国家政权后能否巩固其统治，一个关键的问题就是工农联盟。我国是农村人口占绝大多数的发展中国家，农民问题始终是中国革命和建设的根本问题。中国工人阶级与农民阶级在根本利益上的一致性决定了建立工农联盟的可能性。中国工农联盟是在中国共产党的领导下在长期的革命和建设中建立和巩固起来的，是人民民主专政和统一战线的基础，是中国革命和建设取得胜利的根本保证。我国革命和建设的历史经验表明，工人阶级领导的工农联盟是我国新民主主义革命和社会主义革命胜利的重要保障。

3. 知识分子是社会主义建设事业的依靠力量。知识分子不是独立的社会阶级，而是出身于不同的社会阶级的社会阶层，他们是具有知识、技能、专长，从事脑力劳动的劳动者。知识分子同工人、农民一样，依靠自己的劳动取得生活来源，他们与工人、农民的差别不是阶级的差别，而是劳动方式的不同。现阶段我国知识分子早已经是工人阶级的一部分，同工人、农民一起是我国社会主义建设事业的依靠力量。我国《宪法》序言指出："社会主义的建设事业必须依靠工人、农民和知识分子，团结一切可以团结的力量。"第23条规定："国家培养为社会主义服务的各种专业人才，扩大知识分子的队伍，创造条件，充分发挥他们在社会主义现代化建设中的作用。"随着人类社会步入信息社会、知识经济社会，知识分子在社会主义建设中的作用更显重要。

4. 其他社会阶层是社会主义事业的建设者。改革开放以来出现的新的社会阶层，是在改革开放和发展社会主义市场经济过程中产生的，包括民营科技企业的创业人员和技术人员、受聘于外资企业的管理技术人员、个体户、私营企业主、中介组织的从业人员和自由职业人员等六个方面的人员。新社会阶层人士涉及了中国经济和社会生活的各个领域、各个行业，他们还不能形成单独的社会阶级，他们的意志和利益往往要通过人民民主专政的国家反映和保护。新的社会阶层的出现反映了我国社会的巨大进步和阶层结构的巨大变化。对新的社会阶层，在"充分尊重、广泛联系、加强团结、热情帮助、积极引导"的方针下，"以社团为纽带、以社区为依托、以网络为媒介、以活动为抓手"，促进他们健康成长；要适当增加新的社会阶层代表人士在各级人大代表、政协委员当中的数量，引导他们在既定的政治架构内表达合理利益诉求，为全面建设小康社会凝聚新力量。[1]

**[导入案例分析]**

1. 非公有制经济人士属于改革开放以来出现的新的社会阶层。新社会阶层是在改革开放和发展社会主义市场经济过程中产生的，包括民营科技企业的创业人员和技术人员、受聘于外资企业的管理技术人员、个体户、私营企业主、中介组织的从业人员和自由职业人员等六个方面的人员，是社会主义事业的建设者。

2. 新社会阶层人士涉及了中国经济和社会生活的各个领域、各个行业，他们还不能形成单独的社会阶级，他们的意志和利益要通过人民民主专政的国家反映和保护。新的社会阶层代表人士主要通过担任各级人大代表、政协委员等

〔1〕"中共中央颁布《关于巩固和壮大新世纪新阶段统一战线的意见》"，载新华网，http://news.xinhuanet.com/politics/2006-11/28/content_5402618.htm，最后访问时间：2006年11月28日。

途径积极参政议政，在既定的政治架构内表达合理利益诉求，为全面建设小康社会凝聚新力量。

（三）爱国统一战线

1. 统一战线的概念。统一战线就是指无产阶级及其政党在革命和建设中，为了获得最广泛的同盟军以壮大自己的力量，同其他革命阶级以及一切可以团结的人们所结成的政治联盟。它是一个比工农联盟更加广泛的联盟。中国的统一战线，是在中国共产党领导下，在长期的革命斗争中建立和发展起来的，是工人阶级领导的、以工农联盟为基础的人民大众的广泛联盟。统一战线是凝聚各方面力量，促进政党关系、民族关系、宗教关系、阶层关系、海内外同胞关系和谐，夺取中国革命和中国特色社会主义新胜利的重要法宝。[1]

我国《宪法》序言规定："在长期的革命和建设过程中，已经结成由中国共产党领导的，有各民主党派和各人民团体参加的，包括全体社会主义劳动者、社会主义事业的建设者、拥护社会主义的爱国者和拥护祖国统一的爱国者的广泛的爱国统一战线，这个统一战线将继续巩固和发展。"其中，"社会主义事业的建设者"作为爱国统一战线的对象是2004年全国人大对宪法进行修改时新增加的，这是适应我国改革开放后社会阶层结构新变化的客观现实而作出的重要修改，标志着我国统一战线的重要发展。

2. 爱国统一战线的性质和范围。爱国统一战线是由中国共产党领导的，有各民主党派和各人民团体参加的，包括全体社会主义劳动者、社会主义事业的建设者、拥护社会主义的爱国者和拥护祖国统一的爱国者的广泛的政治联盟。爱国统一战线在本质上仍然以工农联盟为基础，而实际上还包含着两个联盟：一个是由大陆范围内的全体劳动者、建设者和爱国者组成的以社会主义为政治基础的联盟，这个联盟必须坚持四项基本原则；另一个是广泛团结台湾同胞、港澳同胞、海外侨胞，以拥护祖国统一为政治基础的联盟。凡是赞成祖国统一的，都是统一战线团结的对象。

3. 爱国统一战线的任务。

（1）为把我国建设成为富强、民主、文明的社会主义现代化国家而努力奋斗。这是我国大陆内各族人民的共同理想和要求，是振兴中华的根本所在。

（2）完成祖国和平统一大业，这是包括台湾同胞在内的中国人民的共同愿望，是国家繁荣昌盛和民族兴旺发达的重要保障。

（3）为维护世界和平作出新的贡献，维护世界和平、争取建立起良好的国

---

〔1〕"胡锦涛在中国共产党第十八次全国代表大会上的报告"，载新华网，http：//news. xinhuanet. com/18 cpcnc/2012 - 11/17/c _113711665 _6. htm，最后访问时间：2012 年 11 月 17 日。

际政治和经济的新秩序，是包括中国人民在内的全世界各国人民的共同愿望，也是我国进行改革开放和社会主义现代化建设的不可缺少的外部条件。

爱国统一战线的这三大任务是全国各族人民的共同任务，也是人民民主专政的国家政权所要确保完成的任务。

## 第二节 中国共产党领导的多党合作和政治协商制度

**导入案例**

**3－2**

2013年中国多地区发生持续大规模灰霾污染事件，农工民主党中央整合农工民主党在医药卫生和生态环境领域党员的智力资源，为治理灰霾献计献策。经过深入论证后，2013年2月20日，农工民主党中央向中共中央上报有关治理灰霾的建议报告，该建议立即引起中共中央和国务院有关领导的高度重视，并作出相关批示。2月22日，向全国政协十二届一次会议提交相关提案；2013年3月7日全国政协大会上，农工民主党中央副主席兼秘书长何维作了题为《应对灰霾污染，净化祖国天空，维护人民健康权益》的大会发言，引起社会各界强烈共鸣。全国政协于3月8日召开“加强城乡污染防治，改善城乡人居环境”提案办理协商会。农工民主党中央提交的治理灰霾污染的提案位列其中，协商会上，国家发改委、工信部、环保部等提案承办单位负责人，针对《关于积极应对区域灰霾污染有关工作的提案》等作出积极回应，就如何完善相关政策征求委员的意见和建议。2013年3月21日，国家发改委邀请工信部等共计30多个部门单位参加专题座谈会，共商雾霾污染与防治的现状、对策和建议。[1]

问：根据本案例，分析多党合作和政治协商制度。

### 一、政党与政党制度的概述

（一）政党的概念与特点

政党是指由一定的阶级、阶层或集团的中坚分子组成的，并为实现反映其政治、经济利益的政治纲领、政治目标而奋斗的社会政治组织。政党是阶级斗争发展到一定阶段的产物，属于上层建筑的范畴，它既有别于国家机关，也有别于一般的政治派别和利益集团，还有别于一般的社会组织，而有其自身的特点：

---

〔1〕 陈晔：“参政有担当”，载《中国统一战线》2013年第5期。

1. 政党具有鲜明的阶级性。它是代表一定阶级、阶层和社会利益集团的根本利益、反映其阶级意志的社会政治组织。

2. 政党具有明确的政治纲领和政治目标。一切政党问题都是围绕国家政权而展开的。政党参与政治斗争的中心问题就是为了夺取和维护国家政权，以便更好地为所代表的阶级、阶层和利益集团服务。

3. 政党具有完备的组织系统和严密的组织纪律。政党一般都有从基层到中央的宝塔式的统一组织结构，并由一定的组织原则、组织纪律和权力关系维系和发展。

（二）政党制度是现代民主宪政的产物

政党制度，就是公民通过政党来行使国家权力的制度，是关于政党参与、执掌和影响国家政权的各项制度的总称。政党制度是现代民主政治制度的重要内容，是公民实现结社权、有组织地参与国家权力分配的制度设计，它往往与选举制度相结合，共同构成维系和实现公民权利与国家权力之间动态平衡的制度化途径。它作为宪政制度的重要方面，同国家的宪法与宪政的发展和完善有着密切的联系。

**二、中国共产党领导的多党合作和政治协商制度**

我国《宪法》在序言中规定："中国共产党领导的多党合作和政治协商制度将长期存在和发展。"这是宪法对我国政党制度的明确表述。

中国的政党制度既不同于西方国家的两党或多党竞争制，也有别于一些国家实行的一党制，而是中国共产党领导的多党合作和政治协商制度，即中国共产党领导、多党派合作，中国共产党执政、多党派参政。各民主党派是与中国共产党团结合作的亲密友党和参政党，而不是反对党或在野党。各民主党派参加国家政权，参与国家大政方针和国家领导人选的协商，参与国家事务的管理，参与国家方针政策、法律法规的制定和执行。

中国的政党制度是中国共产党与各民主党派在中国革命、建设和改革的长期实践中确立和发展起来的，是中国共产党同各民主党派风雨同舟、团结奋斗的成果，是当代中国的一项重要政治制度。中国共产党领导的多党合作和政治协商制度的政治优势在于：既能实现广泛的民主参与，集中各民主党派、各人民团体和各界人士的智慧，促进执政党和各级政府决策的科学化、民主化，又能实现集中统一，统筹兼顾各方面群众的利益要求；既能避免一党执政缺乏监督的弊端，又可避免多党纷争、互相倾轧造成的政治混乱和社会不安定团结。

（一）我国的民主党派

1. 我国大陆现有 8 个民主党派，是中华人民共和国宪法承认并保护的合法政党。①"民革"，即中国国民党革命委员会，成立于 1948 年 1 月，并于 1949

年11月与民主革命同盟、民联、民促等合并后使用现名。②“民盟”，即中国民主同盟，是1944年9月由“中国民主政团同盟”改组而成，现主要成员来自文教、科技界的知识分子。③“民进”，即中国民主促进会，它成立于1945年12月，其成员现主要活动于文教战线。④“民建”，即中国民主建国会，它成立于1945年12月，由来自知识界、民族工商业者的人员组成。⑤“农工党”，即中国农工民主党，它创立于1927年12月，当时称为“中华革命党”，1930年改为“中国国民党临时行动委员会”，1935年11月改为“中华民族解放行动委员会”，1947年改为现名，主要以医药卫生界人士为发展重点。⑥“致公党”，即中国致公党，成立于1925年10月，其主要成员为归国华侨和侨眷。⑦“九三”，即九三学社，成立于1946年5月，前身为“民主科学社”、“九三座谈会”（1945年9月3日为纪念反法西斯胜利日），主要成员为科技界、文教界的中高级知识分子。⑧“台盟”，即台湾民主自治同盟，1947年台湾“二·二八起义”后成立，主要成员为台湾省籍的爱国民主人士。

这些民主党派是在中国民主革命时期逐步建立的，并在新中国建立后得到了新的发展。此外，还有中华全国工商业联合会，它是具有统一战线性质的民间商会，虽不属政党性质，但在目前的形势下，也起着政党般的重要作用。

2. 中国民主党派的性质和地位。我国民主党派的性质在其产生发展过程中，随着革命斗争的不断演进而发生了巨大变化。由于这些政党大多成立于中国人民抗日战争（1937年~1945年）和解放战争（1946年~1949年）时期，是在争取实现民族解放和人民民主的斗争中建立的，因此被称为“民主党派”。在新民主主义革命时期，民主党派是民族资产阶级和上层小资产阶级及其知识分子的政党。在当今中国，各民主党派作为各自所联系的一部分社会主义劳动者、社会主义事业建设者和拥护社会主义爱国者的政治联盟，属于人民的范畴。

中国的民主党派既不是执政党，也不是在野党，而是参政党。这是相对于中国共产党的执政地位而言的。具体地说，就是参加政权，在国家政权占有了一定地位，并适当担任公职，参加国家管理。根据宪法与执政党一起就国家的大政方针、人事问题和社会重大问题进行协商，根据相互监督的原则对执政党的活动进行监督，并且发挥民主党派成员在文化、科学、技术等方面的专长为社会主义建设提供服务。

#### （二）中国共产党领导的多党合作的基本特点

1. 中国共产党是中国的执政党，在中国各政党中处于领导地位，各民主党派接受共产党的领导。共产党对民主党派主要是政治领导，即政治原则、政治方向和重大方针政策的领导。这种领导主要是靠正确的政治主张和自身模范行为，并通过平等协商来实现的。共产党支持民主党派充分发挥各自的积极性、主动性、创造性，独立自主地开展活动。

2. 各民主党派是中国的参政党。中国人民民主专政的内在要求和各民主党派在中国政治生活中的实际作用，决定了民主党派的参政党地位，他们在中国共产党的领导下参政，是人民民主的重要体现。中国共产党同民主党派合作的基本方针是“长期共存、互相监督、肝胆相照、荣辱与共”。中国共产党与各民主党派团结合作的十六字的基本方针，保证了中国共产党与各民主党派的平等合作、互相制约、长期共存。

3. 中国共产党与各民主党派形成了团结合作的新型政党关系。中国共产党与各民主党派在长期的共同奋斗中，形成了亲密的友党关系。中国共产党的基本理论、基本路线、基本纲领、基本经验得到各民主党派的认同，建设中国特色社会主义成为中国各政党的共同目标。

4. 共产党和民主党派都享有宪法规定的权利和义务范围内的政治自由、组织独立和法律地位平等。各政党都以宪法为根本活动准则，负有维护宪法尊严、保护宪法实施的职责。

### （三）中国人民政治协商会议

党的十八大报告提出了“社会主义协商民主是我国人民民主的重要形式”的论断。这是社会主义协商民主概念第一次在党的代表大会报告中得以提出，标志着社会主义协商民主理论的正式确立。社会主义协商民主是中国共产党和人民在社会主义民主形式方面的伟大创造，已经广泛运用于国家政治社会生活之中，保证了党和政府决策的科学和有效实施。政治协商是协商民主的重要方面，人民政协是社会主义民主的重要形式和推进社会主义协商民主的重要渠道，各党派团体、各族各界人士通过政协组织的会议和活动协商议政，是扩大人民民主、实现人民当家做主的体现。人民政协的协商民主，以宪法、政协章程和相关政策为依据，以中国共产党领导的多党合作和政治协商制度为保障，集协商、监督、参与、合作于一体，实现了人民知情权、参与权、表达权、监督权的有机结合，体现了社会主义民主的本质要求，符合广大人民群众的根本利益。[1]

1. 中国人民政治协商会议的性质。宪法和人民政协的章程规定了中国人民政治协商会议的性质：①是我国爱国统一战线的组织。现在，我国已经结成了中国共产党领导的，有各民主党派、无党派人士参加的，由全体社会主义劳动者、社会主义事业的建设者、拥护社会主义的爱国者和拥护祖国统一的爱国者

---

〔1〕“俞正声在全国政协十二届一次会议闭幕会上的讲话”，载中国政协网，http://www.cppcc.gov.cn/zxww/2013/03/19/ARTI1363658084056150.shtm/，最后访问时间：2013 年 3 月 19 日。

组成的，包括台湾同胞、香港同胞、澳门同胞和海外侨胞在内的广泛的爱国统一战线。中国人民政治协商会议就是爱国统一战线的组织。②是共产党领导的多党合作和政治协商的一种重要组织形式。人民政协不是国家机关，各人民团体各界代表人士不属于我国国家机构体系；它也不同于一般的人民团体。它是我国由各个政党共同创立、共同参加、合作共事的政治组织，是各党派、各人民团体、各界代表人士团结合作、参政议政的重要场所。

2. 中国人民政治协商会议的产生和发展。中国人民政治协商会议是在革命和建设中产生和发展起来的。1948 年随着三大战役的结束，中共中央在同年的 5 月，提议各民主党派、各人民团体及社会贤达迅速召开新的政治协商会议、成立民主联合政府。中共中央的这一提议得到社会各界的广泛响应。1949 年 9 月 21 日，来自中国共产党、各民主党派、各人民团体、各地区、人民解放军、各少数民族、国外华侨、宗教界人士及其他爱国人士共 662 名代表，在北京召开了中国人民政治协商会议第一届全体会议，代行尚未产生的全国人大的职权，通过了起临时宪法作用的《共同纲领》，制定了《中华人民共和国中央人民政府组织法》和《中国人民政治协商会议组织法》，选举了中央人民政府委员会，选定了国旗、国歌，并决定 10 月 1 日为新中国国庆日，宣告了中华人民共和国的成立。

1954 年宪法颁布实施后，全国政协继续发挥作用。为适应新形势的需要，1982 年 12 月 11 日，第五届全国政协第五次会议通过了新的《中国人民政治协商会议章程》，并于 1994 年 3 月做了修改。《中国人民政治协商会议章程》与中共中央《关于坚持和完善中国共产党领导的多党合作和政治协商制度的意见》的公布实施，标志着中国人民政治协商会议进入了新的发展时期。

3. 中国人民政治协商会议的主要职能。

（1）政治协商是指对国家和地方的大政方针以及政治、经济、文化和社会生活中的重要问题在决策之前进行协商和就决策执行过程中的重要问题进行协商。

（2）民主监督是指对国家宪法、法律和法规的实施、重大方针政策的贯彻执行、国家机关及其工作人员的工作，通过建议和批评的方式所进行的监督。这种监督的实质是有组织地反映统一战线各方面意见的群众性监督，它不同于人大的监督，不具有法律效力。但却是国家政治生活中发扬社会主义民主的一种重要形式。

（3）参政议政是对政治、经济、文化和社会生活中的重要问题以及人民群众普遍关心的问题，开展调查研究，反映社情民意，进行协商讨论。通过调研报告、提案、建议案或其他形式向中国共产党和国家机关提出意见和建议。

4. 中国人民政治协商会议的机构设置。新中国成立后，中国人民政治协商会议经过不断地发展和完善，在机构设置方面，设全国委员会和地方委员会。政协全国委员会由中国共产党、各民主党派、无党派人士、人民团体（包括中华全国总工会、中华全国妇联、中华全国青联、中华全国工商联、中华台湾同胞联谊会、对外友好团体、社会救济福利团体等）、各少数民族和各界的代表（包括文化艺术界、科学技术界、社会科学界、农林界、教育界、体育界、新闻出版界、医药卫生界、宗教界等），以及台湾同胞、港澳同胞、归国华侨和特别邀请的人士组成。地方委员会的组成参照全国委员会的组成决定。从 1983 年开始，全国各地的市、州、县和市辖区基本上陆续地设立了政协的地方组织。

中国人民政治协商会议全国委员会同地方委员会的关系、地方委员会同下一级地方委员会的关系，是指导与被指导的关系，而不是上、下级之间的领导与被领导的关系。但是，地方委员会对全国委员会所作的全国性决议、下级委员会对上级委员会的全地区性的决议有遵守和履行的义务。

（1）中国人民政治协商会议全国委员会。政协全国委员会由主席 1 人、副主席若干人、秘书长 1 人、委员若干人组成。政协全国委员会每届任期为 5 年。政协全国委员会会议分为全体会议和常务委员会会议两种形式。政协全国委员会全体会议每年举行 1 次，由常务委员会召集。政协全国常务委员会由政协主席、副主席、秘书长和常务委员组成。

（2）中国人民政治协商会议地方委员会。政协地方委员会包括政协省、自治区、直辖市委员会以及政协自治州、设区的市、县、自治县、不设区的市和市辖区委员会，每届任期为 5 年。政协地方各级委员会每年至少举行 1 次全体会议。地方各级政协委员会由常务委员会主持。常务委员会由政协主席、副主席、秘书长和常务委员组成。

**［导入案例分析］**

1. 共产党的领导是多党合作的前提。

2. 政治协商制度与人大制度不同，政协的建议带有咨询性质，不具有法律效力。

3. 多党合作和政治协商制度拓展了人民参政议政的途径，体现了社会主义民主的重要特征。

4. 参政议政是对政治、经济、文化和社会生活中的重要问题以及人民群众普遍关心的问题，开展调查研究，反映社情民意，进行协商讨论。通过调研报告、提案、建议案或其他形式向中国共产党和国家机关提出意见和建议。

## 实务训练题

党的十三届四中全会以来，我国多党合作和政治协商制度不断发展，日趋规范：①中共中央就重大问题与民主党派、无党派人士政治协商已基本形成制度。2008年以来中共中央召开的党外人士协商会、座谈会和情况会98次，其中，党中央、国务院召开32次，委托中央统战部召开66次。②民主党派在人大、政协中的作用得到进一步发挥。目前，各民主党派和无党派人士中有17.6万多人当选各级人大代表，42.1万多人担任各级政协委员。③举荐民主党派成员、无党派人士担任各级政府和司法机关领导职务取得很大进展。全国机关干部担任县处级以上职务的党外干部有3.1万人，地方政府和部门及司法机关领导班子共配备党外干部3500多人，30个省区市政府配备了党外副省长（副主席、副市长），近90%的市县两级政府部门中配备党外正职45名。此外全国还有几千名党外人士担任各级特约监察员、检察员、审计员、教育督导员和土地监察专员、税务监察员。④各民主党派中央向中共中央和国务院各有关方面、各民主党派地方组织向有关方面提出重大建议多项，受到中共中央和国务院的高度重视，不少建议被采纳。各民主党派参政党的地位和作用不断得到体现，民主党派的参政意识也不断增强。[1]

案例讨论：

1. 这些数字和事实说明了什么？

2. 共产党领导的多党合作和政治协商制度的优点是什么？

**案例点评：**

1. 这些数字和事实充分表明，在中国共产党领导的多党合作和政治协商制度下，各民主党派虽然不是执政党，但也不是同执政的共产党相对立、相抗衡的在野党，更不是反对党，而是同共产党亲密合作的友党和参政党。

2. 共产党领导的多党合作和政治协商制度，是我国政治制度的一个优点。它是马克思列宁主义同中国革命和建设实际相结合的一个创造，是符合中国国情的社会主义政党制度。它对于加强和改善党的领导，巩固和扩大爱国统一战线，发扬社会主义民主，促进全国各族人民大团结，调动各方面的积极性，实现社会主义现代化建设的任务，具有重要意义。

## 延伸阅读

《中国政党制度白皮书》。

---

〔1〕 喻禾芳：“认真履行参政党职能 参政议政成果丰硕——各民主党派中央五年来参政议政工作情况”，载《中国统一战线》2013年第4期。

## 思考题

1. 为什么说人民民主专政实质上是无产阶级专政？
2. 简述爱国统一战线的范围。
3. 中国共产党领导的多党合作的基本特点有哪些？

第四章

# 政权组织形式

## 学习目标与工作任务

通过本章的学习，要求学生掌握政权组织形式的相关理论，深刻领会人民代表大会制度是我国的根本政治制度，如何坚持和完善人民代表大会制度，熟练掌握我国选举制度的基本原则，了解我国选举制度的基本程序，从而提高学生对社会主义民主政治建设重要性的认识。

## 第一节 政权组织形式概述

### 导入案例

**4－1　　英国的“光荣革命”与君主立宪政体的确立**

1685年开始，英国詹姆斯二世不顾国内外的强烈反对，违背关于禁止天主教徒担任公职的“宣誓条例”，委任天主教徒到军队、政府部门、教会、大学去担任重要职务。1687年和1688年詹姆斯二世先后发布两个“宽容宣言”，给予包括天主教徒在内的所有非国教教徒以信教自由，并命令英国国教会的主教在各主教区的教坛上宣读，引起英国国教主教们的普遍反对。同时詹姆斯二世残酷迫害清教徒，还向英国工商业主要竞争者——法国靠拢，严重危害了资产阶级和新贵族的利益。1688年6月20日，詹姆斯二世得子，其信仰英国国教的女儿玛丽没有希望继承王位。为防止天主教徒承袭王位，资产阶级和新贵族决定推翻詹姆斯二世的统治。由辉格党和托利党的七位名人出面邀请詹姆斯二世的女婿、玛丽的丈夫、荷兰执政奥兰治亲王威廉来英国，保护英国的宗教、自由和财产。詹姆斯二世逃亡法国。1688年12月，威廉兵不血刃进入伦敦。1689年议会宣布詹姆斯二世逊位，由威廉和玛丽共同统治英国，同时议会向威廉提出一个权利宣言，规定国王未经议会同意不能停止施行任何法律；不经议会同意不能征税；天主教徒不能担任国王，国王不能与天主教徒结婚等。威廉接受了该宣言提出的要求。1689 年 10 月该宣言经议会正式批准成为法律，即《权利法案》。因为这场革命没有流血，历史学家称之为“光荣革命”。

问：“光荣革命”后英国确立了何种政权组织形式？

## 一、政权组织形式的概念

政权组织形式，也称为国家的管理形式，是指特定社会的统治阶级采取何种原则和方式去组织反对敌人、保护自己、治理社会的政权机关的组织体系。政权组织形式在一定意义上可以说就是政体，即政体又叫政权组织形式。但是，宪法学界也有人认为，政体和政权组织形式是两个既有联系又有区别的概念，两者不能简单等同。虽然政体和政权组织形式都是实现国家权力的形式，但是政体主要说明国家权力的组织过程和基本形态，着重于体制；政权组织形式着重说明国家权力的机关以及各种机关之间的相互关系，着重于机关。[1]

国体和政权组织形式在任何国家都应该是统一的。国体主要揭示谁是国家的统治者，谁掌握国家的政权，即要明确治国的主体。政权组织形式主要解决统治者如何治理国家，采用什么原则和方式行使国家权力，从而确立国家机关的组织体系，实现统治阶级治理国家的目的和愿望。国体和政权组织形式的关系表现在以下两个方面：

### （一）国体决定政权组织形式

国体是国家的阶级本质，它属于国家的内容，而政权组织形式是国家的形式。按照内容决定形式的哲学原理，国体决定政权组织形式，有什么样的国家性质就应该有与之相适应的政权组织形式，但国体相同的国家，政权组织形式并不一定完全相同，各种不同类型的国家都必须采取适合本国的政权组织形式。

### （二）政权组织形式对国体有反作用

内容决定形式，形式反映内容，一定事物的内容总是有其特定的表现形式。国体决定政权组织形式，这不意味着政权组织形式是消极、被动和无所作为的。政权组织形式应当以其特定的功能表现和反映统治阶级意志和利益，从而维护国体。当一个国家的政权组织形式和国体相适应的时候，它会促进一个国家政权的稳定、经济的繁荣；当一个国家的政权组织形式和国体不相适应的时候，它会阻碍一个国家政权的稳定、经济的繁荣。因此，任何统治者都不能轻视政权组织形式的建设。

## 二、政权组织形式的主要种类

历史上，大多数奴隶制和封建制国家采用由君主掌握国家最高权力的君主

[1] 何华辉：《比较宪法学》，武汉大学出版社 1988 年版，第 136、139、144 页。

专制制，我们在这里主要介绍近现代社会各国政权组织形式，大致可分为两大类：

(一) 君主立宪制

君主立宪制，是指君主作为国家元首，依照宪法的规定，实际上享有或者有限享有国家权力的一种政权组织形式。依照君主掌握国家权力的不同，可以把君主立宪制分为两种：

1. 议会君主立宪制，是指君主作为国家元首不掌握国家实权，仅在形式上、礼仪上、象征意义方面代表国家。国家权力主要在议会、政府和司法机关之间进行分配和制约，其中议会为国家最高立法机关，政府（内阁）由议会产生，对议会负责，如果议会对政府（内阁）通过不信任案，政府（内阁）必须辞职或改组，否则由国王解散议会，重新进行大选。英国是最早实行议会君主立宪制的国家，西班牙、葡萄牙、荷兰、比利时、日本、泰国等国家也实行议会君主立宪制。

**[导入案例分析]**

导入案例4-1中，“光荣革命”后英国在世界范围内首次建立了君主立宪制度，君主的权力不再是至高无上的，而是受到法律、议会的严格限制。

2. 二元君主立宪制，是指君主的权力虽然受到宪法的限制，但君主仍然掌握国家的实际权力。议会权力较小，议会成员除一部分由选举产生以外，还有一部分由君主任命或指定。政府（内阁）不对议会负责，只对君主负责，首相由君主任命，政府（内阁）的去留由君主决定。在近代国家，只有约旦哈希姆王国、以前的尼泊尔等少数国家采用二元君主立宪制。

(二) 共和制

共和制，是指国家权力属于人民，国家元首依法由选举产生，并有一定任期限制的一种政权组织形式。共和制是近、现代立宪国家普遍采用的一种政权组织形式，根据不同的权力配置，特别是国家元首在中央权力体系中的位置和作用等因素，共和制可以分为以下四种：

1. 议会共和制，是指作为国家元首的总统不掌握国家实权，议会由选举产生，政府由在议会中占据多数席位的政党组成。政府对议会负责，议会可以通过不信任案迫使政府辞职；政府也可以解散议会。德国、意大利、印度、以色列等国家都实行议会共和制。

2. 总统共和制，是指总统既是国家元首，又是政府首脑，国家权力依照宪法和法律的规定由总统、议会和法院进行分权，从而相互平衡、相互制约。其中总统行使行政权，议会行使立法权，法院行使司法权。总统和议会均由选民选举产生，总统不对议会负责，总统也不能解散议会，议会只能对总统依法行使弹劾权，而不能以不信任案迫使总统辞职。这种典型的总统共和制，是由美国首创的。

3. 半总统半议会制，法国1946年建立的是一个强议会、弱行政的议会共和制，由于戴高乐制定的法国1958年宪法以及后来对该宪法的修正，扩大了总统的权力，使总统相对独立和超脱。因此，人们把法国现在的共和制称为“半总统半议会制”。这种共和制的主要特点是，总统是国家元首，拥有较多的国家实权，政府由议会中占据多数席位的政党组成，对议会负责。议会可以对政府提出不信任案，从而使其“倒阁”。

4. 委员会共和制，是指国家立法权由联邦议会掌握，联邦委员会为最高行政机构，它由议会两院联席会议选举产生。联邦委员会由7名委员组成，设有主席和副主席。联邦委员会主席既是国家元首，又是政府首脑，对外代表国家，对内主持联邦委员会，但联邦委员会主席没有超越其他成员之上的特权，委员会实行集体负责制，国家的重要事务都由委员会集体表决，少数服从多数。瑞士是委员会共和制的代表。

此外，社会主义国家也必须建立共和政体，[1] 而人民代表会议制是大多数社会主义国家采用的政权组织形式。它是指最高国家权力机关（人民代表大会、国民议会等）由人民选举产生，并行使立法权和重大问题决定权等国家权力，政府行使行政权，法院和检察院行使司法权。最高国家权力机关居于国家机构体系的最高地位，并产生其他中央国家机关，其他中央国家机关对它负责，向它汇报工作，接受它的监督。

## 第二节　人民代表大会制度

### 导入案例

**4－2**

深圳南山区某选区黄某等52名选民，将一份《关于坚决要求罢免南山区陈某人大代表资格致深圳市人大常委会、南山区人大常委会的函》送到了南山区人大常委会办公室，要求罢免新当选的人大代表陈某。在《罢免函》中，52位选民提出了他们要求罢免陈某的理由，“身为社区居委会主任、南山区人大代表的陈某，在辖区人民群众生命财产安全受到极大威胁的时候，漠不关心群众疾苦，工作严重渎职。我们一致认为，陈某虽然当选人大代表，但是不能代表人

〔1〕《马克思恩格斯选集》第1卷，人民出版社1973年版，第177页。

民群众的根本利益，所以她没有资格继续担任人大代表，建议南山区人大常委会罢免陈某南山区人大代表资格”。

问：1. 黄某等52名选民是否有权罢免人大代表？

2. 其宪法依据是什么？

## 一、人民代表大会制度的概念

我国《宪法》第2条第1、2款规定：“中华人民共和国的一切权力属于人民。人民行使国家权力的机关是全国人民代表大会和地方各级人民代表大会。”宪法的上述规定和有关实践说明，人民代表大会制度，是指国家的一切权力属于人民，人民通过直接选举或者间接选举选出人民代表，组成全国人民代表大会和地方各级人民代表大会，作为国家权力机关；其他国家机关都由同级人民代表大会产生，并对它负责，向它汇报工作，接受它的监督；而人民代表大会对人民负责，向人民汇报工作，接受人民的监督，以实现人民当家做主的根本政治制度。

人民代表大会制度作为我国的政权组织形式，可以从以下四个方面进行分析：

### （一）国家的一切权力属于人民是人民代表大会制度的逻辑起点

国家的一切权力属于人民，既是人民代表大会制度的出发点，又是其终极目标。它体现了人民主权的宪法原则，揭示了人民和国家之间的宪法关系，即人民是国家权力的所有者，人民通过法定程序委托国家机关行使权力。国家机关应对人民负责，按照人民的意愿行使各项国家权力。否则，就从根本上违反了国家的一切权力属于人民的宪法原则。我国宪法规定，中华人民共和国的一切权力属于人民。人民行使国家权力的机关是全国人民代表大会和地方各级人民代表大会。全国人民代表大会和地方各级人民代表大会都由民主选举产生，对人民负责，受人民监督。宪法这些有关人民代表大会制度的规定集中地体现了国家一切权力属于人民的最高原则。

### （二）选民民主选举代表是人民代表大会制度的前提

国家权力属于人民，并不是说人民直接行使国家权力。由于地域的广阔、人口的众多等原因，决定了国家权力的所有者不可能各自直接地、经常地行使属于自己的权力，而只能实行间接民主的人民代表制。按照代议制度的原理，应该由人民的多数依据选举法的规定，选出人民中的少数人作为其代表，由代表组成行使国家权力的最高国家权力机关和地方各级国家权力机关，而国家权力机关的行为必须代表人民的意志和利益。因此，人民在民主普选的基础上选举代表，组成全国人民代表大会和地方各级人民代表大会，作为人民行使权力的国家机关，就构成了人民代表大会制度的前提和基础。

（三）以人民代表大会为基础建立全部国家机构是人民代表大会制度的核心

虽然我国的政权组织形式没有采用孟德斯鸠的三权分立学说，而是把国家的权力集中在各级人大中，但这并不是说所有的国家权力都一律由人民代表大会行使，在具体的国家权力行使上，各个国家机关还是有分工的。其中，立法权、任免权和重大问题决定权等权力都由全国人民代表大会和相关地方人民代表大会行使，行政权由人民政府行使，审判权由人民法院行使，法律监督权由人民检察院行使。政府、法院和检察院均由同级人民代表大会产生，即国家权力机关是产生其他国家机关的主体。因此，我国宪法规定，国家行政机关、审判机关、检察机关都由人民代表大会产生，对人民代表大会负责，受人民代表大会监督。

（四）对人民负责、受人民监督是人民代表大会制度的关键

列宁认为，任何由选举产生的机关或代表会议，只有承认和实行选举人对代表的罢免权，才能被认为是真正民主的确实代表人民意志的机关，这是真正民主制的基本原则。因此，我国《宪法》第3条第2款规定："全国人民代表大会和地方各级人民代表大会都由民主选举产生，对人民负责，受人民监督。"否则，人民代表大会作为人民选出的代议机关就可能脱离人民，违背人民的利益和愿望。所以，必须加强人民代表大会对人民负责的力度，建立和健全人民监督国家权力机关的法律制度，使负责和监督落到实处。

另外，我们在理解人民代表大会制度概念时，还要注意人民代表大会制度和人民代表大会是两个既有联系，又有区别的概念。人民代表大会制度是我国的政权组织形式和根本政治制度，是人民行使国家权力的根本途径和方式，而人民代表大会是具体的国家权力机关，是人民代表大会制度中一个非常关键的主体，其职权的行使以及与其他国家机关的关系，是人民代表大会制度的重要内容。

**二、人民代表大会制度是我国的根本政治制度**

政治制度是指统治阶级实现国家职能，从而实现自己的统治方式的总称。它包括选举制度、政党制度、司法制度、军事制度等。在我国的各项政治制度中，人民代表大会制度之所以成为根本的政治制度，是因为它处于我国政治制度的核心，对各种政治制度的实施和协调，都发挥着支配和统帅的重大作用。

（一）人民代表大会制度直接地、全面地反映了我国的国体

我国《宪法》第1条第1款规定："中华人民共和国是工人阶级领导的、以工农联盟为基础的人民民主专政的社会主义国家。"这说明，我国的人民民主专政建立在工人阶级领导和工农联盟的基础上，它以知识分子为依靠力量，以社

会主义建设和热爱祖国为前提条件，形成了新时期广泛的爱国统一战线。人民中的所有阶级、阶层虽然都属于统治阶级的范畴，但是在政权结构中各自的地位和作用又是有区别的。人民代表大会制度直接地、全面地反映了国体中的社会各阶级、各阶层在国家的地位以及相互关系，是政权组织形式体现国家性质的重要方面。

从我国国家权力机关代表构成来看，第九届全国人民代表大会代表共有2979人，其中工农代表563人，占总数的18.9%；知识分子代表628人，占总数的21.08%；干部代表988人，占总数的33.17%；解放军代表268人，占总数的9%；民主党派和无党派爱国人士代表460人，占总数的15.44%；香港特别行政区代表35人，占总数的1.17%；华侨代表37人，占总数的1.24%。而第十届全国人民代表大会共有代表2984人，其中工农代表551人，占总数的18.46%；知识分子代表631人，占总数的21.14%；干部代表968人，占总数的32.44%；解放军代表268人，占总数的8.89%；另有民主党派和无党派代表人士480名，香港特别行政区代表36名，澳门特别行政区代表12名，归国华侨代表38名。

从九、十两届全国人大代表构成中可以看出，工人和农民代表比例呈下降趋势，尤其是一线的工人、农民代表人数偏少，引起中共中央和十届全国人大常委会的高度重视。正因为如此，十届全国人大五次会议通过的“决定”明确规定：十一届全国人大代表中，来自一线的工人和农民代表人数应高于上一届。2010年我国修改后的《选举法》第6条第1款明确规定：“全国人民代表大会和地方各级人民代表大会的代表应当具有广泛的代表性，应当有适当数量的基层代表，特别是工人、农民和知识分子代表；……”据此，2012年十一届全国人大五次会议再次承诺：较大幅度增加农民工代表，使基层代表比例有所上升，同时降低党政领导干部代表比例。

从十一、十二两届全国人大代表构成中分析可以发现，十一届全国人大代表中，省级政府组成部门领导干部的比例大幅下降，比上一届减少了1/3，而一线工人和基层农民代表大幅增加，其中，一线工人代表比上届增加了一倍以上，基层农民代表比上届增加了70%以上。5年之后，十二届全国人大代表中的党政领导干部总数继续明显下降，降幅达到近7个百分点。降低党政领导干部代表比例，增加基层代表比例，使人大代表结构进一步优化，它保证和支持了人民通过人民代表大会行使国家权力，有利于扩大人大代表的覆盖面，调动基层群众参政议政的积极性和主动性，促进国家的决策部署更加切合实际，更好地体现人民的意志、利益和愿望。

以上统计数据说明，工人、农民和知识分子是我国社会主义建设的基本力量，是人民民主专政的力量源泉；其他社会各阶层的代表、民主党派和无党派爱国人士的代表、华侨代表等都占有一定的比例。因此，人民代表大会制度直接地、全面地反映了我国的国体，反映了全体社会主义劳动者、社会主义事业建设者以及拥护社会主义和拥护祖国统一的爱国者等阶级和阶层之间的联盟。

（二）人民代表大会制度是其他制度赖以建立的基础

人民代表大会制度的产生不以任何制度为依据，从它成立开始，就成为其他制度赖以建立的基础。因为全国人民代表大会代表人民行使国家权力，根据宪法授予的立法权，全国人民代表大会不但可以建立立法制度本身，而且可以通过立法行为建立其他制度。如选举制度就是全国人民代表大会通过制定《选举法》和其他有关规定建立起来的，婚姻制度、财政制度、税收制度等制度的建立也都是如此。

另外，各级人民代表大会对同级其他国家机关都有任免权和监督权，也就是说，国家行政机关、审判机关、检察机关都由同级人民代表大会产生，并对它负责，向它汇报工作，接受它的监督。这项权力的行使，与立法权结合起来，就可以建立我国的行政制度和司法制度。而重大问题决定权的行使，更可以使人民代表大会根据国家和人民的实际需要，建立它认为必须建立的各种制度。因此，凡是属于国家范围内的一切制度都是由它创建的，或者是经它批准以及由它所授权的机关批准才能成立的。

（三）人民代表大会制度反映我国政治生活的全貌

我国目前的政治制度主要有民族区域自治制度、多党合作与政治协商制度等。在上述各项政治制度中，人民代表大会制度作为我国最重要的政治制度，它调整的是基本社会关系，具有全局性和根本性。而其他各项政治制度都有各自调整的社会关系，只能反映我国政治生活的一个侧面，其领域相对于人民代表大会制度而言，具有局部性和非根本性。因此，人民代表大会制度反映我国政治生活的全貌，和其他政治制度相比，它是我国的根本政治制度。

（四）人民代表大会制度是人民行使国家权力的基本途径和方式

我国宪法规定，国家的一切权力属于人民。人民行使国家权力的机关是全国人民代表大会和地方各级人民代表大会。人民依照法律规定，通过各种途径和形式管理国家事务，管理经济和文化事业，管理社会事务。依照《宪法》第16条、第17条等规定，人民有权通过各种群众性组织和其他组织形式参加国家事务的管理：通过职工代表大会和文教、卫生、科研等组织，实现管理经济和文化事业的权利，通过居民委员会和村民委员会等基层群众性自治组织实现管理社会的自治职能。这就说明，我国人民行使民主权利、当家做主的途径和形式是多种多样的，但是最基本的途径还是人民代表大会制度。因为不管从事何种职业，也不管是什么身份，只要符合法定的条件，就可以依法行使选举权和被选举权，通过人民代表大会的组织和活动，实现人民当家做主的权利。

**三、人民代表大会制度的历史发展**

人民代表大会制度是在我国的长期革命斗争中创建的政治制度。它是中国共产党把马克思主义的普遍原理和中国国情相结合的产物，在长期的革命和建设过程中，人民代表大会制度根植于中国的土壤，经历了曲折的发展过程，形成了具有中国特色的政权组织形式。

早在第一次国内革命战争时期，在中国共产党领导的工人运动和农民运动中，就有了革命政权组织形式的萌芽。例如，省港工人大罢工中成立的“罢工工人代表大会”，上海工人起义后召开的“上海市民大会”及由它选举产生的“上海市民政府”，以及农民运动中建立的“农民协会”等，都是人民代表大会制度的雏形。

在第二次国内革命战争时期，1931 年，中国共产党在江西瑞金创建了苏维埃政权，并召开了中国历史上第一次全国苏维埃代表大会，制定了《中华苏维埃共和国宪法大纲》。《大纲》第 3 条规定：“中华苏维埃共和国之最高政权为全国工农兵苏维埃代表大会，在大会闭会的期间，全国苏维埃临时中央执行委员会为最高政权机关，在中央执行委员会下组织人民委员会处理日常政务，发布一切法令和决议案。”根据该规定，全国工农兵苏维埃代表大会是最高政权机关，由它选举产生的中央执行委员会是它的常设机关，在它闭会期间行使最高政权。地方各级工农兵苏维埃代表大会组织各地方人民委员会管理各地方的事务。

在抗日战争时期，民族矛盾上升为主要矛盾，中国共产党提出建立广泛的抗日民族统一战线，并以此为原则在革命根据地组织抗日民主政权。抗日民主政权由各级参议会和各级人民政府组成，参议会由人民采取普遍、平等、直接、秘密的方式选举产生。抗日民主政权的一个重要特征是实行“三三制”的组织原则。

在第三次国内革命战争时期，随着解放战争和土地改革运动的迅速发展，在贫农团和农会的基础上，建立了区、乡两级人民代表会议和人民政府，形成了以民主集中制为组织和活动原则的人民代表会议制度，为人民代表会议制度向人民代表大会制度过渡奠定了坚实的基础。

在新中国成立初期，1949 年制定的《中国人民政治协商会议共同纲领》，以临时宪法的形式确认了人民代表大会制度是我国的政权组织形式。但由于当时的条件还不成熟，作为一种过渡，在中央由中国人民政治协商会议代行全国人民代表大会的职权；在地方由各级、各界人民代表会议逐步代行地方人民代表大会的职权。1953 年，新中国第一部《选举法》颁布以后，我国进行了第一次全国范围的普选活动，逐级选出了各级人民代表大会的代表。1954 年 9 月，第一届全国人民代表大会第一次会议正式召开，并制定了《中华人民共和国宪法》，这标志着我国人民代表大会制度作为国家政权组织形式的正式确立。

然而，在“文化大革命”时期，全国人民代表大会从 1965 年到 1975 年期间长达 10 年都没有开会，人民代表大会制度名存实亡。粉碎“四人帮”以后，第五届全国人民代表大会第一次会议修改并通过了 1978 年宪法，它对全国人民代表大会和地方各级人民代表大会的组成和职权等问题都作了明确规定。1979 年第五届全国人民代表大会第二次会议审议通过了《地方各级人民代表大会和人民政府组织法》、《全国人民代表大会和地方各级人民代表大会选举法》。1982 年宪法总结了人民代表大会制度的历史经验和教训，通过许多新的规定和制度，进一步健全和加强了人民代表大会制度。

**四、坚持和完善人民代表大会制度**

在中国近代史上的各个历史时期，各种社会势力围绕着中国建立什么样的政治体制，曾提出过各种主张，进行了各种尝试。但历史经验说明，无论是君主立宪制，还是资产阶级民主共和制，在中国都行不通。

纵观当今世界，各种势力的矛盾和较量错综复杂，既发生在经济领域，也发生在政治领域和文化领域。冷战结束后，我们与西方敌对势力在民主、人权、民族、宗教等问题上的斗争，说到底，是社会主义政治制度和资本主义政治制度的斗争。只有把我国的根本政治制度——人民代表大会制度和其他民主政治制度建设好了，我们才能更有力地抵制西方敌对势力的政治渗透。60 年来的实践充分证明，人民代表大会制度是适合我国国情的政治制度，是新民主主义革命斗争和社会主义革命建设的经验总结。新中国成立后，我们既没有采用西方三权分立的政权组织形式，也没有照搬苏联两院制的联邦苏维埃模式，而是根据中国自己政权建设的经验，创立了人民代表大会制度。它既保证了人民代表大会统一行使国家权力，又使各个国家机关分工负责、密切配合，较好地兼顾了民主和效率，克服了西方国家机关之间互相扯皮、牵制的不良现象。

当前，我国正处于建设富强、民主、文明的社会主义现代化国家的新的历史时期，这就要求我们在政治上要发扬民主，健全法制，实现依法治国；在经济上要建立社会主义市场经济，而人民代表大会制度在我国政治、经济的改革开放中，正日益发挥着重要作用。但由于历史和现实的原因，人民代表大会制度在某些环节上还不够健全，其优越性还没有得到充分发挥，需要我们进一步加以发展和完善。具体表现为以下几个方面：

（一）密切各级人民代表大会同人民群众的联系，更好地发挥人民代表大会代表的作用

衡量一个国家政治制度是不是民主，关键要看广大人民的意愿是否得到充分反映，人民当家做主的权利是否得到充分实现，公民的合法权益是否得到充分保障。在我国，人民代表大会是各方面代表组成的具有广泛代表性的国家权力机关，是党和国家联系群众的重要桥梁，也是人民群众表达意愿、实现有序政治参与的重要渠道。因此，全国各级人民代表大会280多万代表都应密切联系群众，倾听群众呼声，深入了解民情，充分反映民意。我们要进一步规范人民代表大会代表的活动方式，引导和发挥好人民代表大会代表依法履行职责的积极性，充分发挥他们的作用。各级党委、人大、政府、法院和检察院都要加强同人民代表大会代表的联系，为他们联系群众、开展工作、履行职责提供方便和条件。各级人民代表大会及其常务委员会也要自觉把工作置于人民的监督之下。

（二）进一步完善立法工作，提高立法质量

全国人民代表大会及其常务委员会要围绕党和国家的工作大局，根据经济社会发展的客观需要，特别是要突出经济立法这个重点，着眼于确立制度、规范职权、保障权益，全面推进经济法制建设。同时，要抓紧制定和完善发展社会主义民主政治的法律和保障公民权利、维护社会安定的法律。要把提高立法质量摆在更加突出的位置，进一步提高立法工作水平。制定和修改法律法规，要坚持以宪法为依据，维护国家法制的统一。要坚持走群众路线，充分发扬民主，广泛听取各方面意见，使制定的法律法规严谨周密、切实可行。

（三）加强和改进人民代表大会的监督工作，增强监督实效

权力不受制约和监督，必然导致滥用和腐败。人民代表大会及其常务委员会作为国家权力机关的监督，是代表国家和人民进行的具有法律效力的监督。人民代表大会及其常务委员会的监督目的，在于确保宪法和法律得到正确实施，确保行政权和司法权得到正确行使，确保公民、法人和其他组织的合法权益得到尊重和维护。但是，由于种种原因（包括具体制度的原因），人民代表大会及其常务委员会监督政府、法院和检察院工作的力度还不够。具体表现在：一方面，已有的有关监督的法律制度还未能得到很好的贯彻和实施；另一方面，还需要进一步健全和完善人民代表大会的监督制度，使其具有确定性和可操作性。比如，由于有关人民代表大会监督行政机关和司法机关的规定不够具体和全面，以至于有法不依、执法不严、违法不究的现象在一些地方和部门仍然存在；地方保护主义、部门保护主义和执行难的问题时有发生；一些公职人员滥用职权、贪赃枉法、知法犯法，严重损害了党和国家的形象以及人民群众的根本利益。各级人民代表大会及其常务委员会要积极改进和加强监督工作，坚决纠正有法

不依、执法不严、违法不究的行为，坚决纠正以言代法、以情枉法、以权压法的问题，维护国家法制的尊严。要以依法行政、公正司法为主要内容，进一步健全和完善监督制度，增强对行政机关、审判机关、检察机关工作监督的针对性和实效性，支持和监督他们严格依照法定程序和权限办事，保证把人民赋予的权力真正用来为人民服务。

（四）逐步建立和健全国家权力机关的组织建设和制度建设

各级人民代表大会及其常务委员会的组织建设和制度建设，是加强人民代表大会制度的实体保证。我国人民代表大会的组织机构，有全国人民代表大会和地方各级人民代表大会，全国人民代表大会常务委员会和县级以上地方各级人民代表大会常务委员会，乡级人民代表大会的主席、副主席等。一方面，我们应该依照宪法和法律的规定，根据人民代表大会工作的实际需要设立和改进专门委员会，加强各级人民代表大会常务委员会办事机构的建设，设立必要的工作机构和研究机构，配备有较高素质的工作人员，逐步实现人大代表的专职化和年轻化。另一方面，要提高各级人民代表大会代表和同级人民代表大会常务委员会组成人员的素质。在选举人民代表大会代表和人民代表大会常务委员会组成人员，特别是常务委员会主任、副主任和专职委员的时候，一定要将政治素质、法律素质、文化素质、道德素质、身体素质等综合条件较好的人选为人民代表大会代表和人民代表大会常务委员会组成人员。在提高人民代表大会代表素质的同时，还要认真贯彻实施宪法和人民代表大会代表法，切实保障人民代表大会代表的特殊权利，树立和维护人民代表大会代表在人民群众和国家政治生活中应有的地位和威望。

为了加强人民代表大会及其常务委员会的制度建设，我们还应该建立和健全人民代表大会代表与人民的联系制度、人民代表大会常务委员会与人民代表的联系制度，完善人民代表大会的会议制度、代表考察或调查制度、代表学习制度等。只有这样才能保证各级人民代表大会及其常务委员会按照一定的工作程序和工作方式依法行使职权，提高工作效率。

（五）坚持中国共产党领导，正确处理党和人大之间的关系

在我国，党对国家的领导是宪法确定的一项基本原则，坚持党对人民代表大会制度的领导，就是要坚持党对人民代表大会制度的政治、思想和组织领导。具体表现为：党制定路线、方针和政策，为人民代表大会立法和国家机关活动提供立法依据和工作指导。党推荐人民代表大会代表候选人和国家机关干部，从组织上保证党的路线、方针和政策的贯彻实施。

在坚持党领导的前提下，还需要进一步理顺党政关系，逐步改善党对人民代表大会的领导。首先，应该从思想上正确认识和区分党的组织和国家职能的

界限，根除以党代政、党政不分的弊端。政党（包括执政党）本身并不是政权，党同国家机关职能不同，组织形式和工作方式也不相同。党的决策不能替代国家权力机关的决策，党的路线、方针和政策也不能替代国家的宪法和法律。其次，党要带领人民借助国家权力机关把自己的政治主张转换为国家宪法和法律，逐步克服以政策代替法律的习惯做法，按照依法治国的要求处理好政策与法律的关系。最后，党应该带头遵守宪法和法律，我国宪法规定，全国各族人民、一切国家机关和武装力量、各政党和各社会团体、各企业事业组织，都必须遵守宪法和法律。《中国共产党党章》也明确规定，党必须在宪法和法律范围内活动。党遵守宪法和法律是党领导国家在当今社会条件下必须具备的条件。否则，党的路线、方针和政策就难以在国家生活中推行，离开国家政权的职能作用，党的领导也就失去了意义。

（六）改革和完善我国的选举制度，是加强人民代表大会制度的关键

选举制度作为我国人民代表大会制度的重要组成部分，它的完善程度直接关系到人民代表大会代表和其他国家机关工作人员的好坏。因此，我们必须改革选举中的提名和确定代表候选人程序，优化代表构成和代表比例，扩大直接选举的范围，完善差额选举制度。同时，要引入竞争机制，积极稳妥地开展竞选，提高民众参与选举的热情，并从制度改革、创新入手，建立防范贿选的屏障，防止资本对选举的侵蚀。

[导入案例分析]

1. 罢免权是选民的权利，按照现代民主政治的规则，人大代表是选民挑选的民意代言人，由这些人组成的人民代表大会，就是同级国家权力机关。代表由选民产生，自然要对选民负责，受到选民监督。如果选民对其不满意，罢免的主动权在选民手中。

2. 我国宪法规定，中华人民共和国的一切权力属于人民。人民行使国家权力的机关是全国人民代表大会和地方各级人民代表大会。全国人民代表大会和地方各级人民代表大会都由民主选举产生，对人民负责，受人民监督。因此，选民通过罢免人大代表来行使监督权，是宪法赋予选民的权利。

## 第三节 选举制度

**导入案例**

**4-3**

2012年12月28日至2013年1月3日，湖南省衡阳市召开第十四届人民代

表大会第一次会议，共有527名市人大代表出席会议。在差额选举湖南省人大代表的过程中，发生了严重的以贿赂手段破坏选举的违纪违法案件。共有56名当选的省人大代表存在送钱拉票行为，涉案金额人民币1.1亿余元，有518名衡阳市人大代表和68名大会工作人员收受钱物。湖南省人大常委会2013年12月27日至28日召开全体会议，对在衡阳市十四届人大一次会议期间，以贿赂手段当选的56名省人大代表，依法确认当选无效并予以公告。衡阳市有关县（市、区）人大常委会28日分别召开会议，决定接受512名收受钱物的衡阳市人大代表辞职。这是1949年以来公开披露的涉案金额最大、涉及党政官员和人大代表最多的一起选举舞弊案。湖南省有关方面已对涉案的党员和国家工作人员进行党纪政纪立案调查，对涉嫌犯罪的人员移送司法机关审查。

问：1. 衡阳贿选案对我国民主政治建设的警示有哪些？

2. 破坏选举应承担哪些法律责任？

**一、选举制度的概述**

选举制度，是指由法律规定的关于选举国家代表机关代表和国家公职人员的各项制度的总和。其具体内容主要包括选举的基本原则，选举权利的确定，选举的组织程序，选民和代表的关系，以及侵犯选举权利和破坏选举行为的法律责任等。选举制度作为国家上层建筑的重要组成部分是受经济基础决定和影响的。因此，逐步完善选举制度，提高选举质量，还有待改革开放的不断深入。随着我国政治体制和经济体制改革的深化，经济和社会的全面发展，我国的选举制度在国家政治生活中，在健全人民代表大会制度的进程中，将发挥更加重要的作用。

所谓选举法，是指有关选举国家代表机关代表和国家公职人员的法律规范的总和。在我国，选举法可以分为广义和狭义两种，广义的选举法有《中华人民共和国全国人民代表大会和地方各级人民代表大会选举法》，国家宪法和法律中有关选举的法律规范，地方依宪法和法律制定的地方性选举法律规范等。狭义的选举法仅指《中华人民共和国全国人民代表大会和地方各级人民代表大会选举法》，宪法学中研究的主要是狭义上的选举法，即全国人民代表大会和地方各级人民代表大会选举法。

我国社会主义选举制度是伴随着人民代表大会制度的建立而逐步发展的。1949年，中华人民共和国成立，中央人民政府委员会于1953年2月颁布了《中华人民共和国全国人民代表大会和地方各级人民代表大会选举法》，这是新中国的第一部选举法。它吸收了革命根据地选举制度的实践经验，对我国选举制度的基本原则、方法和程序作了比较详细的规定。

随着我国政治、经济的发展和人民代表大会制度建设的需要，1979 年第五届全国人民代表大会第二次会议通过了新的《选举法》。由于宪法的修正和民主政治的发展，国家又分别于 1982 年、1986 年、1995 年、2004 年和 2010 年共 5 次对现行选举法进行了修正，从而使我国的选举制度不断健全和完善。

**二、选举制度的基本原则**

（一）选举权的普遍性

选举权，是指具有选举资格的公民依照法定程序选举国家代表机关代表或国家公职人员的权利。它是公民参加国家管理的一项最基本的政治权利。选举权和被选举权在一些国家是分开的，但是在我国，选举权和被选举权是统一的，即凡是享有选举权的人，同时也享有被选举权。因此，我们通常所说的选举权实际上包括了选举权和被选举权两个方面，只是在个别情况下才把两者分开。

选举权的普遍性，是指在一个国家内享有选举权的公民的广泛程度。具体可以从以下两个方面理解：

1. 宪法和选举法赋予公民享有选举权的条件是非常宽松的，因而享有选举权的主体具有普遍性或广泛性。我国《宪法》第 34 条规定：“中华人民共和国年满 18 周岁的公民，不分民族、种族、性别、职业、家庭出身、宗教信仰、教育程度、财产状况和居住期限，都有选举权和被选举权；但是依照法律被剥夺政治权利的人除外。”由此可以看出，我国公民享有选举权和被选举权没有特殊的资格限制。公民行使选举权利只需要同时具备三个条件：①取得中国国籍，是中华人民共和国公民；②行使选举权利的公民要年满 18 周岁；③依照宪法和法律享有政治权利。除此之外，公民享有选举权再没有别的限制，即不受民族、种族、性别、职业等九种情形的影响，均享有选举权和被选举权。

2. 在我国成年公民中，事实上享有选举权的人占成年公民的绝大多数，依法不能行使选举权利的人只是成年公民中的极少数。1983 年 3 月，第五届全国人民代表大会常务委员会第二十六次会议通过了《关于县级以下人民代表大会直接选举的若干规定》，其主要内容有：准予下列人员行使选举权利：①被判处有期徒刑、管制、拘役而没有附加剥夺政治权利的人；②被羁押，正在受侦查、起诉、审判，而人民检察院或者人民法院没有决定停止其行使选举权利的人；③正在取保候审或者被监视居住的人；④正在被劳动教养的人；⑤正在受拘留处罚的人。从此，在我国的直接选举中，不准行使选举权的人在成年公民总数中所占的比例进一步减少，选举的普遍性更加广泛了。这里应该注意，依法被剥夺政治权利的人不享有选举权和精神病患者不能行使选举权的情况是不同的。我国选举法没有把依法被剥夺政治权利的人不享有选举权和精神病患者不能行使选举权并列在一个条文中。《选举法》第 26 条第 2 款规定：“精神病患者不能行使选举权利的，经选举委员会确认，不列入选民名单。”因此，精神病患者并不属于被剥夺选举权的人，从法律的角度来看，他们仍有选举权和被选举权，但如果他们选举时已失去了行使权利的能力，就不被列入选民名单而暂不行使选举权。

（二）选举权的平等性

选举权的平等性，是指每个选民在一次选举中，只能在一个地方参加选举，并且只能享有一个投票权。任何选民都不得因民族、种族、性别、职业、家庭出身、宗教信仰、教育程度、财产状况和居住期限的不同，而享有特权或受到限制或歧视。选举权的平等性既是我国公民在法律面前一律平等的具体表现，也是我国选举制度的一项基本原则。

但是，我国选举法在保证选举权平等性的同时，并不单纯追求形式上的平等，而是着重于实质上的平等。过去，根据城市在政治、经济、文化等方面的中心作用和我国城乡人口比例的差异，以及我国的国体等情况，1979 年《选举法》曾经明确规定：全国人民代表大会城乡代表所代表的人口比例为 1:8；省、自治区人民代表大会城乡代表所代表的人口比例为 1:5；自治州、县人民代表大会城乡代表所代表的人口比例为 1:4。随着我国经济和社会的发展，城乡差别缩小和农村人口相对减少的实际变化，1995 年我国在修改选举法时对城乡人民代表大会代表所代表的人口比例作了相应的调整。把城市与农村每一代表所代表的人口比例一律确定为 1:4，即全国、省级、市级、县级人民代表大会代表中，农村每一代表所代表的人口数是城市每一代表所代表的人口数的 4 倍。这些都是从当时农村和城市人口比例的实际情况出发而作的特殊规定，它避免了简单、机械地按人口选举，造成农民代表过多，其他阶级、阶层代表太少的局面。随着我国经济的飞速发展和城镇化的推进，我国 2010 年 11 月进行了第六次全国人口普查，居住在城镇的人口占 49.68%，居住在乡村的人口占 50.32%，说明我国城镇化率已接近 50%。正因如此，2010 年我国修改后的选举法明确规定：全国人民代表大会和地方各级人民代表大会代表名额，按照每一代表所代表的城乡人口数相同的原则，以及保证各地区、各民族、各方面都有适当数量代表的要求进行分配。也就是说我国已经实行了城乡按相同人口比例选举人大代表，即城市与农村每一代表所代表的人口比例为 1:1。因此，实行城乡同比选举，实现人人平等、地区平等、民族平等，是我国 2010 年修改后的选举法体现的基本原则，其中，除城乡平等外，地区平等也是 2010 年选举法修改的一个亮点。在我国，同级行政区域的法律地位应当平等，不论人口多少，在国家权力机关都应有一定数量的代表，应有相同的地区基本名额数。十二届全国人大代表选举确定的地区基本名额数为 8 名，确保人口较少的地区有一定数量的代表。

此外，我国是一个多民族的国家，汉族人口多，其他民族人口少，如果不考虑这些实际情况，机械地按人口数量选举人民代表大会代表，就可能造成少数民族代表太少，甚至在一些地方人口极少的民族没有人民代表大会代表的状况。因此，我国选举法对人民代表大会中少数民族代表所代表的人口数作出特殊规定，从而体现了选举活动中各民族一律平等的原则。《选举法》第17条规定，全国少数民族应选全国人民代表大会代表，由全国人民代表大会常务委员会参照各少数民族的人口数和分布等情况进行分配。人口特少的民族，至少应有代表一人。《选举法》第18条第1款规定，有少数民族聚居的地方，每一聚居的少数民族都应有代表参加当地的人民代表大会。根据同一少数民族占境内总人口数的百分比，选举法分别作出具体规定：①聚居境内同一少数民族的总人口数占境内总人口数30%以上的，每一代表所代表的人口数应相当于当地人民代表大会每一代表所代表的人口数。②聚居境内同一少数民族的总人口数不足境内总人口数15%的，每一代表所代表的人口数可以适当少于当地人民代表大会每一代表所代表的人口数，但不得少于1/2；实行区域自治的民族人口特少的自治县，经省、自治区的人民代表大会常务委员会决定，可以少于1/2。人口特少的其他聚居民族，至少应有代表一人。③聚居境内同一少数民族的总人口数占境内总人口数15%以上、不足30%的，每一代表所代表的人口数，可以适当少于当地人民代表大会每一代表所代表的人口数，但分配给该少数民族的应选代表名额不得超过代表总名额的30%。④散居的少数民族应选当地人民代表大会的代表，每一代表所代表的人口数可以少于当地人民代表大会每一代表所代表的人口数。

（三）直接选举和间接选举并用

所谓直接选举，是指由选民直接投票选举国家代表机关代表和国家公职人员的一种选举方式。简单地说，“选民选代表”的方式就是直接选举。

所谓间接选举，是指由下一级国家代表机关代表选出上一级国家代表机关代表，或者由选民选举代表（或选举人）再去选举上一级国家代表机关代表的一种选举方式。简单地说，“代表选代表”的方式就是间接选举。

我国《选举法》规定，全国人民代表大会的代表，省、自治区、直辖市、设区的市、自治州的人民代表大会的代表，由下级人民代表大会选举。不设区的市、市辖区、县、自治县、乡、民族乡、镇的人民代表大会的代表，由选民直接选举。所以，按照《选举法》的规定，在我国，县、乡两级人民代表大会代表采取直接选举方式，全国、省级、设区的市级人民代表大会代表采取间接选举方式。1979年《选举法》将我国直接选举的范围由1953年《选举法》规定的乡、镇扩大到县、自治县，有利于选民发扬直接民主、实现人民群众直接参与政治生活的权利，有利于选民直接监督代表，并通过代表监督国家机关，密切了基层政权与人民群众之间的关系，有助于克服官僚主义，调动人民群众积极投身于县、乡两级基层政权建设。今后，随着我国政治、经济、文化等方面的发展，特别是人民民主意识的增强，我国应该逐步扩大直接选举的范围。

（四）无记名投票

无记名投票又叫秘密投票，它是和记名投票、鼓掌、举手表决等公开表达自己意愿相对应的一种投票方式。其基本含义是选举人在填写选票时，只对候选人通过一定的方式表示赞成、反对或弃权，也可以另选他人，而无须表明投票人身份。选票填好后，由选举人亲自把选票投入选票箱，这样可以保证选举人毫无顾忌地参加选举，真实地表达自己的意愿，真正选出自己所信任的人。也只有选举人表达了自己真实的想法，才有助于提高选举的质量，尽量避免选举中的徇私舞弊和打击报复，切实保护选举人的合法权利。正因为无记名投票是一种更为民主的选举方式，所以，我国 1979 年《选举法》改变了 1953 年《选举法》所规定的“举手表决和无记名投票并用”的原则，明文规定：“全国和地方各级人民代表大会代表的选举，一律采用无记名投票的方法。选民如果是文盲或者因残疾不能写选票的，可以委托他信任的人代写。”这就是说，无论直接选举还是间接选举，选民或代表在投票选举时都应该采用无记名投票的方法。而且，2010 年我国修改后的《选举法》新增加了“选举时应当设有秘密写票处”的规定。

（五）选举的物质保障和法律保障

我国的选举制度历来十分重视保障公民选举权利的实现，维护广大人民群众通过选举参与国家政治生活的基本权利。依照我国《选举法》的规定，公民选举权的保障性原则主要体现在两个方面：

1. 选举的物质保障，主要体现在我国《选举法》第 7 条的规定，“全国人民代表大会和地方各级人民代表大会的选举经费，列入财政预算，由国库开支”。这一规定表明在我国，选举人不用因为行使选举权利而支出费用，避免因为选举经费不足而放弃选举权利。事实上，每到全国人民代表大会和地方各级人民代表大会换届选举时，无论是直接选举，还是间接选举，都要进行选举宣传、组织活动，其所需费用均由地方财政和中央财政支出。正是由于选举经费列入财政预算，有国库开支的足额支出，才保证了选举活动的顺利进行，从而为人民代表大会的召开和国家权力机关工作的运行奠定了良好的基础。

2. 选举的法律保障，主要体现在我国《选举法》第十章专门规定了对破坏选举的制裁。2004 年 10 月 27 日第十届全国人大常委会第十二次会议修改了《选举法》，针对目前地方选举中贿选、拉票时有发生的情况，特地对贿选进行了界定；并在原有的行政处分和刑事处分之外，对破坏选举的制裁措施，增加了行政处罚的规定。如我国《选举法》第55条规定，为保障选民和代表自由行使选举权和被选举权，对有下列行为之一，破坏选举，违反治安管理规定的，依法给予治安管理处罚；构成犯罪的，依法追究刑事责任：①以金钱或者其他财物贿赂选民或者代表，妨害选民和代表自由行使选举权和被选举权的；②以暴力、威胁、欺骗或者其他非法手段妨害选民和代表自由行使选举权和被选举权的；③伪造选举文件、虚报选举票数或者有其他违法行为的；④对于控告、检举选举中违法行为的人，或者对于提出要求罢免代表的人进行压制、报复的。国家工作人员有前款所列行为的，还应当依法给予行政处分。以本条第1款所列违法行为当选的，其当选无效。

2010年我国新修改的《选举法》第56条又增加了“主持选举的机构发现有破坏选举的行为或者收到对破坏选举行为的举报，应当及时依法调查处理；需要追究法律责任的，及时移送有关机关予以处理”。

另外，中央和地方还制定了一些相关的选举实施细则、办法，以保障选举的顺利进行。在我国现行法律体系中，除《选举法》规定保障选举权利的合法行使外，其他相关的法律也有明确规定。例如，我国《刑法》第256条规定：“在选举各级人民代表大会代表和国家机关领导人员时，以暴力、威胁、欺骗、贿赂、伪造选举文件、虚报选举票数等手段破坏选举或者妨害选民和代表自由行使选举权和被选举权，情节严重的，处3年以下有期徒刑、拘役或者剥夺政治权利。”

### 三、选举的组织和程序

#### （一）选举的组织

选举的组织，是指选举法规定负责和主持全国人民代表大会代表和地方各级人民代表大会选举工作的机构。我国《选举法》第8条规定，全国人民代表大会常务委员会主持全国人民代表大会代表的选举。省、自治区、直辖市、设区的市、自治州的人民代表大会常务委员会主持本级人民代表大会代表的选举。不设区的市、市辖区、县、自治县、乡、民族乡、镇设立选举委员会，主持本级人民代表大会的选举。不设区的市、市辖区、县、自治县的选举委员会受本级人民代表大会常务委员会的领导。乡、民族乡、镇的选举委员会受不设区的市、市辖区、县、自治县的人民代表大会常务委员会的领导。省、自治区、直辖市、设区的市、自治州的人民代表大会常务委员会指导本行政区域内县级以下人民代表大会代表的选举工作。由此可以看出，我国选举的组织是根据直接选举和间接选举的区域进行划分的。凡间接选举的地方，其同级人大常委会就是间接选举人民代表大会代表的选举组织。凡直接选举的地方，设立选举委员会作为县、乡两级人民代表大会代表的选举组织。

选举委员会一般设主任1人，副主任若干人，委员若干人。选举委员会的主要职责是：划分选区，分配各选区代表名额；进行选民登记，审查选民资格，公布选民名单，受理对于选民名单不同意见的申诉，并作出决定；确定选举日期；了解核实并组织介绍代表候选人的情况；根据较多数选民的意见，确定和公布正式代表候选人名单；主持投票选举；确定选举结果是否有效，公布当选代表名单以及法律规定的其他职责。选举委员会应当及时公布选举信息。按照我国《选举法》第9条的规定，不设区的市、市辖区、县、自治县的选举委员会的组成人员由本级人民代表大会常务委员会任命。乡、民族乡、镇的选举委员会的组成人员由不设区的市、市辖区、县、自治县的人民代表大会常务委员会任命。选举委员会的组成人员为代表候选人的，应当辞去选举委员会的职务。

（二）选区划分

选区是指在直接选举中，以一定数量的人口为基础划分的，选举人民代表大会代表的特定区域，也是人民代表大会代表联络选民接受监督的基本单位。依照我国《选举法》的规定，不设区的市、市辖区、县、自治县、乡、民族乡和镇的人民代表大会的代表名额分配到选区，按选区进行选举。选区的大小，一般按照每一选区选1~3名代表划分。我国2010年修改后的《选举法》第25条明确规定，本行政区域内各选区每一代表所代表的人口数应当大体相等。

我国划分选区的基本原则是方便选民行使选举权利和自由。1953年《选举法》曾规定，按居民居住状况划分选区。1979年《选举法》根据经济和社会发展的实际情况规定，选区可以按居住状况划分，也可以按生产单位、事业单位、工作单位划分。这样划分选区的标准灵活多样，居住在一起的选民或在同一单位工作的选民，彼此之间互相了解，便于选民挑选自己所熟悉和信赖的人当选人大代表，也便于选民参加选举活动和选举组织工作的顺利进行，同时，便于选民监督代表和代表联络选民。

（三）选民登记

选民登记是指对每一个享有选举权利的公民，从法律上确认其选民资格的行为。选民登记是选举工作的重要环节，是公民取得选民资格的法定程序。

1986年经过修改的《选举法》进一步简化了选民登记程序，确认了“一次登记，长期有效”的选民登记原则。即在每次选举前进行选民登记时，只对上次选民登记后新满18周岁的公民，被剥夺政治权利期满后恢复政治权利的公民，以及新迁入本选区并享有选举权的公民予以选民登记。对选民经登记后迁出原选区的，列入新迁入选区的选民名单；对于原选区选民死亡或者依照法律被剥夺政治权利的人，应从选民名单上除名。这样大部分选民登记工作就可以省略，从而提高了选民登记的工作效率，使选民登记做到“三不登”，即不重登、不错登和不漏登。

在选民资格审查结束后，选举委员会应在选举日的20日以前公布选民名单，并发给选民证。公民如果对选民名单有不同的意见，可以在选民名单公布之日起5日内向选举委员会提出申诉。选举委员会对申诉意见，应在3日内作出处理决定。申诉人如果对处理决定不服的，可以在选举日的5日以前向人民法院提起诉讼，人民法院应在选举日前作出判决。人民法院的判决为最后决定。

(四) 代表候选人的提名和确定

提名和确定代表候选人是依照一定的法律程序，将众多分散的选民意愿逐渐集中起来的过程。虽然它不是直接选举代表，但由于代表候选人的多少和质量直接关系着选举结果，因此，它是能否选出大多数选民都满意的人大代表的关键所在。

1. 代表候选人的提名。现行《选举法》规定，全国和地方各级人民代表大会的代表候选人，按选区或者选举单位提名产生。过去，1979年《选举法》曾经规定，“选民1人提议，有3人以上附议”就可以推荐代表候选人。这一规定在实践中经常造成所提候选人过多的状况，有的选区提名数竟达应选代表的百倍以上，致使选民讨论、协商时的意见不容易集中，选举中选票分散引起重选，给选举造成不必要的麻烦。

鉴于上述情况，1986年第六届全国人大常委会第十八次会议对《选举法》作了重要的修改，规定了“各政党、各人民团体，可以联合或者单独推荐代表候选人，选民或代表10人以上联名可以推荐代表候选人”的提名机制。表面上看，从3人增加到10人，这似乎仅仅是数量上的变化，实际上由于需要10人以上联合提名，扩大了选民在提名过程中反复协商、讨论的范围，提名时的考虑更为郑重，有助于提高候选人的质量，使其更有群众基础。同时，代表候选人相对集中，也便于下一步确定正式代表候选人。需要注意的是，2010年我国修改后的《选举法》第29条明确规定，各政党、各人民团体联合或者单独推荐的代表候选人的人数，每一选民或者代表参加联名推荐的代表候选人的人数，均不得超过本选区或者选举单位应选代表的名额。另外，在县级以上地方各级人民代表大会选举上一级人民代表大会代表时，其代表候选人不限于本级人民代表大会代表。

2. 差额选举。差额选举是与等额选举相对应的一种选举方式，实行差额选举，就是所提代表候选人名额多于应选的代表名额。它可以给选民较大的选择余地，使选民选出自己所满意的代表，从而提高选民的参与意识。同时，差额选举必然使一部分人当选，另一部分人落选，这样可以更好地激励当选者，增强其群众观念，强化其公仆意识和为人民服务的责任心。正因为差额选举具有众多好处，所以我国1979年公布的《选举法》就确立了各级人大代表一律都实行差额选举制度，1986年全国人大常委会又进一步明确了差额选举的有关规定。2010年我国再次修改《选举法》后明确规定，全国和地方各级人民代表大会代表实行差额选举，代表候选人的人数应多于应选代表的名额。由选民直接选举的代表候选人的名额，应多于应选代表名额的1/3～1倍；由地方各级人民代表大会选举上一级人民代表大会代表候选人的名额，应多于应选代表名额的1/5～1/2。

3. 确定代表候选人。我国《选举法》规定，由选民直接选举人民代表大会代表的，代表候选人由各选区选民和各政党、各人民团体提名推荐。选举委员会汇总后，将代表候选人名单及代表候选人的基本情况在选举日的15日以前公布，并交该选区的选民小组讨论、协商，确定正式代表候选人名单。正式代表候选人名单及代表候选人的基本情况应当在选举日的7日以前公布。

实践中，我国《选举法》规定的公布候选人名单的时间基本上都能严格遵守，但如果提出的候选人过多、过于分散，本该“交由选民小组讨论、协商，根据较多数选民的意见，确定正式代表候选人名单”的程序就变成了一种形式，这种讨论、协商究竟怎么办？由于没有具体措施规定，其过程容易被操纵，结果是有些领导不满意的人很可能被涮掉。在有些地方，实际上这一过程已经变成了要么圈定范围引导选民，要么就由少数领导直接内定正式候选人，它造成了即使有些选民能够有幸参加了候选人的提名，而他们联合推荐的候选人也经常被莫名其妙地酝酿下去，这也为一些地方绝对保证政党、团体推荐的候选人当选大开了方便之门。它已经引起了民主意识越来越高的选民的强烈不满，严重挫伤了选民提名和参选的积极性。为改变上述情况，我国1995年修改《选举法》，增加了预选的规定，即县级以上地方各级人大选举上一级人大代表时，如果所提候选人的人数超过选举法规定的最高差额比例，进行预选，根据预选时得票多少的顺序，来确定正式代表候选人名单。2004年《选举法》修正案又进一步规定，由选民直接选举的人民代表大会代表候选人过多时，如果所提候选人的人数超过选举法规定的最高差额比例，经选民小组反复讨论、协商，仍不能对正式代表候选人形成较为一致意见的，进行预选，根据预选时得票多少的顺序，确定正式代表候选人名单。这种预选制度的通过和实施对我国选举的民主性，必将起着积极的推动作用，它是发扬民主，保障选举能够按大多数人意愿来确定候选人的好形式，它为选民和代表提供了自由选择的余地，有利于调动选民和代表参加选举的积极性，提高选民和代表的主人翁意识。

4. 介绍候选人。介绍候选人是选举组织程序的重要步骤。推荐代表候选人的政党、人民团体、选民和代表应向选举委员会或者大会主席团介绍代表候选人的情况。接受推荐的代表候选人应当向选举委员会或者大会主席团如实提供个人身份、简历等基本情况。提供的基本情况不实的，选举委员会或者大会主席团应当向选民或者代表通报。在正式候选人产生以后，选举委员会或人民代表大会主席团应当向选民或者代表介绍候选人的情况。选举委员会根据选民或者代表候选人的要求，应当组织代表候选人与选民见面，介绍代表候选人本人的情况，回答选民的问题。但是，在选举日必须停止对代表候选人的介绍。

（五）投票选举和确定选举结果

投票选举是选举程序的最后一个重要环节。在选民直接选举人民代表大会的代表时，选民根据选举委员会的规定，凭身份证或者选民证领取选票。选举委员会应当根据各选区选民的分布状况，按照方便选民投票的原则设立投票站，进行选举；选民居住比较集中的，可以召开选举大会，进行选举；老弱病残或者居住分散并且交通不便的选民，可以在流动票箱投票。投票选举由选举委员会主持。

全国和地方各级人民代表大会代表的选举，一律采用无记名投票的方法。选举时应当设有秘密写票处。如果选民是文盲或者因残疾不能填写选票的，可以委托他信任的人代写选票。如果选民在选举期间外出，经选举委员会同意，可以书面委托其他选民代为投票，但每一选民接受的委托不得超过 3 人，并应当按照委托人的意愿代为投票。选举人对于代表候选人可以投赞成票，可以投反对票，也可以弃权，还可以另选其他该选区的任何选民。投票结束后，由选民或者代表推选的监票、计票人员和选举委员会或者人民代表大会主席团的人员将投票人数和票数加以核对，作出记录，并由监票人签字。代表候选人的近亲属不得担任监票人、计票人。之后，选举进入确认选举结果阶段。

1. 确定选举是否有效。投票结束后，由选民或者代表推选的监票、计票人员和选举委员会或人民代表大会主席团的人员将投票人数和票数加以核对，作出记录，并由监票人签字。每次选举所投的票数，多于投票人数的无效，等于或少于投票人数的有效。每一张选票所选的人数，多于应选代表人数的作废，等于或者少于应选代表人数的有效。

2. 确定正式代表的当选。在直接选举时，选区全体选民的过半数参加投票，选举有效；代表候选人获得参加投票的选民过半数的选票，始得当选。在间接选举时，代表候选人获得全体代表的过半数选票，始得当选。如果获得过半数的代表名额超过应选代表名额时，以得票多者当选。如遇票数相等不能确定当选人时，应当就票数相等的候选人再次投票，得票多的当选。如果获得过半数选票的当选代表人数少于应选代表的名额时，不足的名额另行选举。另行选举时，根据在第一次投票时得票多少的顺序，按照选举法规定的差额比例，确定候选人名单。如果只选 1 人，候选人应为 2 人。另行选举县级和乡级的人民代表大会代表时，代表候选人得票多的当选，但是得票数不得少于选票的1/3；县级以上的地方各级人民代表大会在另行选举上一级人民代表大会代表时，代表候选人获得全体代表过半数的选票，始得当选。

3. 公布选举结果。选举结果由选举委员会或者人民代表大会主席团依法确定是否有效，并予以宣布。公民不得同时担任两个以上无隶属关系的行政区域的人民代表大会代表。对于当选的人民代表大会代表，由各选区公布名单，并颁发代表证。

（六）对代表的罢免

对不称职的人民代表大会代表行使罢免权，是选举人的一项重要权利，也是监督人民代表大会代表的一项具体措施。我国选举法规定，全国和地方各级人民代表大会的代表，受选民和原选举单位的监督。选民和原选举单位都有权罢免自己选出的代表。对于县级的人民代表大会代表，原选区选民 50 人以上联名，对于乡级的人民代表大会代表，原选区选民 30 人以上联名，可以向县级的人民代表大会常务委员会书面提出罢免要求。罢免要求应当写明罢免理由，被提出罢免的代表有权在选民会议上提出申辩意见，也可以书面提出申辩意见。县级人民代表大会常务委员会应当将罢免要求和被提出罢免的代表的书面申辩意见印发原选区选民。表决罢免要求，由县级人民代表大会常务委员会派有关负责人主持。

县级以上地方各级人民代表大会举行会议的时候，主席团或 1/10 以上的代表联名，可以提出对由该人民代表大会选出的上一级人民代表大会代表的罢免案，在人民代表大会闭会期间，县级以上地方各级人民代表大会常务委员会主任会议或者常务委员会 1/5 以上组成人员联名，可以向常务委员会提出由该级人民代表大会选出的上一级人民代表大会代表的罢免案，被提出罢免的代表有权在主席团和大会全体会议上提出申辩意见或者书面申辩意见。在人民代表大会开会期间，罢免案经会议审议后，由主席团提请全体会议表决；在人民代表大会闭会期间，罢免案经会议审议后，由主任会议提请全体会议表决。

罢免代表采用无记名的表决方式。罢免县、乡两级人民代表大会代表，须经原选区过半数的选民通过。罢免由县级以上地方各级人民代表大会选出的代表，须经各该级人民代表大会过半数的代表通过。在人民代表大会闭会期间，须经常务委员会组成人员的过半数通过。罢免的决议，须报送上一级人民代表大会常务委员会备案。人民代表大会代表职务被罢免，其相应的职务随之撤销。

县级以上各级人民代表大会常务委员会组成人员，全国、省级和设区的市级人民代表大会专门委员会成员的代表职务被罢免，其常务委员会组成人员或者专门委员会成员的职务相应撤销。乡级人民代表大会主席、副主席的代表职务被罢免的，其主席、副主席的职务相应撤销。

（七）关于代表的辞职和补选

全国人民代表大会代表，省、自治区、直辖市、设区的市、自治州的人民代表大会代表，可以向选举他的人民代表大会的常务委员会书面提出辞职。常务委员会接受辞职，须经常务委员会组成人员的过半数通过。接受辞职的决议，须报送上一级人民代表大会常务委员会备案、公告。

县级的人民代表大会代表可以向本级人民代表大会常务委员会书面提出辞职，乡级的人民代表大会代表可以向本级人民代表大会书面提出辞职。县级的人民代表大会常务委员会接受辞职，须经常务委员会组成人员的过半数通过。乡级的人民代表大会接受辞职，须经人民代表大会过半数的代表通过。接受辞职的，应当予以公告。

代表在任期内，因故出缺，由原选区或者原选举单位补选。代表在任期内调离或者迁出本行政区域的，其代表资格自行终止，缺额另行补选。县级以上地方各级人民代表大会闭会期间，可以由本级人民代表大会常务委员会补选上一级人民代表大会代表。在补选出缺的代表时，代表候选人的名额可以多于应选代表的名额，也可以同应选代表的名额相等。

**［导入案例分析］**

1. 人大代表选举是人民代表大会制度的基础。湖南省衡阳市发生的以贿赂手段破坏选举的违纪违法案件，性质严重，影响恶劣，给我们以深刻警示：必须切实加强对人大代表选举工作的组织领导，坚持严格依法按程序办事，切实加强人大代表思想、作风建设，坚决维护人民代表大会制度的权威和尊严，维护社会主义民主政治的权威和尊严，维护宪法、法律的权威和尊严。

2.《选举法》第55条规定，为保障选民和代表自由行使选举权和被选举权，对破坏选举、违反治安管理规定的，依法给予治安管理处罚；构成犯罪的，依法追究刑事责任。国家工作人员有破坏选举行为的，还应当依法给予行政处分。以金钱或者其他财物贿赂选民或者代表，妨害选民和代表自由行使选举权和被选举权的违法行为当选的，其当选无效。

## 实务训练题

1. 指导学生通过调查分析填写表格，并在全班交流。

**安徽警官职业学院学生社会实践调查表**

系　　　　专业　　　　年级　　班　　　　　　　学号：

<table>
<tr><td>姓名</td><td colspan="2"></td><td>政治面貌</td><td></td><td>职　务</td><td></td></tr>
<tr><td rowspan="2">实践单位</td><td colspan="2">单位名称</td><td colspan="2"></td><td>负责人</td><td></td></tr>
<tr><td colspan="2">单位地址</td><td colspan="2"></td><td>联系电话</td><td></td></tr>
<tr><td colspan="3">实践时间</td><td colspan="4"></td></tr>
<tr><td colspan="3">实践项目和内容</td><td colspan="4">我国人大代表和政协代表行使职权情况调查表</td></tr>
<tr><td rowspan="13">实践过程</td><td colspan="2" rowspan="2">项　目</td><td colspan="2">对象</td><td colspan="2">备注</td></tr>
<tr><td>人大代表</td><td>政协代表</td><td colspan="2">请注明其姓名</td></tr>
<tr><td colspan="2">现职务</td><td></td><td></td><td colspan="2">请注明其与调查相关的级别职务</td></tr>
<tr><td colspan="2">职业</td><td></td><td></td><td colspan="2">当选（或任现职）前</td></tr>
<tr><td colspan="2">年龄</td><td></td><td></td><td colspan="2"></td></tr>
<tr><td colspan="2">民族</td><td></td><td></td><td colspan="2"></td></tr>
<tr><td colspan="2">文化程度</td><td></td><td></td><td colspan="2"></td></tr>
<tr><td colspan="2">当选时间</td><td></td><td></td><td colspan="2">请注明年月</td></tr>
<tr><td colspan="2">任现职期限</td><td></td><td></td><td colspan="2">请注明年</td></tr>
<tr><td colspan="2">如何当选</td><td></td><td></td><td colspan="2">请注明其当选途径</td></tr>
<tr><td colspan="2">行使职权情况</td><td></td><td></td><td colspan="2">请如实列举与其职权相关的扼要功过</td></tr>
<tr><td colspan="2">对其满意程度</td><td></td><td></td><td colspan="2">请用：非常满意、满意、比较满意、不了解、不敢说、不满意、强烈不满等表明。</td></tr>
</table>

续表

| 实践单位评语 | 负责人签字（公章）：<br>年　月　日 |
| --- | --- |
| 社会实践总结 | 学生本人签字：<br>年　月　日 |

2. 组织学生模拟我国人大代表选举的法律程序步骤。

**延伸阅读**

## 第十二届全国人民代表大会代表构成特色分析

2013 年 2 月 27 日，经全国人大常委会确认，当选的十二届全国人大代表的代表资格全部有效，随即十二届全国人大代表名单正式向社会公布。

在全国人大常委会的主持下，2012 年 12 月中旬至 2013 年 1 月，35 个选举单位共选举产生 2987 名十二届全国人大代表。这份代表名单是首次实行城乡按相同人口比例选举产生的，呈现出基层代表数量增加、党政领导干部代表数量下降和农民工代表倍增等诸多特色和亮点。未来 5 年，2987 名全国人大代表将肩负历史使命，依法履行职权，为托起“中国梦”奉献自己的力量。

一、实行城乡同比后首次全国人大代表选举

十二届全国人大代表选举的最大特点是首次实行城乡按相同人口比例选举人大代表，实现了中国式民主又一次重大进步。从1953年我国第一部《选举法》公布实施到1995年之前，我国农村与城镇每一人大代表所代表的人口比例为8:1。1995年全国人大常委会修改选举法将这一比例调整为4:1。随着城市化进程不断加速，社会结构发生深刻变化，我国城镇化率在2009年已接近50%。在此背景下，2010年，十一届全国人大三次会议通过了修改后的《选举法》，明确实行城乡按相同人口比例选举人大代表这一重要原则。

实行城乡按相同人口比例选举人大代表，需要对各省区市的全国人大代表名额重新进行分配，即每一全国人大代表代表相同的城乡人口数。十二届全国人大代表选举约每67万人分配1名代表名额。中国人民大学法学院院长韩大元指出，实行城乡同比选举是中国社会发展和进步的体现，有助于在社会上普及选举平等意识，促进城乡一体化发展，极大地激发农民的政治参与热情，加快推进民主政治发展和社会转型，也有助于推动户籍制度改革。

二、人人平等、地区平等、民族平等

实行城乡同比选举，实现人人平等、地区平等、民族平等，是这次选举体现的基本原则。地区平等是2010年《选举法》修改的一个亮点。在我国，同级行政区域的法律地位应当平等，不论人口多少，在国家权力机关都应有一定数量的代表，应有相同的地区基本名额数。十二届全国人大代表选举确定的地区基本名额数为8名，确保人口较少的地区有一定数量的代表。通过对比十二届与十一届全国人大代表数量可以发现，一些省份的代表数量增加了，一部分省份的代表数量减少了。

十二届全国人大代表选举坚持民族平等。在选出的代表中，少数民族代表409名，占代表总数的13.69%，全国55个少数民族都有本民族的代表。

三、基层代表数量明显增加

人大代表具有广泛的代表性是人民代表大会制度的本质要求，也是社会主义民主的重要体现。

十一届全国人大五次会议上《关于十二届全国人大代表名额和选举问题的决定》规定，十二届全国人大代表中，基层代表特别是一线工人、农民和专业技术人员代表的比例要比上届有所上升，农民工代表人数要比上届有较大幅度的增加，党政领导干部代表的比例要比上届有所降低。

十二届全国人大代表的选举顺利实现了“两升一降”的目标。来自一线的工人、农民代表401名，占代表总数的13.42%，比十一届提高了5.18个百分点，其中农民工代表数量大幅增加；专业技术人员代表610名，占代表总数的

20.42%，提高了1.2个百分点；党政领导干部代表1042名，占代表总数的34.88%，降低了6.93个百分点。此外，妇女代表的比例也有较大提高。十二届全国人大代表中有妇女代表699名，占代表总数的23.4%，比十一届提高了2.07个百分点。专家指出，基层代表有着丰富的基层经历，与人民群众联系最紧密，对改革发展、改善民生、维护社会和谐稳定等有着最直接、最真实的体会和感受，他们必将更加积极主动地反映人民群众的意愿，有力推动人民群众最关心、最直接、最现实问题的解决。

四、"80后"、"90后"带来青春气息

青年是祖国的未来、民族的希望。细数十二届全国人大代表名单，可以明显感受到一股扑面而来的青春气息。代表中有"80后"代表74名，还有2名"90后"代表。年龄最小的代表陈若琳生于1992年12月。在这些"80后"、"90后"代表中，有的是生产一线的工人，有的是偏远农村的村官，有的是科研人员，有的是解放军战士。他们来自基层，是各行业各领域的青年才俊。身为国家跳水队运动员，陈若琳是我国女子跳台跳水大满贯第一人。在去年伦敦奥运会上，夺得跳水女子10米台冠军，为祖国赢得了荣誉。同为"90后"，20岁的铁飞燕是一名普通的公路收费站收费员，她用弱小的身躯救起落水的修桥工人，用微薄的收入收养弃婴，被称为"最美90后女孩"。

党的十八大报告提出，中国特色社会主义事业是面向未来的事业，需要一代又一代有志青年接续奋斗。青年兴则事业兴，青年强则国家强。专家指出，无论在哪个时代，青年都是社会上最富生命力与创造力的群体。吸引更多的青年走进最高国家权力机关，有利于优化代表结构，充分发挥他们的聪明才智，激励广大青年树立服务国家与人民的远大志向。

五、党政领导干部代表数量大幅度下降

中央党史研究室研究员薛庆超认为，如果人大代表中来自基层的工人、农民、专业技术人员的数量偏低，而各级领导干部的比重过高，不利于表达广大百姓的诉求，也不利于对政府工作进行有效的监督。

十一届全国人大代表中，省级政府组成部门领导干部的比例大幅下降，比上一届减少了1/3，使代表结构进一步优化。5年之后，十二届全国人大代表中的党政领导干部总数继续明显下降，降幅达到近7个百分点。薛庆超指出，降低党政领导干部代表比例，是保证和支持人民通过人民代表大会行使国家权力的直接体现之一，有利于扩大人大代表的覆盖面，调动基层群众参政议政的积极性和主动性，也会促进国家的决策部署更加切合实际，更好地体现人民的意志、利益和愿望。

六、港澳台代表依法选举产生

香港、澳门特别行政区选举十二届全国人大代表，是这次选举工作的重要组成部分。2012 年 12 月，全国人大常委会副委员长兼秘书长李建国受全国人大常委会委托，赴香港、澳门分别主持了十二届全国人大代表的选举工作。香港选出代表 36 名，澳门选出代表 12 名。当选的代表都是拥护宪法和基本法、拥护“一国两制”、爱国爱港、爱国爱澳的人士。台湾省十二届全国人大代表，由各省区市和中央国家机关、中国人民解放军中的台湾省籍同胞组成的协商选举会议选举产生。会议于 2013 年 1 月在北京举行，采用差额选举和无记名投票的方式选举产生了 13 名代表。当选代表都是拥护祖国统一、推动两岸交流、坚决反对“台独”的人士，具有广泛的代表性。

## 思考题

1. 简述国体和政权组织形式的关系。

2. 为什么说人民代表大会制度是我国的根本政治制度？

3. 如何坚持和完善我国的人民代表大会制度？

4. 试述我国选举制度的基本原则。

5. 人民代表的正式当选是如何确定的？

6. 在我国社会主义初级阶段，如何通过人大的民主监督切实加强行政机关的廉政建设？

7. 比较我国的人民代表大会制度和西方国家议会制度的异同。

第五章

# 国家结构形式

## 学习目标与工作任务

通过本章的学习使学生掌握国家结构形式的概念及分类。能够区分单一制和复合制。理解民族区域自治制度的含义及民族自治地方的设立原则，掌握民族自治机关和自治权的内容。掌握特别行政区的概念，理解中央与特别行政区的关系，了解特别行政区政治体制的性质。培养学生用宪法原理和宪政制度分析现实问题的能力。

## 第一节 国家结构形式概述

### 导入案例

**5-1**

2009年美国50个州中有44个州政府普遍面临失业率上升、税收减少、社会保障需求升高等困境，为此，已获得国会批准的奥巴马政府的联邦刺激经济法案，以拨出救济经费为条件，鼓励各州政府进一步扩大失业救济福利。一些州长认为这一法案对各州的财政援助是必要的，可以帮助他们渡过目前的危机，因而执行这一法案；一些州长认为此举会增加州政府财政负担；更有一些州长从个人日后的选举需要考虑，打算拒绝救济，采用其他办法。从而致使刺激经济法案的执行步履维艰。[1]

问：美国实行的是哪种国家结构形式？

〔1〕“奥巴马的经济刺激方案遭共和党州长反对 九州拒领经费”，载搜狐网，http：//news. sohu. com/20090301/n262528613. shtm/，最后访问时间：2009年3月1日。

## 一、国家结构形式的概念

国家结构形式是指特定国家的统治阶级根据一定原则采取的调整国家整体与部分，中央与地方相互关系的形式。政权组织形式是从横向角度表现国家政权体系，国家结构形式是从纵向角度表现国家政权体系。国家结构形式对于统治阶级实现统治职能同样具有极为重要的意义。

## 二、影响国家结构形式的因素

特定国家采取何种国家结构形式往往受各种因素的影响和制约，不同的因素对不同的国家影响程度是不同的，国家结构形式的选择往往是统治者就各种因素综合权衡的结果。

### （一）历史因素

历史因素是指一个国家形成和发展的历史传统，它既包括统治阶级在国家结构形式方面代代相沿的统治经验，也包括国民在历史发展过程中，就国家结构形式问题形成的一种相对稳定的心理定势。如法国在历史上有相当长时期的封建中央集权，国家政治经济统一，所以近代以来亦采用单一制，而德国所属封建邦国长期处于分裂状态，统一的过程漫长而曲折，缺乏一个强有力的中央政府，实为德国采取联邦制的重要原因。同时，原殖民地国家的殖民者为了分而治之，因而在他们的殖民地上一般建立联邦制，如加拿大、澳大利亚、印度等，而且在殖民历史结束后，还包埋祸根（如印巴克什米尔地区争端）。

### （二）民族因素

民族因素是指一个国家的民族构成、分布状况、民族关系、民族经济的发展等要素。如果统治阶级选择的国家结构形式不利于民族问题的解决，那么势必会影响统治阶级的统治地位。国家结构问题主要是民族问题，国家内部的民族关系和民族问题最终要反映在国家结构形式上。因此，单一民族国家一般实行单一制，如日本、朝鲜等，而多民族国家比较复杂，还要看民族关系、居住状况和是否存在主导民族等因素而决定。

### （三）其他原因

1. 经济因素。经济基础决定上层建筑。国家的原始结构形式，如城邦制和等级分封制是与自给自足的自然经济相适应的，君主专制中央集权制在欧洲是经济生活中的资本主义因素同政治生活中的封建王权结合的产物。现代社会中，统一市场和全球竞争的需要对联邦制国家构建强有力的中央政府提出了必然要求。

2. 政治因素。国家结构形式是国家的统治阶级采取的，统治者的政治需要是国家结构形式选择的重要因素。社会主义国家原则上采用单一制，认为只有在单一制下实行民主集中制才能有效维护无产阶级的利益，并认为联邦制削弱经济联系，不利于民族的团结，因而不符合无产阶级的政治利益。

3. 国家的地理环境等因素也可能对国家结构形式产生影响。如世界上的大国由于疆域广阔，导致人口众多，情况复杂，中央统一的管理困难重重，故多采用联邦制。

虽然各个国家所采取的国家结构形式是该国的具体情况决定的，但是各个国家不论其国家结构形式如何，本质上总是反映该国的阶级本质，适合于统治阶级的需要。

### 三、国家结构形式的种类

按照建立国家整体与其组成部分之间相互关系的不同原则，国家结构形式一般可分为单一制和复合制。在复合制中又分为联邦制和邦联制。由于邦联不具有真正的国家性质，实际上具有普遍意义的国家结构形式就是单一制和联邦制。

#### （一）单一制

单一制是由若干个不享有独立主权的一般行政单位或者自治单位联合组成的统一主权的国家。

单一制国家的主要特征是：①从法律体系看：国家只有一部宪法，再由国家立法机关根据宪法制定其他法律、法规，构成完整统一的法律体系；②从国家机构看：国家只有一套完整的国家机关体系，包括立法机关、行政机关、司法机关；③从权力划分看：各地方单位是经中央政府人为划分的，受其统一领导，各地方政府的权力只能来自中央政府的授权并由国家以法律直接确认，因而不具有脱离中央而独立的权力；④从对外关系看：单一制国家具有独立的完全的国际法主体资格，能够代表该国进行对外活动的只能是中央政府，各地方行政区域无论自治权力范围有多广泛，都不是具有主权特征的政治实体；⑤公民具有统一的国籍。

#### （二）联邦制

联邦制是由两个或者多个成员单位如邦、州、共和国等组成的国家。一般说来，联邦成员单位原本拥有独立主权，只是为了某个共同目的，而与其他成员单位组成联盟国家。

联邦制国家的主要特征是：①从法律体系看：联邦制国家既有联邦宪法，又存在州或邦各自的宪法。②从国家机构看：联邦制国家有两套国家机构体系，除设有联邦立法机关、政府和司法系统外，各成员国还设有各自的立法机关、政府和司法系统。③从权力划分看：联邦制国家宪法大都采用联邦列举、成员单位概括或保留的形式来划分权限。凡宪法未明白规定为联邦之权力者，即所谓剩余权力的归属问题，有的规定保留于各州，如美国、墨西哥；有的规定联邦和各省权力分别列举，剩余权力归于联邦，如加拿大。无论哪一种归属，都是在保证联邦行使国家的立法、外交、军事、财政等主要国家权力的同时，又规定各成员国享有较大范围的自治权。④从对外关系看：联邦是对外交往的国际法主体，而联邦组成单位虽然一般没有对外交往的主体资格，但有些联邦国家却允许其成员国享有一定的外交权。⑤联邦制国家公民既有联邦的国籍，又有成员国的国籍。如苏联各加盟共和国的公民不仅拥有其所属的加盟共和国的国籍，而且具有苏联国籍。

（三）邦联

邦联是由若干独立的国家基于某种特定的目的而结成的比较松散的国家联合。

邦联的主要特征是：①邦联不是国家实体，不具有主权这一国家的根本属性，而邦联的各成员国却保留有自己的主权，都是独立的国家，各国之间的关系属于国际关系；②各国经过平等协商制定协议把各自的一部分权力委托给邦联机构；③邦联没有统一的宪法，没有设在各组成单位之上的中央政府，也没有统一的军队、赋税、预算、国籍等；④邦联议会或成员国首脑会议是联邦的中央机构，但这只是一种协商机构，其决议必须经其成员国认可方有约束力；⑤各成员国可以自由退出邦联。

**[导入案例分析]**

导入案例 5－1 说明了美国的国家结构形式是联邦制。特点如下：联邦与州分享政治权力，联邦与州在各自的权力范围内享有自己的最高权力，联邦的地位高于州。

## 第二节　我国的国家结构形式

**导入案例**

**5－2**

新疆又称西域，自古以来就是多民族聚居地区，是祖国不可分割的一部分。生活在新疆的各民族都是在历史上先后移居而来的。汉族是较早进入新疆地区的民族之一。公元前138年，汉武帝派张骞出使西域，西汉政权与西域各城邦建立了联系。至汉朝末年，汉人在新疆各地已经形成大分散和各屯田点小集中的分布格局。1949年中华人民共和国成立时，新疆共有13个民族成分，呈现以维吾尔族为主体，各民族“大杂居、小聚居、混杂居住”的特点。南疆以维吾尔族为主，北疆以汉族和哈萨克族为主，柯尔克孜、锡伯、塔吉克和达斡尔等民族分布比较集中，其他民族大多为杂居。新疆维吾尔自治区于1955年成立，在国家统一领导下，在少数民族聚居地区实行民族区域自治，使少数民族自己管理本自治地方的内部事务。几十年来，新疆取得的发展和进步是在中华人民共和国这个统一的多民族国家中实现的。但多年来，境内外“东突”势力不顾新疆各族人民福祉，鼓吹民族分裂主义，在新疆策划组织实施了一系列暴力恐怖活动，危害国家统一、社会稳定和民族团结，严重干扰和破坏了新疆的发展与进步。

问：通过对本案例的分析，说明我国为什么要采用单一制国家结构形式？

我国《宪法》序言规定：“中华人民共和国是全国各族人民共同缔造的统一的多民族国家。”第4条第3款规定：“各少数民族聚居的地方实行区域自治，设立自治机关，行使自治权。各民族自治地方都是中华人民共和国不可分离的部分。”另外，宪法中关于我国行政区划以及中央与地方职权的划分等规定都表明我国采用单一制的国家结构形式。

**一、我国采用单一制国家结构形式的原因**

1. 历史原因。从我国的历史发展看，秦王朝统一中国废除了分封制，建立了以郡县制为核心的中央集权政治体制，奠定了统一的多民族国家的基础。从此，单一制的国家结构形式就一直是中国社会的主流。尽管也有分裂割据的状态，但时间较短，国家统一的局面一直居于主导地位，这一过程也促进了民族关系的进一步融合。少数民族不仅建立过许多地区性国家政权，而且几次入主中原都以封建中国正统自居，并且把中华各民族纳入其封建版图之内。每一次统一都促进了内地与边疆少数民族之间在行政管理、技术交流、文化生活等诸方面的交流和民族关系的进一步融合，互通有无，共同创造了灿烂辉煌的中华民族文化，使人们对统一国家产生了强烈的心理认同，奠定了实行单一制国家结构形式的坚实心理定势。我国现行的单一制国家结构形式正是这种历史传统的延续。

2. 民族原因。从我国民族关系看，我国是一个多民族的国家，56个民族间的经济、文化交流从未中断。各民族共同开拓和保卫了祖国的疆土，共同创造了中华民族灿烂的文明。在中国共产党的正确领导下，各民族为建立新中国作出过巨大的贡献。因此，统一的多民族国家结构形式，既是对历史事实的认同，也是中国各民族人民的共同意愿。

从我国民族分布看，据2010年第六次全国人口普查主要数据公报，大陆31个省、自治区、直辖市和现役军人的人口中，汉族人口为1 225 932 641人，占91.51%；各少数民族人口为113 792 211人，占8.49%。各民族的居住状况，则呈现出“大杂居、小聚居、大分散、小集中”的特点，决定了在我国只有实行单一制下的民族区域自治，才能最终实现各民族平等地管理国家和本民族内部事务的权利，使人口较少及散居的少数民族不致被排除于国家事务管理之外，从而达到真正的民族平等和民族团结。

3. 经济发展的需要。我国进行社会主义现代化建设必须充分考虑各种不平衡因素。各少数民族居住地区占全国总面积的64%。这些地区资源丰富、物产独特，但由于历史原因，这些地区生产力水平低，技术落后，经济发展缓慢。汉族居住地区面积小，但人口多，生产和技术水平高，经济较发达。建立统一的国家，可以扬长避短，发挥各自优势，充分利用祖国资源，共同完成社会主义现代化建设任务。

4. 国际环境的要求。整个中国近代史是一部各族人民共同抵抗外国侵略者的斗争史，西方的敌对势力多次挑拨我国的民族关系，鼓吹“分而治之”、“建立独立民族国家”，在我国边疆地区挑起事端。近年来，帝国主义在对中国和平演变未果的情况下，利用西藏、新疆等少数民族问题，搞分裂中国的活动。面临着国外敌人的侵略威胁和破坏活动，中国各族人民只有继续加强祖国的统一和民族的团结，才能巩固和发展各族人民的革命成果，才能保障社会主义现代化建设，达到各民族的共同繁荣。

总之，我国采取单一制的国家结构形式，建立统一的多民族国家，既是我国历史发展的必然结果，也是我国民族状况的必然要求，符合各族人民的根本利益。

**二、我国单一制国家结构形式的主要特点**

1. 体现国家权力结构关系中的民主集中特性。《宪法》第3条第4款规定：“中央和地方的国家机构职权的划分，遵循在中央的统一领导下，充分发挥地方的主动性、积极性的原则。”说明在单--制国家结构形式中，全国性的事务由中央统一领导，地方享有一定的自主管理权，按照民主集中制的原则分级管理，既体现出中央的主导地位，又调动了地方的积极性。

2. 以一般行政区域为主。一般行政单位基本上是省（自治区、直辖市）、县（自治县、县级市）、乡（民族乡、镇）。其中在省和自治区内，工商业发达、人口密集的居民点可以按照国务院颁布的城、乡划分标准设市、镇的建制，便于城乡管理和经济交流和结合；在直辖市的设区实行两级建制。这些都便于中央对地方按用单一制原则进行管理。

3. 通过建立民族区域自治制度解决单一制下的民族问题。我国是多民族国家，因此，实行民族区域自治，赋予民族自治地方的自治机关以自治权，是妥善处理单一制国家的民族关系，充分尊重各少数民族自身特点的基本途径。

4. 通过建立特别行政区制度解决单一制下的历史遗留问题。为了香港、澳门、台湾回归祖国，我国政府依法在香港、澳门建立了特别行政区，允许特别行政区实行与国家其他地区不同的政治、经济、社会制度，保留原有的资本主义制度和生活方式不变。

[导入案例分析]

导入案例5-2说明了我国采用单一制国家结构形式的原因：①历史原因。我国自秦始皇统一中国以来建立的就是统一的中央集权制国家。尽管也曾有过分裂割据的状态，但时间较短，而国家统一的局面则一直居于主导地位。长期的历史传统，决定了我们必须建立单一制的国家结构形式。②民族原因。我国是一个多民族国家，各民族的历史状况和民族关系决定了在我国的具体条件下，不适宜采取联邦制，而应该采取单一制的国家结构形式。③经济发展的需要。我国自然资源分布和经济发展不平衡的状况，决定了建立单一制有利于各民族的共同繁荣。④国际环境的要求。我国所处的国际环境和国际斗争形势，决定了建立单一制有利于国家的统一和各民族的团结。

## 第三节 我国的行政区划

**导入案例**

**5-3**

2012年6月21日，民政部发布公告宣布，经国务院批准，撤销海南省西沙群岛、南沙群岛、中沙群岛办事处，设立地级三沙市，管辖西沙群岛、中沙群岛、南沙群岛的岛礁及其海域，三沙市人民政府驻西沙永兴岛。7月17日上午，海南省四届人民代表大会常务委员会第三十二次会议表决通过了《海南省人大常委会关于成立三沙市第一届人民代表大会筹备组的决定》，标志着三沙市的政权组建正式启动。

设立地级三沙市，是我国对西沙群岛、中沙群岛、南沙群岛的岛礁及其海域行政管理体制的调整和完善。[1]

问：三沙市的设立为什么要经国务院的批准？

### 一、行政区划的概述

（一）行政区划的概念

行政区域划分又称行政区划，是指统治阶级依据一定的原则将国家的领土划分成若干大小不同、层次不同的区域，建立相应的政权机关，以便进行国家管理的制度。行政区域划分是人为的，不是自然形成的，它是阶级社会的产物，反映着国家的阶级本质。

---

〔1〕“民政部关于国务院批准设立地级三沙市的公告”，载中华人民共和国民政部网站，http://www.mca.gov.cn/artide/zwgk/mzyw/201206/20120600325063.sthml，最后访问日期：2012年6月21日。

（二）我国行政区划遵循的基本原则

我国作为人民民主专政的社会主义国家，为了实现民族平等和民族团结，便于人民群众参加国家管理，有利于经济的发展及社会主义现代化建设，在划分行政区域时，一般坚持下列基本原则：

1. 有利于经济发展的原则。有利于经济发展是划分行政区域的重要原则。这个原则要求在划分行政区域时，要考虑到所划分的区域内的经济条件和状况，既要有利于该地区当前的经济发展，又要着眼于其将来经济发展的方向和布局，尤其是不能将有内在联系或已经形成的一定经济区域人为地分割开来，以免影响该地区的经济发展和繁荣。

2. 有利于民族团结的原则。我国是56个民族组成的多民族国家，长期以来形成的各民族大杂居、小聚居的分布状况，行政区域的划分就要充分地照顾这一特点和状况。一方面，要尽量将历史传统、风俗习惯相同或接近的民族划分到一个行政区域内，这样既有利于各民族间的团结、合作，又便于实行民族区域自治。另一方面，为加速少数民族地区的经济发展，改变其落后的面貌，划分行政区域时也要有利于少数民族与发达地区的经济、文化交流，促进各民族的共同繁荣。

3. 有利于国家管理的原则。便于国家管理的原则包含两方面涵义：①便于人民群众参加国家管理。为此在划分行政区域时，要考虑到所划分区域的人口数量和密度，并照顾交通状况及历史上形成的政治、经济、文化中心等因素，最大限度地有利于人民群众充分地行使当家做主的民主权利，对国家事务和社会事务实施管理。②便于国家机关实施行政管理。行政管理的水平取决于众多因素，行政区域划分得是否合理、科学是其中一个重要的方面。

4. 照顾自然条件和历史状况的原则。自然条件主要是指自然资源以及地形、人口分布、交通运输等因素，这是经济发展的必备条件，也是实现民族繁荣和人民群众对国家管理的物质基础。历史状况则是指历史上形成的行政区域。由于我国历史悠久，很多行政区域存在的历史较长，对人们的心理、感情、习惯都产生了重要的影响。因此，在划分行政区域时要给予充分的照顾，尽量不要进行大的变动，以维护一定区域内社会的稳定。我国幅员辽阔，各地区经济发展不平衡，划分行政区划既要考虑各地区的实际经济发展状况，又要考虑自然条件和历史状况，只有充分考虑到自然条件，才能优化行政区划结构，只有充分考虑到一个地区的文化习俗、居民的居住状况，才能强化行政区划的内在联系性，最终促进各地区的经济发展。

5. 巩固国防原则。行政区划要充分反映国防建设的需要，要为把我国长达两万多公里的陆疆边防线和漫长海防线建设成为御敌于国门之外的钢铁长城服务。

## 二、我国宪法对行政区划的规定

(一) 我国的行政区域划分

根据1982年《宪法》第30条的规定，我国的行政区划为：全国分为省、自治区、直辖市；省、自治区分为自治州、县、自治县、市；县、自治县分为乡、民族乡、镇。直辖市和较大的市分为区、县。自治州分为县、自治县、市。《宪法》第31条还规定："国家在必要时得设立特别行政区。在特别行政区内实行的制度按照具体情况由全国人民代表大会以法律规定。"

(二) 行政区划变更的审批程序

行政区划变更实行分级审批管理。全国人民代表大会行使批准省、自治区、直辖市的建置和决定特别行政区的设立及其制度的职权；国务院行使批准省、自治区、直辖市的区域划分，批准自治州、县、自治县、市的建置和区域划分的职权；省、自治区、直辖市的人民政府决定乡、民族乡、镇的建置和区域划分。另外，根据国务院关于行政区划管理的规定，有关县、市、市辖区的部分行政区域界线的变更，授权省、自治区、直辖市人民政府审批。批准变更时，同时报民政部备案。

**[导入案例分析]**

导入案例根据宪法关于行政区划变更的审批程序的规定，国务院行使批准自治州、县、自治县、市的建置的职权，省、自治区、直辖市的人民政府决定乡、民族乡、镇的建置和区域划分。另外，根据国务院关于行政区划管理的规定，有关县、市、市辖区的部分行政区域界线的变更，授权省、自治区、直辖市人民政府审批。批准变更时，同时报民政部备案。三沙市是地级市，因此它的设立要经国务院的批准。

# 第四节 我国的民族区域自治制度

**导入案例**

**5-4**

据统计，自1965年以来，西藏自治区人民代表大会及其常委会共制定了290多部地方性法规、具有法规性质的决议和决定。其中包括《西藏自治区学习、使用和发展藏语文的决定》、《关于维护祖国统一、加强民族团结、反对分裂活动的决议》、《关于严厉打击"赔命金"违法犯罪行为的决定》等。1981年，西藏自治区人大常委会从西藏少数民族历史婚俗等实际情况出发，通过了《西藏自治区施行〈中华人民共和国婚姻法〉的变通条例》，将《婚姻法》规定的男女法定婚姻分别降低两岁，并规定对执行变通条例之前已经形成一妻多夫或一夫多妻的婚姻关系，凡不主动提出解除婚姻关系者，准予维持。

问：西藏自治区人民代表大会及其常委会行使哪些自治权？

## 一、民族区域自治制度的概念

民族区域自治制度是指在统一的祖国大家庭内，中央政府的统一领导下，依据宪法和法律规定，以少数民族聚居地区为基础，建立相应的自治地方，设立自治机关，行使自治权，以保障少数民族当家做主管理本民族内部事务的政治制度。民族区域自治制度是我国在单一制国家结构形式下解决民族问题，实行民族平等，促进少数民族政治、经济、文化发展，实现各民族共同繁荣的一项中国特色的重要政治制度。

## 二、民族区域自治制度的特点

### （一）民族区域自治是国家统一领导与民族自治的结合

各民族自治地方都是国家统一领导下的行政区域，是中华人民共和国不可分离的组成部分，民族自治地方的自治机关是中央人民政府统一领导下的一级地方政府。民族自治地方是建立在统一的国家领土内的行政单位，实行民族区域自治的民族不能脱离中央的统一领导而搞独立。民族区域自治是以祖国的统一、领土完整为前提的。各民族自治地方同中央人民政府的关系，都是地方同中央的关系。所以，我国民族区域自治是在统一的前提下的自治，民族区域自治并未根本改变我国单一制国家的中央地方权力配置关系，而是丰富了其内涵。

### （二）以少数民族聚居区为基础

实行民族区域自治的各民族自治地方都是以少数民族聚居的地区为基础建立起来的，它既不同于脱离一定地域的“民族自治”，也不同于实行地方分权国家所实行的“地方自治”。脱离一定的地域，就会成为空中楼阁，无法实行真正的自治，无法行使自治权利；离开少数民族，就成为“地方自治”，就达不到保证各少数民族管理本民族内部事务的权利的目的。所以，我国的民族区域自治必须以各少数民族聚居区为基础才能建立。我国的民族区域自治不同于外国的地方自治制度，也不同于我国特别行政区的地方自治，后者在性质上属于一种较纯粹的区域自治。

### （三）民族自治地方行使自治权

民族区域自治是民族内部事务、地方性事务的自治而不能就主权性、外交性事务进行自治。民族区域自治的实现方式是在自治地方内，建立自治机关，并赋予其广泛的自治权。民族区域自治的目的，是为了让聚居的少数民族能够根据本民族政治、经济和文化传统方面的特点，实行特殊政策，保证本民族的自主性，并促进本民族更快的发展。享有自治权是少数民族聚居区实行民族区域自治的核心和标志。

**三、民族自治地方**

民族自治地方是指在我国少数民族聚居的地方，依法建立的实行民族区域自治的行政单位，它分为自治区、自治州、自治县三级。

我国的民族自治地方大致有三种类型：①以一个少数民族聚居区为基础建立的自治地方，如宁夏回族自治区、延边朝鲜族自治州；②以一个人口较多的少数民族聚居区为基础，包括其他一个或几个较少的少数民族聚居区建立的自治地方，如新疆维吾尔自治区、广西壮族自治区；③以两个或两个以上少数民族聚居地为基础联合建立的自治地方，如湘西土家族苗族自治州、黔东南苗族侗族自治州。在上述各民族自治地方内，通常都包括了一定数量的汉族居民。

中华人民共和国成立之前的1947年，就建立了中国第一个省级少数民族自治地方——内蒙古自治区。中华人民共和国成立后，中国政府开始在少数民族聚居的地方全面推行民族区域自治。1955年新疆维吾尔自治区成立；1958年广西壮族自治区成立；1958年宁夏回族自治区成立；1965年西藏自治区成立。截至2008年底，全国共建立了155个民族自治地方，包括5个自治区、30个自治州、120个自治县（旗）。在55个少数民族中，有44个建立了自治地方，实行区域自治的少数民族人口占少数民族总人口的71%，民族自治地方的面积占全国国土总面积的64%左右。[1] 在一些少数民族聚居地域较小、人口较少并且分散的地方，不宜建立自治地方，但是可以按宪法规定设立民族乡。民族乡不是民族自治地方，但也是少数民族实现当家做主、管理本民族内部事务的重要途径，作为我国民族区域自治制度的重要补充形式。截至2009年底，国家在相当于乡的少数民族聚居的地方，共建立了1098个民族乡。11个因人口较少且聚居区域较小而没有实行区域自治的少数民族中，除高山族和京族外，有9个建有民族乡。[2]

**四、民族自治机关**

（一）民族自治机关的概念

民族自治机关是指在民族自治地方设立的行使同级相应地方国家机关职权、同时行使自治权的国家机关，它包括自治区、自治州、自治县的人民代表大会和人民政府。

民族自治地方的人民代表大会是各民族自治地方的国家权力机关，民族自

---

〔1〕《中国的民族政策与各民族共同繁荣发展白皮书》。

〔2〕马启智：“我国的民族政策及其法制保障”，载中国人大网，http：//www.hpc.gov.cn/npc/zgrdzz/2012－02/03/content _1687354.htm，最后访问日期：2012年2月3日。

治地方的行政机关、审判机关、检察机关都由本级人民代表大会产生，对它负责，受它监督。民族自治地方的人民政府是本级人民代表大会的执行机关，是地方国家行政机关，它对本级人民代表大会和上一级人民政府负责并报告工作，在本级人民代表大会闭会期间向其常务委员会负责并报告工作。各级民族自治地方的人民政府都是国务院统一领导下的国家行政机关，都服从国务院。

民族自治地方的人民法院和人民检察院是按照统一的国家法律行使审判权和检察权的国家机关，它们没有自治权，不属于自治机关的范畴。

（二）民族自治机关的组成及其特点

民族自治机关具有双重性质：一方面，它们在法律地位上是国家的一级地方政权机关，在产生方式、任期、机构设置和组织活动原则方面，与一般地方国家机关完全相同，并行使相应的一般地方国家机关的职权；另一方面它们是民族自治地方行使宪法和有关法律授予的自治权的国家机关，其组成人员要体现少数民族实行区域自治和民族平等、民族团结的原则。

按宪法和民族区域自治法的规定，民族自治机关的组成有下述特点：

1. 民族自治地方的人民代表大会代表名额和比例贯彻民族平等、民族团结的原则。民族自治地方的人民代表大会中，除实行区域自治的民族的代表外，其他居住在本行政区域内的民族也应当有适当比例的代表。实行区域自治的民族和其他少数民族代表的名额和比例，由省、自治区、直辖市的人民代表大会常务委员会决定。

2. 民族自治地方的人民代表大会常务委员会应当有实行区域自治的民族的公民担任主任或者副主任。自治区主席、自治州州长、自治县县长由实行区域自治的民族的公民担任。

3. 民族自治地方人民政府的其他组成人员以及自治机关所属工作部门的干部中，应当合理配备实行区域自治的民族和其他少数民族的人员。

**五、民族自治地方的自治权**

民族自治地方的自治机关除行使宪法和法律规定的一般地方国家机关的职权外，还行使宪法、民族区域自治法以及有关法律授予的自治权。自治权是民族区域自治的核心，是各少数民族管理本民族内部事务和地方性事务的主要标志，是坚持各民族平等、团结和共同繁荣的重要手段，也是民族自治地方搞好中国特色新型工业化、信息化、城镇化、农业现代化建设的关键。

（一）制定自治条例和单行条例

民族自治地方的国家权力机关有权依照当地民族的政治、经济和文化的特点，制定自治条例和单行条例。自治条例是民族自治地方的国家权力机关制定的有关本地方实行区域自治的组织和活动原则、自治机关的构成和职权以及其他有关重大问题的规范性文件；单行条例是民族自治地方的国家权力机关在自治权的范围内，根据当地民族的政治、经济和文化特点，制定的关于某一方面具体事项的规范性文件。自治区制定的自治条例和单行条例报全国人大常委会批准后才能生效并报国务院备案；自治州、自治县制定的自治条例和单行条例，报省或者自治区人大常委会批准后生效，并报全国人大常委会和国务院备案。

（二）变通或停止执行国家相关法律和政策

根据本地区的实际情况，贯彻执行国家的法律和政策，对于上级国家机关的决议和命令不适合本地情况的，经过该上级国家机关批准可以变通或者停止执行。民族自治地方根据本地实际对国家颁布的婚姻法、继承法、选举法、土地法、草原法等多项法律作出变通和补充规定。截至2008年底，民族自治地方共制定了637件自治条例、单行条例及对有关法律的变通或补充规定。

（三）自主地管理地方财政

凡是属于民族自治地方的财政收入，由自治机关自主地安排使用；地方财政入不敷出，由上级财政机关补助；民族自治地方享受国家拨给的各项专用资金和临时性的民族补助专款；按照国家规定设机动资金，预算中预备费的比例多于一般地区；在执行国家税收时，对属于地方财政收入的某些税收；经自治区（省）决定或批准，自治地方可以实行减税或免税，实行税收优惠政策。比如，在西藏，国家长期实行“税制一致、适当变通”的税收政策，在新疆，率先进行资源税改革，从2010年6月1日起，对新疆的石油和天然气资源税实行从价计征，税率都是5%，仅此一项，给新疆每年增加财政收入上百亿。

（四）自主地管理地方性经济建设

民族自治地方的自治机关在国家的指导下，可以自主地安排和管理地方性的经济建设事业；根据本地方的特点和需要，制定经济建设的方针、政策和计划；合理地调整生产关系，改革经济管理体制。民族自治地方依照国家规定，可以开展对外经济贸易活动，经国务院批准，可以开辟对外贸易口岸；与外国接壤的民族自治地方经国务院批准，可以开展边境贸易。

（五）自主地管理教育、科学、文化、卫生、体育事业

民族自治地方的自治机关可以自主地发展民族教育，扫除文盲，举办各类学校，决定本地方的教育规划、学校的设置等内容并可以为少数民族牧区和经济困难、居住分散的少数民族山区，设立寄宿为主和助学金为主的公办民族小学和民族中学。同时，民族自治地方的自治机关应该自主地发展具有民族形式和民族特点的文化艺术，积极推进本地方的科学、卫生、体育等事业的发展。此外，民族自治地方可以同其他地方，包括国外，开展教育、科学技术、文化艺术、卫生、体育等方面的交流和协作。

（六）组织维护社会治安的公安部队

民族自治地方的自治机关依照国家的军事制度和当地的实际需要，经国务院批准，可以组织本地方维护社会治安的公安部队。

（七）使用本民族的语言文字

民族自治地方的自治机关在执行职务的时候，根据本民族自治地方自治条例的规定，可以使用当地通用的一种或者几种语言文字。

**六、我国的民族政策**

民族区域自治制度符合我国的具体国情，它有利于中央和民族自治地方的协调，既保持了单一制的国家结构，又有利于发挥地方的自主性和积极性，关键的是它使少数民族实现了自治权和民主参政的权利。为了巩固和健全我国的民族区域自治制度，党和国家采取了许多相应的方针、政策和措施。

（一）维护和发展各民族的平等、团结、互助的关系

民族平等、团结、互助原则是马克思主义处理民族问题的根本原则。《共同纲领》专门规定了民族政策，明确规定："中华人民共和国境内各民族一律平等，实行团结互助，反对帝国主义和民族内部人民公敌，使中华人民共和国成为各民族友爱合作的大家庭。反对大民族主义和狭隘民族主义，禁止民族间的歧视、压迫和分裂各民族团结的行为。"1951年中央人民政府政务院发布了《关于处理带有歧视或侮辱少数民族性质的称谓、地名、碑碣、匾联的指示》，1952年制定了《中华人民共和国民族区域自治实施纲要》和《关于保障一切散居的少数民族成分享有民族平等权利的决定》，1984年全国人大通过了《中华人民共和国民族区域自治法》，2001年2月全国人民代表大会常务委员会通过修改《中华人民共和国民族区域自治法》的决定，平等、团结和互助的民族关系得到进一步加强。

（二）反对民族歧视和民族压迫

我国《宪法》明文规定："禁止对任何民族歧视和压迫，禁止破坏民族团结和制造民族分裂的行为。"大汉族主义即无视中国是多民族国家，不承认少数民族的特点，歧视少数民族，不尊重少数民族的风俗习惯等。地方民族主义即盲目排外，闭关自守，不愿接受其他民族的经验和帮助，过分强调民族的特殊性，而忽视民族间的平等、团结和互助。因此我们既要反对大民族主义主要是大汉族主义，又要反对地方民族主义。只有这样才能实现各民族的和谐共处，才能构建民族团结的社会基础。

（三）大力帮助少数民族发展经济和文化

由于历史原因，少数民族地区的经济文化相对较为落后，因此，帮助少数民族发展经济文化教育事业，改变落后状态，既是实行民族平等、团结和互助的重要方面，也是实行民族区域自治制度的重要措施。《宪法》规定："国家根

据各少数民族的特点和需要，帮助各少数民族地区加速经济和文化的发展。”“国家尽一切努力，促进全国各民族的共同繁荣。”《民族区域自治法》在序言中规定：“国家根据国民经济和社会发展计划，努力帮助民族自治地方加速经济和文化发展。必须大量培养少数民族的各级干部，各种专业人才和技术工人。”

由于成功地实行民族区域自治制度，中国少数民族依法自主地管理本民族事务，民主地参与国家和社会事务的管理，保证了中国各民族不论大小都享有平等的政治、经济、社会和文化权利，共同维护国家统一和民族团结，反对分裂国家和破坏民族团结的行为，形成了各民族相互支持、相互帮助、共同团结奋斗、共同繁荣发展的和谐社会。

**[导入案例分析]**

导入案例 5－4 中，西藏自治区人民代表大会及其常委会是民族自治地方的国家权力机关，行使了立法自治权和变通执行权。

民族自治地方的国家权力机关有权依照当地民族的政治、经济和文化的特点，制定自治条例和单行条例。民族自治地方的自治机关根据本地区的实际情况，贯彻执行国家的法律和政策，对于上级国家机关的决议和命令不适合本地情况的，经过该上级国家机关批准可以变通或者停止执行。

## 第五节 特别行政区制度

**导入案例**

**5－5**

2013 年 6 月 19 日，针对斯诺登揭露美国入侵内地及香港部分网络，香港特别行政区立法会议员马逢国在立法会上，提出了紧急口头质询。他询问香港特别行政区政府是否有采取措施，确保香港网络及计算机系统不被入侵，以及美国是否向香港提出引渡斯诺登等问题。香港特别行政区保安局局长黎栋国进行了回应。黎栋国表示香港特区政府十分关注有关香港网络安全的报道，他们将会尽力、积极了解事实，并按法律处理，但不能披露目前的细节。黎栋国指出，香港警方并没有收到关于信息系统被入侵的举报，他们将会密切留意，与相关人士继续保持密切联络，并在有需要时主动提供协助，审订相关设施的网络保安程序，以及应变措施。[1]

问：香港特别行政区立法会行使了什么职权？

---

〔1〕“香港特区立法会议员就斯诺登事件提出质询”，载人民网，http：//hm. people. com. cn/n/2013/0619/0153024－21897196. htm/，最后访问日期：2013 年 6 月 19 日。

### 一、特别行政区概述

（一）特别行政区是“一国两制”构想的产物

“一国两制”是“一个国家，两种制度”的简称，是指在统一的社会主义国家内，在中央政府的统一领导下，经过最高国家权力机关决定，容许局部地方由于历史的原因不实行社会主义的制度，而依法保持不同于全国现行制度的特殊制度。

1984 年 12 月中英两国政府签订了《关于香港问题的联合声明》，1987 年 4 月中葡两国政府签订了《关于澳门问题的联合声明》，这两个联合声明都决定我国将按照“一国两制”的构想，在香港和澳门分别建立特别行政区。

（二）特别行政区的概念和设立的法律依据

1. 特别行政区的含义。特别行政区是指在我国版图内，根据我国宪法和法律的规定设立的具有特殊的法律地位，实行特别的社会、经济制度的行政区域。特别行政区是统一的中华人民共和国境内的一级行政区域，是为了通过和平方式解决历史遗留的香港、澳门、台湾问题而设立的特殊的地方行政区域。

2. 特别行政区设立的法律依据。我国《宪法》第 31 条规定：“国家在必要时得设立特别行政区。在特别行政区内实行的制度按照具体情况由全国人民代表大会以法律规定。”《宪法》第 62 条又规定，全国人民代表大会有权“决定特别行政区的设立及其制度”。这些规定为在我国设立特别行政区提供了宪法依据。

1990 年 4 月第七届全国人民代表大会第三次会议通过的《中华人民共和国香港特别行政区基本法》（以下简称《香港基本法》）和 1993 年 3 月第八届全国人民代表大会第一次会议通过的《中华人民共和国澳门特别行政区基本法》（以下简称《澳门基本法》），分别在序言中宣布：为了维护国家的统一和领土完整，有利于香港、澳门的稳定和繁荣，考虑到香港、澳门的历史和现实情况，国家决定，在对香港、澳门恢复行使主权时，根据我国宪法的规定，在香港、澳门分别设立特别行政区，并按照“一国两制”的方针，不在香港、澳门实行社会主义制度和政策。

### 二、中央与特别行政区的关系

（一）中央代表国家对特别行政区行使主权

我国《宪法》第 31 条和第 62 条第 13 项关于特别行政区的设立及其所实行的制度由全国人大决定的规定，表明了特别行政区对中央的隶属关系；两个基本法的第 12 条关于特别行政区是中华人民共和国一个享有高度自治权的地方行政区域，直辖于中央人民政府的规定，是宪法规定的具体化。可见，特别行政区是中华人民共和国的一部分，是一级地方行政区域；特别行政区政权是中华人民共和国的一级地方政权，直辖于中央人民政府；中央人民政府与特别行政区的关系是在单一制国家结构形式内中央与地方之间的关系，特别行政区享有高度自治权，但它不享有国家主权，没有外交和国防方面的权力，也不是一个独立的政治实体。其法律地位相当于省、自治区和直辖市。

根据基本法的规定，由中央管理特别行政区的事务主要有：①负责管理与特别行政区有关的外交事务；②负责管理特别行政区的防务；③任命行政长官和主要官员；④决定特别行政区进入紧急状态；⑤解释特别行政区基本法；⑥修改特别行政区基本法等。

（二）特别行政区享有高度自治权

1. 特别行政区在行政管理方面享有高度自治权。它是指特别行政区有权依照基本法的有关规定自行处理有关行政事务，包括特别行政区的经济、财政、金融、贸易、工商业、土地、航运、民航、教育、科学、文化、体育、宗教、劳工、社会服务等事项。特别行政区保持财政独立，财政收入不上缴中央人民政府，中央人民政府不在特别行政区征税；特别行政区的货币体系独立，其发行权属于特别行政区政府。

2. 特别行政区在立法方面享有高度自治权。两部基本法的第 8 条和第 17 条都规定，特别行政区享有立法权，其原有法律，除同基本法相抵触或经特别行政区的立法机关作出修改者外，予以保留。特别行政区的立法机关制定的法律须报全国人民代表大会常务委员会备案，但备案不影响该法律的生效。

3. 特别行政区在司法方面享有高度自治权。特别行政区法院独立进行审判，不受任何干涉；特别行政区享有独立的司法权和终审权。特别行政区的司法独立于行政和立法之外，其活动不受任何干涉。法官履行审判职责的行为不受法律追究。值得注意的是，在我国的特别行政区，司法活动不仅不受特别行政区其他部门的干预，而且也不受内地任何部门包括各级司法机关的干预，甚至最高人民法院也不干预特别行政区的审判活动，凡是在特别行政区内发生的任何案件，特别行政区的终审法院的判决为最终判决。特别行政区在司法上拥有终审权。

4. 自行处理有关对外事务的权力。其权力具体包括：①特别行政区有参加外交谈判、国际会议、国际组织的权力；②特别行政区有签订国际协议的权力；③特别行政区有与外国互设官方、半官方机构的权力；④特别行政区有签发特区护照和旅行证件的权力。

### 三、特别行政区的政治体制

行政、立法和司法是政治体制中最基本的三个部分，这三者的关系构成了政治体制的基本内容。根据港澳特别行政区政治体制的特点，其三者的关系应当是：行政主导、立法与行政既制衡又配合、司法独立。

（一）行政主导

行政主导体制就是以行政长官为权力核心，具有较高地位及广泛职权，并在特别行政区的政治生活中起主要作用的政治体制。

1. 行政长官。行政长官作为特别行政区的首长，既要对中央人民政府负责，也要对特别行政区负责，从而最终实现港人治港、澳人治澳的目标。行政长官制参考并改造了特别行政区成立前行之有效的行政主导体制，形成了香港、澳门特别行政区以行政主导为特色的政权组织形式——行政长官制。行政长官由年满40周岁，在香港或澳门通常居住连续满20年并在外国无居留权（澳门基本法无此规定）的特别行政区永久性居民中的中国公民担任。行政长官在就职时，必须依法宣誓拥护基本法，效忠特别行政区。

特别行政区行政长官任期5年，可连任一次。行政长官就任时应向香港特别行政区终审法院首席法官或者澳门特别行政区终审法院院长申报财产，记录在案。此外，澳门特别行政区行政长官在任职期内不得具有外国居留权，不得从事私人赢利活动。行政长官短期不能履行职务时，由政务司长、财政司长、律政司长依次临时代理其职务。行政长官缺位时，应在6个月内依法产生新的行政长官。

行政长官具体行使如下职权：①立法方面的职权。签署立法会通过的法案，公布法律；签署立法会通过的财政预算案，将财政预算、决算报中央人民政府备案。②领导与执行权。领导特别行政区政府，执行基本法和依照基本法适用于特别行政区的其他法律；决定政府政策，发布行政命令；提名并报请中央人民政府任命主要官员；依照法定程序任免公职人员；执行中央人民政府就本法规定的有关事务发出的指令；代表特别行政区政府处理中央授权的对外事务和其他事务。③司法方面的职权。依照法定程序任免各级法院法官，澳门基本法还规定行政长官可以依照法定程序任免各级法院院长，任免检察官。依法赦免或减轻刑事罪犯的刑罚；处理请愿、申诉事项。

2. 行政机关。特别行政区政府是特别行政区的行政机关，必须遵守法律，对特别行政区立法会负责；执行立法会通过并已生效的法律；定期向立法会作施政报告；答复立法会议员的质询。政府首长是特别行政区行政长官；政府设政务司、财政司、律政司和各局处、署。行政机关主要官员由行政长官提名报请中央人民政府任命。特别行政区的主要官员由在香港或澳门居住连续满15年并在外国无居留权（《澳门基本法》无此规定）的特别行政区永久性居民中的中国公民担任。

根据《香港基本法》第62条和《澳门基本法》第64条的规定，特别行政区政府主要行使下列职权：①制定并执行政策；②管理各项行政事务；③办理本法规定的中央人民政府授权的对外事务；④编制并提出财政预算、决算；⑤提出法案、议案，草拟行政法规；⑥委派官员列席立法会会议听取意见或代表政府发言。

3. 行政主导的表现：①行政长官地位显要。行政长官既是特别行政区政府的首长，领导特别行政区政府，又是特别行政区的首长，法律地位崇高，特别行政区的重大决策实际上都由行政长官会同行政会议（行政会）作出。②行政参与立法程序。立法程序从全过程来看，从起草到公布生效，包含很多环节。其中某些环节实际上并非由立法会完成，而是由行政方面负责完成的。例如，政府拟定法律草案，向立法机关提出法案；政府编制并提出财政预算案；立法会通过的法律、预算必须经行政长官签署、公布方能生效；行政长官对立法会通过的法律有相对否决权；等等。③议案讨论的行政优先原则。向立法会提出的议案为数很多。其中有的是政府提出的，有的是立法会议员个人或者联合提出的。法律明确规定，政府提出的议案应当优先列入议程。④行政长官有权依照法律规定的程序解散立法会。⑤其他。例如依照法律规定，行政长官可以向立法会申请临时拨款；决定政府官员或其他负责公务的人员是否向立法会作证和提供证据等。

（二）行政与立法既互相制约又互相配合

1. 立法机关。根据基本法规定，特别行政区立法会是特别行政区的立法机关，立法会由选举产生，产生办法根据特别行政区的实际情况和循序渐进的原则确定，最终达到全部议员由普选产生的目标。特别行政区立法会除第一届任期为2年外，每届任期4年；如经行政长官依法解散，须于3个月内重新选举产生。立法会议员每届60名，其任职资格是在外国无居留权（《澳门基本法》无此项规定）的特别行政区永久性居民中的中国公民；但非中国籍的或在外国有居留权的香港特别行政区永久性居民也可以当选为立法会议员，其所占比例不得超过全体议员的香港特别行政区立法会20%。立法会议员在立法会上的发言，不受法律追究；在出席会议时和赴会途中不受逮捕。

香港特别行政区立法会主席由年满40周岁，在香港通常居住连续满20年并在外国无居留权的香港特别行政区永久性居民中的中国公民担任。澳门特别行政区立法会主席、副主席由在澳门通常居住连续满15年的澳门特别行政区永久性居民中的中国公民担任。特别行政区立法会主席行使下列职权：主持会议；决定议程；决定开会时间；在休会期间可召开特别会议；应行政长官的要求召开紧急会议；立法会议事规则所规定的其他职权。

立法会主要行使如下职权：①立法权。根据基本法规定并依照法定程序制定、修改和废除法律。②财政权。根据政府的提案，审核、通过财政预算；批准税收和公共开支或者批准由政府承担的债务。③监督权。听取行政长官的施政报告并进行辩论；对政府的工作提出质询；就任何有关公共利益问题进行辩论：对严重违法或者渎职行为而不辞职的行政官员进行弹劾，具体办法是委托终审法院首席法官、终审法院院长负责组成独立的调查委员会进行调查。如该调查委员会认为有足够证据构成上述指控，立法会以全体议员 2/3 多数通过，可提出弹劾案，报请中央人民政府决定。④任免权。根据基本法的规定，立法会有权同意终审法院法官和高等法院首席法官的任免。此外，立法会还有权接受公民的申诉并作出处理。

2. 立法与行政的制约。前面已经阐明行政对立法的制约，而立法对行政的制约主要有：①政府必须遵守、执行立法会通过的法律。②立法会听取、辩论行政长官的施政报告；有权对政府工作提出质询，政府应负责答复。③行政长官任免终审法院院长、高等法院院长，事先须经立法会同意。④政府征税及公共开支须经立法会批准。⑤对行政长官不签署而发回重议的法案，立法会经全体议员 2/3 多数再次通过原案时，除非解散立法会，行政长官必须签署。⑥行政长官因两次拒绝签署法案而解散立法会，如果新选出的立法会仍以全体议员 2/3 多数通过原法案，而行政长官仍拒绝签署，则行政长官必须辞职。⑦立法会因拒绝通过政府提出的财政预算或其他重要法案而被解散，但重新选出的立法会仍拒绝通过原来的财政预算案或其他重要法案，则行政长官必须辞职。⑧立法会有权依照法律规定的程序提出对行政长官的弹劾案。

3. 行政与立法互相配合。主要表现是特别行政区的行政会议的成员，由行政长官从行政机关的主要官员、立法会议员和社会人士中委任；行政长官在作出重要决策，向立法会提交法案，制定附属立法（或行政法规）和解散立法会之前，须征询行政会议（行政会）的意见；行政长官如不采纳行政会议（行政会）多数成员的意见，应将具体理由记录在案。

（三）司法独立

香港特别行政区各级法院是行使审判权的司法机关。其组织系统是：终审法院、高等法院、区域法院、裁判署法庭和其他专门法院。终审法院行使终审权，设4 名常任法官。在审理案件时，由 5 人组成的终审法庭进行，其中 1 人可以邀请其他普通法适用地区的法官参加审判。香港特别行政区高等法院设上诉法庭和原讼法庭。香港特别行政区没有单独的检察机关，其检察职能属于律政司，因为在普通法系地区，律政司不属于司法机关，属于行政机关。

澳门特别行政区设立终审法院、中级法院、初级法院和行政法院。终审法院行使特别行政区终审权。初级法院可以根据需要设立若干专门法庭。行政法院是管辖行政诉讼和税务诉讼的法院。不服行政法院裁决，可以向中级法院上诉。澳门特别行政区检察院自成体系，独立行使法律赋予的检察职权。

司法机关和司法活动是特别行政区政治体制的组成部分，对特别行政区的安定和发展有重要作用。特别行政区的司法独立包含两个方面：①独立于特别行政区的行政机关和立法机关之外，其活动不受任何干涉。②独立于内地，不受内地任何部门包括各级司法机关的干预，我国宪法关于“最高人民法院监督地方各级人民法院和专门人民法院的审判工作”的规定，对特别行政区不适用。

**四、特别行政区的法律制度**

香港和澳门特别行政区成立以后，实行独立的法律制度。就其法律文件的层次而言，主要包括以下方面：

（一）特别行政区基本法

基本法是根据我国宪法，由全国人大制定的一部基本法律，它体现了国家的方针政策，反映了包括香港同胞和澳门同胞在内的全国人民的意志和利益。虽然主要在特别行政区适用，但属于全国性法律，而非地方性法律。其地位仅低于宪法而高于其他法律规范性文件。在特别行政区法律体系中，基本法又处于最高的法律地位。任何其他法律都不得和基本法相抵触，为了维护基本法的权威性和稳定性，只有全国人民代表大会才能有权修改基本法。在基本法的解释权上，全国人民代表大会常务委员会享有立法解释权，同时它也授权特别行政区法院就其自治权范围内的事项进行司法解释。

（二）予以保留的原有法律

《香港基本法》第8条规定：“香港原有法律，即普通法、衡平法、条例、附属立法和习惯法，除同本法相抵触或经香港特别行政区的立法机关作出修改者外，予以保留。”澳门基本法也作了类似规定。原有法律予以保留是必须具备一定条件的，即不与基本法相抵触，或者未经特别行政区的立法机关作出修改。总的来说，凡属于殖民统治性质或者带有殖民主义色彩、有损我国主权的法律，都应废止或者修改。基本法对如何处理与其相抵触的原有法律有明文规定。如《香港基本法》第160条规定：“香港特别行政区成立时，香港原有法律除由全国人民代表大会常务委员会宣布为同本法相抵触者外，采用为香港特别行政区法律，如以后发现有的法律与本法抵触，可依照本法规定的程序修改或停止生效。在香港原有法律下有效的文件、证件、契约和权利义务，在不抵触本法的前提下继续有效，受香港特别行政区的承认和保护。”

（三）特别行政区立法机关制定的法律

特别行政区享有立法权，除有关国防、外交和其他按照基本法的有关规定不属于特别行政区自治范围的法律之外，立法会可以制定任何其有权制定的法律，包括民法、刑法、诉讼法、商法等法律。只要特别行政区立法机关制定的法律符合基本法中关于中央管理的事务和中央与特别行政区关系的条款，符合法定程序，就可以在特别行政区生效适用。否则，全国人大常委会在征询特别行政区基本法委员会意见后，可将有关法律发回，但不作修改。经全国人大常委会发回的法律立即失效。

（四）适用于特别行政区的全国性法律

根据《香港基本法》附件三和《澳门基本法》附件三的规定，以及全国人民代表大会常务委员会通过的有关增减基本法附件三的决定，在特别行政区实施的全国性法律是：《关于中华人民共和国国都、纪年、国歌、国旗的决议》；《关于中华人民共和国国庆日的决议》；《中华人民共和国政府关于领海的声明》；《中华人民共和国国籍法》；《中华人民共和国外交特权与豁免条例》；《中华人民共和国领事特权与豁免条例》；《中华人民共和国国旗法》；《中华人民共和国国徽法》；《中华人民共和国领海及毗连区法》；《中华人民共和国香港特别行政区驻军法》或《中华人民共和国澳门特别行政区驻军法》。

此外，在特定情况下，即如果全国人民代表大会常务委员会决定宣布战争状态或因特别行政区内发生特别行政区政府不能控制的危及国家统一或安全的动乱而决定特别行政区进入紧急状态，中央人民政府可发布命令将有关全国性法律在特别行政区实施。

（五）适用于特别行政区的国际条约

大致可分为两类：一类是特别行政区成立前就已在香港或者澳门适用而在特别行政区成立后经转换仍在香港或者澳门适用的国际条约；另一类是特别行政区成立后才开始在香港或者澳门适用的国际条约。

**[导入案例分析]**

导入案例 5－5 中的立法会行使的是监督权。立法会有权对政府的工作提出质询，政府应负责答复。体现了香港特别行政区立法对行政的制约。

## 实务训练题

在香港回归祖国前后，“无证儿童”问题引起港人的关注。所谓“无证儿童”，是指未持有合法在港居留证明而又身在香港，由香港永久性居民与其内地的配偶所生的子女。由于港人在内地娶妻后婚生子女人数众多，在向内地有关部门申请移居香港的单程证后，一般要等上数年才能赴港定居。因而不少港人便安排他们的子女自内地偷渡至香港，这就出现了“无证儿童”的问题。

香港终审法院在 1999 年 1 月 29 日作出了关于港人在内地所生子女居港权的

震撼性判决：

1.《1997年入境（修订）条例》规定“无证儿童”须取得单程证的限制有违《香港基本法》，港人在内地所生子女，无需持有单程证，只需取得入境事务处发出的居港权证明书，便可享受居港权。

2. 香港特别行政区在1997年7月9日通过的须持有居留权证明书才可在港居留的规定并不违反《香港基本法》，但有追溯力的规定是无效的，即1997年7月9日以前来港的“无证儿童”，只要符合《香港基本法》所列的永久性居民身份定义，无需申请居留权证明书，便可即时享有居港权。

3. 非婚生子女与婚生子女享有同等居港权。

4. 出生时父母都不是香港永久性居民的“无证儿童”，只要父或母成为香港永久性居民，他们便享有居港权。

全国人民代表大会常务委员会于1999年6月26日对《基本法》进行了解释：

1.《香港基本法》第22条第4款“关于中国其他地区的人进入香港特别行政区须办理批准手续”的规定，是指各省、自治区、直辖市的人，包括香港永久性居民在内地所生的中国籍子女，不论以何种事由要求进入香港特别行政区，均须依照国家有关法律、行政法规的规定，向其所在地区的有关机关申请办理批准手续，并须持有有关机关制发的有效证件方能进入香港特别行政区。

2.《香港基本法》第24条第2款规定，香港特别行政区永久性居民为：①在香港特别行政区成立以前或以后在香港出生的中国公民；②在香港特别行政区成立以前或以后在香港通常居住连续7年以上的中国公民；③第①、②两项所列居民在香港以外所生的中国籍子女。其中第3项关于“第①、②两项所列居民在香港以外所生的中国籍子女”的规定，是指无论本人是在香港特别行政区成立以前或以后出生，在其出生时，其父母双方或一方须是符合《香港基本法》第24条第2款第1项或第2项规定条件的人。

案例讨论：

1. 如何看待《香港基本法》的解释权问题？

2. 立法解释权是否会妨碍香港特别行政区法院的终审权？

**案例点评：**

1. 在我国的法律解释制度中，全国人大常委会行使法律解释权。全国人大常委会有权对《香港基本法》进行立法解释，香港特别行政区法院有权在适用过程中对自治范围内的基本法条款自行解释，对其他条款在一定条件下也可解释。这是符合“一国两制”的基本精神的。它既维系了我国法律体系在总体上的一致性与完整性，又充分照顾了香港作为普通法地区的传统，从而使两种原来不同的法律制度能够和谐地结合起来。

2. 全国人大常委会的立法解释权不会妨碍香港特别行政区法院的终审权。因为：①全国人大常委会对《香港基本法》的解释权没有追溯既往的效力。因此，香港法院的终局判决是可以得到维持的。②全国人大常委会对《香港基本法》拥有的解释权与特别行政区法院在自治范围内拥有的终审权是两个不同的概念，两个不同的“权”，不应该将两个概念混为一谈，也不能把两者对立起来。[1]

## 延伸阅读

《中国的民族政策与各民族共同繁荣发展》白皮书。

## 思考题

1. 我国采用单一制国家结构形式的原因是什么？
2. 我国宪法对行政区划的规定有哪些？
3. 简述民族自治机关的组成及其特点。
4. 简述中央与特别行政区的关系。

---

〔1〕 韩大元、李元起主编：《宪法》，中国人民大学出版社 2011 年版，第 111 页。

第六章

# 经济制度

## 学习目标与工作任务

要求通过本章的学习，了解经济制度的概念、现阶段我国特殊的经济制度、分配制度，掌握我国现存的几种经济形式和它们各自的特点、地位，以及国家对待它们的政策。本章需重点掌握的是我国现行宪法对土地问题的规定和对公民私有财产权的保护，并学会运用相关知识分析实际案例或事件。

## 第一节 经济制度概述

### 导入案例

**6－1 重庆和上海试征房产税**

为了进一步抑制房价、调整房地产市场秩序，2011 年，继 1 月 26 日出台“新国八条”楼市调控政策后，备受关注的房产税改革试点正式启动。1 月 27 日晚间，作为国家首批个人住房房产税改革试点的城市，重庆和上海几乎同时宣布，1 月 28 日起试点征收房产税。关于具体的征收范围及税率，重庆制定了《重庆市人民政府关于进行对部分个人住房征收房产税改革试点的暂行办法》，而上海则制定了《上海市开展对部分个人住房征收房产税试点的暂行办法》，两个“暂行办法”规定的依据均是“国务院第 136 次常务会议有关精神”。这两项政策的出台，立即引发了社会的广泛关注和争议。支持方认为：重庆和上海制定的“暂行办法”本质上属于地方规章，其立法根据是 1986 年国务院依据全国人大常委会的授权制定的《房产税暂行条例》；虽然全国人大常委会 2009 年 6 月 27 日废止了对国务院的该项授权，但授权产生的结果并没有废止，这一条例至今有效；根据该条例，作为被授权机关的国务院将税收立法权授予省、自治区、直辖市人民政府，是所谓“转授权”。而反对方认为：房产税改革试点经不起合宪性的拷问，它缺乏法律依据和理论基础，违反了“税收法定主义”这一宪法性原则，是对公民私有财产权的侵犯，进而触犯了宪法的尊严。

阅读上述材料时可参考《中华人民共和国宪法》第5条、第13条、第56条、第58条、第62条、第67条，以及宪法性法律《立法法》第8条、第9条和第10条。

问：宪法性规范关于经济制度的制定主体是如何规定的?

## 一、经济制度概说

经济制度是指一国通过宪法和法律所确认和调整的，以一定的生产资料所有制形式为核心的各种基本经济关系的规则、原则和政策的总和。

经济制度具体包括以下几方面内容：生产资料所有制形式；社会产品分配形式；劳动力与生产资料的结合形式；国家对各种经济成分的基本政策与管理国民经济的原则、方式、方法等。其中生产资料所有制是由国家性质决定的，是经济制度中的决定性因素，决定着经济制度的性质。

经济制度与经济基础有着密切的联系，但并不是同一个概念。经济基础是一定社会占统治地位的生产关系的总和，经济基础构成了经济制度的核心内容。但经济制度除了经济基础的内容外，还包括其他方面的内容，如国家对各种经济成分的基本政策，以及管理国民经济的原则、方式、方法等。经济制度一旦表现为宪法规范或法律规范，便进入社会上层建筑体系之中。宪法学所研究的经济制度正是作为上层建筑体系中制度范畴之一的经济制度，而不是作为社会生产关系总和的经济基础。

经济制度是国家宪法的基本内容。宪法对于经济制度的规定，具有两个方面的作用：首先，通过确认生产资料所有制的性质与形式、经济体制以及分配方式，反映客观的经济基础。其次，通过保障公民的经济权利与自由，授予并制约政府调控经济的权力，调整经济关系，协调经济活动。

**[导入案例分析]**

导入案例6-1中，房产税的开征主要涉及的是税收制度的问题，而税收制度作为经济制度的重要组成部分，宪法性规范《立法法》也对其制定主体作出了一定的制约。根据《立法法》第8条第8项规定，“基本经济制度以及财政、税收、海关、金融和外贸的基本制度”只能制定法律。第9条规定，本法第8条规定的事项尚未制定法律的，全国人大及其常委会有权授权国务院对其中部分事项先行制定行政法规。第10条规定，授权应当明确授权的目的、范围，被授权机关不得转授权给其他机关。基于上述宪法性规范规定，国务院授权重庆和上海试征房产税的行为，一方面超越了全国人大及其常委会的授权范围，另一方面这种转授权行为也是违宪的。因此，如要在全国推广向公民征收房产税，必须要得到全国人大及其常委会的明确授权。宪法性规范正是通过这种授权和制约，达到保障公民经济权利和自由的目的。

近代意义的宪法产生以来，经济制度便成为宪法必不可少的内容，各国宪法都有关于经济制度的规定，但不同性质的宪法，对于经济制度规定的形式是不同的。一般来说，资本主义国家宪法对于经济制度的规定通常采用比较隐蔽的形式，而社会主义国家宪法对于经济制度的规定则往往采用公开的形式。当然，从目前的情况来看，随着经济立宪发展趋势的扩大，各国宪法，包括资本主义国家宪法对经济制度的规定，也日益公开化、具体化。据统计，各国宪法中涉及"经济组织"、"经济体制"、"经济结构"、"经济制度"、"经济秩序"、"经济政策"等内容的就有84部，涉及公共利益或一般利益的有96部，涉及对知识产权保护的有118部。而包括中国在内的亚洲国家的宪法对于有关经济制度的问题尤其重视。正如有学者指出的那样，亚洲国家立宪主义最基本的功能在于促进经济的发展，即在经济领域中以宪法特有功能创造财富，逐步消灭贫困，经济问题已出现宪法化趋势。我国现行宪法颁布以后的四次修改，主要内容也都是有关经济制度方面的。

**二、现阶段我国经济制度的特点**

我国现阶段经济制度包括社会主义公有制经济和非公有制经济两种形式。社会主义公有制经济包括全民所有制经济和集体所有制经济，非公有制经济包括个体经济、私营经济和外资经济。经济制度的特点根源于其赖以建立的经济基础，不同类型的国家的经济制度有本质的区别。即使是同一类型的国家或者同一国家，由于在不同的时期所实行的经济体制和基本经济政策不同，其经济制度也是呈现出不同的特点而具有鲜明的时代特色。

我国的现行宪法经过四次修正后，对经济制度的规定更加符合我国社会主义初级阶段的生产关系的实际情况，具有浓厚的社会主义初级阶段的中国特色，其特征具体表现在以下几个方面：

（一）现行宪法通过规定国家的根本任务，确立了我国社会主义初级阶段经济制度的目的

2004年《宪法修正案》第18条指出，我国将长期处于社会主义初级阶段。国家的根本任务是，沿着中国特色社会主义道路，集中力量进行社会主义现代化建设。经济建设在整个社会主义现代化建设中起着关键的作用，它是通过经济制度的调整和经济体制的运行得以开展和实现的。因此，保证社会主义经济建设的顺利进行，促进经济持续、快速、协调的有序发展，是我国现阶段经济制度的主要目的。

（二）现行宪法确立了以社会主义公有制为主体、多种所有制并存的所有制结构

我国是社会主义国家，社会主义制度是我国的根本制度。现行《宪法》第6条明确规定，生产资料的社会主义公有制包括全民所有制和劳动群众集体所有制，是我国社会主义经济制度的基础。从而确立了生产资料的社会主义公有制在经济制度的所有制结构中的主体地位。由于我国处于社会主义初级阶段，生产力发展水平还比较低，非社会主义的生产关系在一定范围内仍有存在的合理性和必要性。为此，1999年《宪法修正案》第14条规定，国家在社会主义初级阶段，坚持公有制为主体、多种所有制经济共同发展的基本经济制度。第16条规定，在法律规定范围内的个体经济、私营经济等非公有制经济，是社会主义市场经济的重要组成部分。宪法的上述规定，确认了非公有制经济形式的应有地位，从而构成了具有中国特色的以公有制为主体、多种所有制并存的所有制结构。

（三）现行宪法确立了以按劳分配为主体、多种分配方式并存的分配制度

分配制度作为社会经济制度的一个重要方面，是由生产资料所有制的性质决定的。我国现阶段实行以按劳分配为主体、多种分配方式并存的分配制度，是由我国社会主义初级阶段以公有制为主体、多种所有制经济并存的所有制结构决定的。

现行《宪法》第6条第2款明确规定："社会主义公有制消灭人剥削人的制度，实行各尽所能、按劳分配的原则。"而1999年《宪法修正案》第14条也明确规定，国家在社会主义初级阶段，坚持公有制为主体、多种所有制经济共同发展的基本经济制度，坚持按劳分配为主体、多种分配方式并存的分配制度。所谓按劳分配，就是对于劳动者创造的社会总产品，在扣除生产过程中需要的部分和公共消费的部分之后，作为个人消费品，根据每个劳动者提供的劳动数量和质量进行分配，实行多劳多得、少劳少得的原则。实行按劳分配是公有制经济的特征之一，公有制经济在国家经济中的地位决定了按劳分配在我国分配制度中的主体地位。由于我国现阶段还存在非公有制的经济形式，还有非公有制经济与公有制经济的经济交往，因而不可避免地存在与这些经济形式和经济交往相联系的一些非按劳分配的分配方式，这些分配方式主要有各种风险收入、机会收入、利息收入和股份收入等方式。总之，与以公有制为主体、多种所有制经济共同发展的基本经济制度相适应，我国在社会主义初级阶段实行以按劳分配为主体、多种分配方式并存的分配制度，这是适合中国国情的。

（四）建立和完善社会主义市场经济体制是现阶段我国经济制度的重要任务

经济体制即国家的经济管理体制。计划经济体制和市场经济体制是两种对立的经济体制。在计划经济体制下，国家通过计划来配置社会资源，企业的经

营管理必须按照国家下达的计划来进行。而在市场经济体制下，国家通过价格、税收、利率等经济杠杆来调动市场，由市场来配置社会资源，企业的生产和经营活动由企业根据市场的需求自行决定。

计划经济是由行政命令推动、用政府管制加以约束的高度稳定的经济秩序，但它缺乏应有的活力。与此相反，市场经济是以经济主体自身利益为动力，用法律制度约束的充满活力的经济体制。在市场机制的引导下，各个企业和个人为增加自身利润与福利所进行的努力，在很大程度上能够自发地促进整个经济的增长。在宪法保护财产权与契约自由、限制国家权力干预经济的制度刺激下，西方各国早期商品经济获得了迅速发展，正如马克思、恩格斯在《共产党宣言》中指出的那样，“资产阶级在它不到一百年的阶级统治中所创造的生产力，比过去一切世代创造的全部生产力还要多，还要大。”

在新中国成立后相当长的时期内，由于当时主观和客观条件的限制，我国一直实行计划经济。1982 年《宪法》第 15 条第 1 款规定：“国家在社会主义公有制基础上实行计划经济。国家通过经济计划的综合平衡和市场调节的辅助作用，保证国民经济按比例地协调发展。”这一规定虽然没有完全排除市场因素在社会主义经济建设中的作用，但仍然坚持公有制必须实行计划经济的观念。随着生产力的发展和经济体制改革的不断深入，人们突破了把计划经济当作社会主义制度的基本特征的传统观念，认识到了市场本身不存在姓“资”姓“社”的问题，社会主义公有制并不排斥市场经济，而是兼容的。资本主义经济可以有计划，社会主义经济也可以有市场，市场与计划不是资本主义与社会主义的本质区别。市场经济是经济分工与协作的产物，作为一种经济形式，是生产社会化与现代化不可逾越的阶段。在社会主义条件下建立市场经济体制是我国商品经济发展的必然要求。因此，1993 年《宪法修正案》第 7 条对 1982 年宪法的前述规定进行了修改，规定，国家实行社会主义市场经济。

当然，实行社会主义市场经济，并不等于完全排斥国家管理，国家仍要发挥、并应依法发挥其在管理经济方面的宏观调控作用。为此，现行《宪法》第 15 条规定，国家加强经济立法，完善宏观调控。国家依法禁止任何组织或者个人扰乱社会经济秩序。

## 三、我国社会主义经济建设的目的、方针和途径

经济建设是社会主义现代化建设的中心内容，宪法作为国家的根本大法，对我国社会主义经济建设的目的、方针和途径作了原则性的规定。

### （一）社会主义经济建设的目的

现阶段，我国社会的主要矛盾仍然是人民日益增长的物质和文化需要同落后的社会生产力之间的矛盾。因此，现行《宪法》第 14 条第 3 款规定：“国家合

理安排积累和消费，兼顾国家、集体和个人的利益，在发展生产的基础上，逐步改善人民的物质生活和文化生活。”这一规定表明，我国社会主义经济建设的目的是为了改善全国各族人民的物质生活和文化生活水平。

随着生产力的发展和社会财富的增加，必须不断改善人民群众的物质和文化生活条件，而不能片面强调发展生产和扩大积累。我们必须注重满足人民的生活需要，否则就会挫伤人民群众进行经济建设的积极性，使生产的发展受到影响。另外也应认识到，我国现阶段由于社会生产力不够发达，社会财富积累不充分，所以人民物质文化生活水平的提高需要一个逐步实现的过程。我国是一个人口众多、资源有限、资金积累不充分的发展中国家，不能超越生产力发展和财富增长的实际，提出过高的消费要求，否则就会破坏经济发展的基础，最终损害广大人民的长远利益和根本利益。

（二）社会主义经济建设的基本方针

关于如何实现我国社会主义经济建设的目的，现行《宪法》第 14 条第 1 款也作了相应的原则性规定：“国家通过提高劳动者的积极性和技术水平，推广先进的科学技术，完善经济管理体制和企业经营管理制度，实行各种形式的社会主义责任制，改进劳动组织，以不断提高劳动生产率和经济效益，发展社会生产力。”这一规定表明，坚持以经济建设为中心，解放和发展生产力是我国社会主义经济建设必须坚持的基本方针。只有坚持这一基本方针，才能有效地逐步解决好我国现阶段人民日益增长的物质文化需要同落后的社会生产力之间的矛盾，才能保障我国社会主义现代化建设的顺利发展。

（三）社会主义经济建设的途径

按照现行宪法的规定，概括来说，实现社会主义经济建设目的的途径主要包括：

1. 提高劳动者的积极性和技术水平。为了提高劳动者的积极性，宪法规定国家通过各种手段加强劳动保护和改善劳动条件，并在发展生产力的基础上提高劳动报酬和福利待遇等。为了保证劳动者提高技术水平，宪法对劳动就业训练和发展教育事业等也作了明确规定。

2. 推广先进的科学技术。科学技术是第一生产力，是提高劳动生产率和经济效益的决定性因素之一，关系着我国社会主义现代化建设的进程，因此，要尽力采用和推广先进的科学技术，并在世界高科技领域中争取应有的位置。

3. 完善经济管理体制和企业经营管理制度，实行各种形式的社会主义责任制，改进劳动组织。1993 年《宪法修正案》第 8 条、第 9 条分别赋予了国有企业和集体经济组织的经营管理自主权，并明确规定了国有企业的民主管理体制。另外，国家还先后颁布了一系列法律、法规，以保证完善经济管理体制，以及实现企业的自主经营和现代化管理。

## 第二节 社会主义公有制经济

**导入案例**

**6-2 乌坎事件**

乌坎是广东省汕尾陆丰市东海镇的一个行政村。村委会几年来在当地村民毫不知情的情况下，将3200亩土地陆续卖给开发商，共计款项达7亿多元，发放给村民的只有每亩500元。村民察觉后屡次上访，毫无结果，听闻最后仅存的一块土地又将卖给开发商，村民们开始寻求其他途径希望引起政府相关部门重视。事件开始于2011年9月21日，历时三个月，从村民集会发展到游行示威，终于在12月迎来转机，广东省委副书记和数名厅级干部组成的工作组进驻乌坎并于28日对乌坎村第五届村委会换届选举作出整体无效认定，宣布原村党支部主要负责人涉嫌违纪正接受组织调查。2012年1月乌坎民选代表开始配合工作组落实相关问题的解决方案。

问：根据现行宪法，我国关于土地的所有权、使用权和征收征用制度是如何规定的?

### 一、公有制经济的建立

社会主义公有制经济是由社会全体劳动者或社会部分劳动者共同占有生产资料并实现按劳分配的经济形式，它包括全民所有制经济和劳动群众集体所有制经济两种。我国社会主义公有制经济不可能在私有制经济内部和平地、自发地产生，而只能以人民革命的胜利和人民民主专政国家政权的建立为前提条件，主要通过“剥夺剥削者”建立起来。同时我国也曾经广泛采用自愿交换和自发组织的方式，赎买民族资本主义工商业，改造个体经济，来建立和发展社会主义公有制经济。

具体地说，我国社会主义公有制经济，主要是通过以下方式建立起来的：

（一）取消帝国主义在华经济特权，没收官僚资本

新中国成立前，我国是一个半封建半殖民地国家，依靠帝国主义在华特权扶持起来的外国资本和依靠国民党政府势力建立起来的官僚买办资本，控制和垄断了中国的经济命脉。新中国成立后，国家废除了一切不平等条约，取消了帝国主义在华特权，收回了被帝国主义长期把持的海关，实行了对外贸易管制，帝国主义在华企业先后通过各种方式转变为国有资产。根据《共同纲领》“没收官僚资本归人民的国家所有”的规定，国家没收了以蒋、宋、孔、陈四大家族

为代表的官僚资本，使之转归国家所有。

（二）通过赎买方式，对民族资本主义工商业进行社会主义改造

所谓赎买方式，就是采用国家资本主义的形式改造民族资本主义工商业。中国的民族资本主义工商业不同于官僚资本，具有两重性：一方面它代表着中国生产力的发展水平，与帝国主义、封建主义和官僚资本主义存在着矛盾和斗争；另一方面，它又与这些势力有着千丝万缕的联系，具有软弱性和落后性。根据这种情况，国家对民族资本主义工商业实行了利用、限制和改造的长期赎买政策。到1956年底，基本上完成了对民族资本主义工商业的社会主义改造。

（三）改造个体经济，建立社会主义集体经济

改造个体经济主要是针对农村农民个体经济和城乡手工业个体经济的改造，改造的方式就是走合作化的道路。在农村，合作化依次经过了互助组、初级农业生产合作社和高级农业生产合作社三个阶段。在城乡手工业的改造方面，依次经过了工业供销小组、手工业供销合作社和手工业生产合作社几个阶段。到1956年底，基本完成了农业和手工业生产的合作化，建立了城乡社会主义集体经济。

## 二、国有经济

（一）国有经济的概念和范围

国有经济，即社会主义全民所有制经济，是由社会主义国家代表全体人民占有生产资料，并实行按劳分配的一种经济形式。其主要特点是：全体社会劳动成员共同占有生产资料，在全社会的范围内实现劳动者和生产资料的结合，任何单个的或部分的劳动者都不能直接拥有这种生产资料；人与人的关系是平等的，并实行民主管理和按劳分配。

在计划经济体制下，国家不仅代表人民占有生产资料，而且直接组织生产经营。因此，全民所有制经济过去也就是国营经济。1993年《宪法修正案》将原来宪法文本中的“国营经济”改为“国有经济”，这一修改将“国家经营”与“国家所有”分离开来，适应了我国经济体制从计划经济向社会主义市场经济转变的需要。

根据现行宪法的规定，我国国有经济的范围主要包括：

1. 矿藏、水流、森林、山岭、草原、荒地、滩涂等自然资源，都属于国家所有，即全民所有；由法律规定属于集体所有的森林和山岭、草原、荒地、滩涂除外。

2. 城市的土地属于国家所有。农村和城市郊区的土地，由法律规定属于国家所有的，也属于国家所有。

3. 银行、邮电、铁路、公路、航空、海运等方面的国有企业、事业单位及

其设施，也属于国家所有。

(二) 国有经济的法律地位

1993 年《宪法修正案》第 5 条规定:“国有经济，即社会主义全民所有制经济，是国民经济中的主导力量。国家保障国有经济的巩固和发展。”

国有经济在我国国民经济中占有主导地位。它控制着国民经济的命脉，有助于国家通过强大的经济实力，实现对国民经济的宏观调控，保证国民经济平稳、持续和协调地发展。这不仅能保证国有经济根据全社会的利益进行有效运行，而且能为社会创造大量的物质财富，由于国有经济控制着国民经济中的支柱性产业，影响和制约着其他经济形式的发展。因此，国有经济在国民经济中的主导力量使其成为我国政权的重要物质基础。

**三、集体经济**

集体经济，即城乡劳动群众集体所有制经济，它是指部分劳动群众共同占有生产资料，劳动者与生产资料在该集体范围内结合，并实行按劳分配的一种经济形式。《宪法》第 8 条第 3 款明确规定：“国家保护城乡集体经济组织的合法的权利和利益，鼓励、指导和帮助集体经济的发展。”集体经济是社会主义公有制经济，它与国有经济的不同之处主要在于：其生产资料分别属于各个不同集体单位的劳动者，生产资料与劳动者的结合仅局限于该集体单位内部。集体经济主要包括农村集体经济和城镇集体经济两种形式。

1999 年《宪法修正案》第 15 条规定：“农村集体经济组织实行家庭承包经营为基础、统分结合的双层经营体制。农村中的生产、供销、信用、消费等各种形式的合作经济，是社会主义劳动群众集体所有制经济。参加农村集体经济组织的劳动者，有权在法律规定的范围内经营自留地、自留山、家庭副业和饲养自留畜。”在经营机制方面，农村集体经济组织实行家庭承包经营为基础、统分结合的双层经营体制。这种双层经营体制，是指以承包为纽带，家庭为基础，实行统分经营相结合的经营管理制度。应该注意的是，家庭经济在农村具有双重性。作为承包户，它是集体经济组织的一种形式；作为对自留地、自留山、家庭副业的经营者和自留畜的饲养者，它又具有劳动者个体经济的性质，是对农村集体经济的补充。

现行《宪法》第 8 条第 2 款明确规定：“城镇中的手工业、工业、建筑业、运输业、商业、服务业等行业的各种形式的合作经济，都是社会主义劳动群众集体所有制经济。”改革开放前，由于片面强调“一大二公”，1975 年宪法和 1978 年宪法都把农村经济与集体经济等同起来，没有关于城镇集体经济的规定。现行宪法第一次明确了城镇集体经济在社会主义公有制经济中的地位和作用，使之成为公有制经济的重要组成部分。城镇集体经济体现了共同富裕的原则，可以广泛吸收分散的社会资金，缓解就业压力，增加公共积累和国家税收。繁荣集体经济对于保持公有制经济的主体地位具有重要意义。

**四、宪法关于土地问题的规定**

1982年《宪法》对土地的规定主要有以下内容：①确认了土地公有制的两种形式，即“城市的土地属于国家所有”，“农村和城市郊区的土地，除由法律规定属于国家所有的以外，属于集体所有；宅基地和自留地、自留山，也属于集体所有”。②规定了土地使用的基本原则，即“国家为了公共利益的需要，可以依照法律规定对土地实行征用”，“任何组织或者个人不得侵占、买卖、出租或者以其他形式非法转让土地”，“一切使用土地的组织和个人必须合理地利用土地”。这些规定为保护土地的所有权、合理使用土地奠定了宪法基础，也为制定和完善土地管理法等相关法律、法规提供了宪法依据。

随着商品经济的发展和经济体制改革的进一步深入，社会和经济发展对土地的使用需求日益增加，1982年宪法关于土地问题的规定已不能适应客观需要，一定程度上影响了对土地的合理使用，制约了经济的发展。1988年第七届全国人大一次会议通过的《宪法修正案》第2条对宪法第10条第4款作了修改，规定“任何组织或者个人不得侵占、买卖或者以其他形式非法转让土地。土地的使用权可以依照法律的规定转让”。这一修正是对我国基本土地制度的重大发展和完善，在土地公有制的基础上确认了土地所有权与使用权的分离，并为土地使用权的合法转让提供了宪法依据，使土地的使用制度符合了经济发展的客观要求，具有重要意义。

2004年第十届全国人大二次会议通过的《宪法修正案》第20条对宪法第10条第3款作了修改，规定“国家为了公共利益的需要，可以依照法律规定对土地实行征收或者征用并给予补偿”。这一修正进一步完善了宪法对土地问题的规定，有助于保护土地所有者和使用者的合法权益。

**［导入案例分析］**

导入案例6－2反映了我国土地征收过程中的诸多问题。该事件的直接原因在于农民集体所有的土地被非法征收、转让、买卖，且农民未得到合理补偿，由此产生了土地利益冲突。《宪法》规定，国家为了公共利益，可以对土地进行征收或者征用并给予补偿。但是，乌坎村委会却出于非公共利益的目的在村民不知情的情况下将村集体土地卖给了开发商，这一行为本身就是违法甚至违宪的。乌坎村集体土地出让后的收益，以及集体土地合作入股所产生的收益，并未在集体村民之间进行合理的分配，这一行为也违背了宪法所规定的农村集体土地归农民集体所有这一宪法的基本原则。

## 第三节 非公有制经济

**导入案例**

**6-3 富士康员工跳楼事件**

富士康科技集团是台资民营企业，拥有百余万员工及全球顶尖客户群，是全球最大的电子产业科技制造服务商。2012年跃居《财富》全球500强第43位。然而，2010年1月23日~5月26日短短的5个月时间，富士康竟发生了12起员工跳楼事件，造成10死2重伤，引起社会各界乃至全球的关注。2010年5月26日晚间，针对富士康员工跳楼自杀事件，深圳市相关部门发挥职能作用，以各种方式支持和指导企业应对员工频繁坠楼问题：①加强安保防范。深圳市公安局和保安分局对富士康的企业保安进行指导培训，并派出300名保安大队的正规保安来支援企业管理。②加强心理疏导。深圳市卫生部门派出一批心理医生进驻富士康，加强企业对员工的心理辅导和心理咨询力度。深圳市的妇联、共青团及文化体育部门还协助企业在园区内开展多项文化和体育活动，缓解年轻员工的工作压力和紧张情绪。③加强劳动监察。深圳市劳动保障部门对富士康员工劳动合同、工资收入、加班时间、劳动强度等情况进行了重点监察。④加大公共设施建设。将在富士康园区内部和周边规划和建设一批必要的文化设施，改善公共设施，增加公共服务，让员工在劳动之余感到快乐，不要因为问题和挫折就选择轻生。

问：富士康事件发生后，深圳市各相关部门发挥各自职能作用，积极应对，体现了宪法关于非公有制经济的什么政策？

### 一、非公有制经济的主要形式

（一）个体经济

个体经济，是指城乡劳动者个人占有少量的生产资料，并以自己的劳动或其家庭成员的劳动为基础的一种自负盈亏的经济形式。个体经济主要包括城乡个体手工业、农副产品加工业、零售商业、餐饮业、修理业、运输业和其他服务行业。个体经济除个人及其家庭经营外，也可以雇请一两个帮工或者带三五个学徒。

个体经济是一种十分古老的经济形式，它的小型、分散、多样、灵活的特点使之具有很强的适应性，不仅为生产力水平低下的社会所必需，并且即使在生产力高度发达的国家，仍不失其存在的价值。在我国，个体经济的存在和发展，对于增加就业，满足人民群众多方面的物质文化生活需要，具有积极意义；个体经济参与市场竞争，能够促进国有企业和集体企业改善经营管理，提高产品与服务质量；发展城乡劳动者个体经济，可以繁荣市场、积累社会财富，促进国民经济健康发展。因此，在我国经济生活中，个体经济具有不可替代的作用。

（二）私营经济

私营经济是一种私人占有一定规模的生产资料，使用雇佣劳动，自负盈亏的经济形式。私营经济是劳动者个体经济发展的产物，个体劳动者在市场竞争过程中，通过发展生产、扩大经营规模，就形成了私营经济，因此，私营经济的存在从某种意义上讲具有客观必然性。

中共十一届三中全会以后，在改革、开放、搞活的经济方针指导下，个体工商户、农村专业户和家庭手工业不断发展，形成较大投资和经营规模，雇工人数较多，从而衍化形成私营经济。到20世纪80年代后期，私营经济作为一种经济形式，在我国国民经济中已占有一定的地位。现在私营经济的发展规模越来越快，特别是东部沿海地区，私营经济已经成为地方财政、税收的一个主要来源。与个体经济相比，私营经济具有相对较为雄厚的资金积累，便于采用现代企业管理制度，经营规模和经济实力已不容忽视。私营经济以雇佣劳动为基础，以追求利润为目的，具有改善生产条件、优化生产要素结构、创新经营管理体制、扩大经营规模的强烈要求，对于促进社会生产力发展和市场经济体制完善、改善人民生活和扩大就业等方面都具有不可忽视的作用。

（三）三资经济

现行《宪法》第18条规定，中华人民共和国允许外国的企业和其他经济组织或者个人依照中华人民共和国法律的规定在中国投资，同中国的企业或者其他经济组织进行各种形式的经济合作。在中国境内的外国企业和其他外国经济组织以及中外合资经营的企业，都必须遵守中华人民共和国的法律。它们的合法的权利和利益受中华人民共和国法律的保护。

根据我国有关法律的规定和外商在中国的情况，中外合资经济、中外合作经济和外商独资经济是外商投资经济的三种形式。中外合资经济是指由中国的企业或者其他经济组织与外商共同投资，共同经营，按照注册资本的比例分配利润和承担风险的一种经济形式。中外合作经济是由中国的企业或者其他经济组织与外商合作，由我方提供土地使用权、劳务、厂房和其他设施，由外商提供资金、技术、设备和原材料，合作兴办企业，双方的责任、权利义务、收益分配根据协议由合同加以规定的一种经济形式。外商独资经济是外商根据我国法律的规定，投资经营，产品自销，自负盈亏的一种经济形式。

三资经济是对外开放政策的产物，有利于我国吸引外资，弥补建设资金的不足；同时也有利于引进科学技术、设备和先进的管理方法，提高我国的技术水平和经营管理水平。

## 二、非公有制经济的法律地位

1999年《宪法修正案》第16条规定，在法律规定范围内的个体经济、私营经济等非公有制经济，是社会主义市场经济的重要组成部分。2004年《宪法修正案》第21条进一步明确规定："国家保护个体经济、私营经济等非公有制经济的合法的权利和利益。国家鼓励、支持和引导非公有制经济的发展，并对非公有制经济依法实行监督和管理。"

**[导入案例分析]**

导入案例6-3中，富士康事件发生后，深圳市各相关部门发挥各自职能作用，积极应对，妥善处理，体现了国家对私营经济的鼓励、支持、引导、监督和管理。

以社会主义公有制经济为主体的多种经济形式并存的经济结构，是我国现阶段经济制度的重要特点。我国现阶段生产力发展水平还不高，经济布局还存在一些不合理的地方，资金、科学技术和管理经验仍需进一步引进，非公有制经济作为我国社会主义市场经济的重要组成部分，它们在一定范围内的存在和发展具有客观的合理性和必然性。实践证明，宪法规定多种经济形式存在和发展是正确的，它极大地促进了我国经济的发展。

## 实务训练题

### 宅基地

党的十八届三中全会审议通过了《中共中央关于全面深化改革若干重大问题的决定》。《决定》提出，保障农民宅基地用益物权，改革完善农村宅基地制度，慎重稳妥推进农民住房财产权抵押、担保、转让。

问：宪法和土地管理法关于宅基地的所有权和使用权是如何规定的？《决定》内容是否意味着小产权房可以自由流转？

## 延伸阅读

### 舒城采矿权出让合同纠纷案

2003年10月，安徽省舒城县国土资源局（以下简称国土局）发布舒城县上里河园艺场砂矿采矿权挂牌出让公告和竞买须知。同年11月10日，安徽省路通运输有限公司（以下简称路通公司）向国土局递交了采矿权竞买承诺书及授权书，申请参与竞买。同月11日，路通公司以1350万元报价竞得该宗砂矿采矿权，并与国土局签订了《采矿权挂牌出让成交确认书》。国土局在本案所涉砂矿采矿权挂牌出让公告及其与路通公司共同签署的《采矿权挂牌出让成交确认书》

中均载明，本次出让的砂矿采矿权，可采资源量为 130 万吨。之后，该公司就出让公告中税收、储量等四个问题致函县政府，县政府于同月 18 日以舒政秘(2003) 111 号文明确保证路通公司 130 万吨黄砂的开采量。同月 20 日，国土局(甲方）与路通公司（乙方）签订了一份《采矿权出让合同》。约定出让标的物是舒城县上七里河园艺场内 130 万吨储量的砂矿采矿权。

路通公司投产后不久，发现耕作层厚度远大于合同表明的 0.5 米，可采砂含量也小于出让合同所表明的 90% 以上，遂向县政府反映。2006 年 6 月 5 日，路通公司认为上七里河园砂矿资源已竭尽，停止开采。由安徽省舒城县砂石有限责任公司出具证明，路通公司共计开采黄砂为 547 210 吨。为此路通公司认为，本宗矿产出让储量与实际储量差额巨大，且土层厚度、水分、泥土、砾石的含量均超过了合同的约定，县政府、国土局的行为严重违约已给路通公司造成重大损失。

2007 年 8 月 6 日，路通公司经与县政府、国土局协商未果，遂以县政府、国土局构成违约为由，向六安市中级人民法院提起诉讼，请求判令：县政府、国土局履行合同依约补足可采量，并承担由此给其造成的损失；如县政府、国土局不能履行合同，应赔偿路通公司补足可采量损失 8 840 297 元和可得利益损失10 765 677 元。

原审法院查明，上七里河园艺场砂矿现已进行了护坡工程改造，路通公司要求双方继续履行合同已经不可能，判决解除了路通公司与国土局所签订的采矿权出让合同。原审法院认为，在合同履行过程中，国土局颁发的采矿许可证与所签订的合同约定采矿范围不一致，且均达不到合同规定及县政府承诺的 130 万吨黄砂可采储量，已构成违约，故路通公司诉请县政府、国土局承担赔偿损失之请求部分成立，应予以支持，由此造成的经济损失县政府、国土局应予赔偿。判令县政府及国土局赔偿路通公司直接损失 559.89 万元。

路通公司、县政府和国土局均不服原审法院上述民事判决，向安徽省高院提起上诉。2009 年 3 月 12 日，安徽省高院作出终审判决，部分维护了一审判决，判令县政府、国土局于判决生效之日起 15 日内赔偿路通公司直接经济损失8 840 297元。

## 思考题

1. 什么是经济制度?
2. 现阶段我国经济制度的特点有哪些?
3. 我国社会主义经济建设的目的、方针和途径分别是什么?
4. 现行宪法规定了哪几种经济形式? 它们的性质、地位和国家政策如何?
5. 我国宪法是如何规定土地问题的?

第七章

# 社会主义精神文明建设

**学习目标与工作任务**

通过本章的学习，要求学生明确我国社会主义精神文明建设的指导思想和根本任务，掌握社会主义精神文明建设的内容，理解物质文明、政治文明和精神文明之间的含义。培养学生的辩证思维能力和分析归纳能力，教育学生学好科学文化知识，加强自身的思想道德修养，从而使我国精神文明建设和整个社会协调发展。

## 第一节 社会主义精神文明建设概述

**导入案例**

**7－1**

2011年7月2日下午1点半，在杭州滨江区的一住宅小区，一个2岁女童突然从10楼坠落，在楼下的吴菊萍奋不顾身地冲过去用双手接住了孩子，目前小女孩已经好转，救人女业主吴菊萍手臂骨折，受伤较重，被网友称为“最美妈妈”。2011年9月20日，在第三届全国道德模范评选中吴菊萍荣获全国见义勇为模范称号。

问：“最美妈妈”的行为体现了我国精神文明建设中哪一内容？它对我国形成和谐的社会风气有什么意义？

### 一、精神文明的含义

文明是相对蒙昧、野蛮而言的一种社会发展与进步的状态。就内容而言，文明包括物质文明、政治文明和精神文明三个方面。物质文明指的是人类社会改造客观世界所获得的物质成果，表现为物质生产的进步和物质生活的改善。政治文明指的是以民主为核心，包含自由、平等、正义、法治等思想、制度和行为的形成及其进步状态。精神文明是人类社会在改造客观世界的同时对自己主观世界改造所获得的精神成果，一般表现为教育的发达、科学的进步和思想道德观念的提高。精神文明总是带着阶级烙印，统治阶级或者领导阶级在一国精神文明建设中必然起着主导作用，体现了一国的阶级本质。

我国社会主义精神文明是阶级社会最高类型的一种精神文明，是具有中国特色社会主义的重要组成部分。它是以马列主义、毛泽东思想、邓小平理论和“三个代表”重要思想为指导，建立在社会主义公有制基础之上的，由人民大众创造、为人民大众服务的精神文明。社会主义精神文明建设就是在物质文明的建设过程中，通过理想教育、道德教育、文化教育、纪律和法制教育以及其他有关的途径和形式，提高全民族思想道德素质，并发展社会主义事业。

## 二、我国社会主义精神文明建设的指导思想和奋斗目标

在改革开放和发展社会主义市场经济的新形势下建设社会主义精神文明，是一项艰巨的开创性事业。确立并坚持正确的指导思想和指导方针，对推进社会主义精神文明建设至关重要。

### （一）精神文明建设的指导思想

加强社会主义精神文明建设是一项重大的战略任务。我国社会主义精神文明建设的指导思想是：以马列主义、毛泽东思想、邓小平理论和“三个代表”重要思想为指导，坚持党的基本路线和基本方针，加强思想道德建设，发展教育科学文化。以科学的理论武装人，以正确的舆论引导人，以高尚的精神塑造人，以优秀的作品鼓舞人，团结和动员各族人民把我国建设成为富强、民主、文明的社会主义现代化国家。这也是我国精神文明建设的总要求。

### （二）社会主义精神文明建设的根本任务

社会主义精神文明建设的根本任务，是适应社会主义现代化建设的需要，培育有理想、有道德、有文化、有纪律的社会主义公民，提高整个中华民族的思想道德素质和科学文化素质。在社会主义条件下，努力改善全体公民的素质，必将使社会劳动生产率不断提高，使整个社会的面貌发生深刻变化。从根本上说，精神文明建设是培养人的，它的成果体现在人的素质的提高和全面发展上。因此，精神文明建设的根本任务就是要提高全体人民的思想道德修养和科学文化水平。具体说来，就是要培育有理想、有道德、有文化、有纪律的社会主义公民。“四有”标准的提出，使社会主义精神文明建设的根本任务和总目标更加具体和清晰。

**［导入案例分析］**

导入案例7－1中，“最美妈妈”的行为反映了我国精神文明建设的总要求。它充分展示了乐于助人、见义勇为的社会主义道德风尚，生动反映出普通市民

平凡而又伟大的精神境界，同时也彰显了真善美的感人力量。这正是我国加强思想道德建设，以科学的理论武装人，以正确的舆论引导人，以高尚的精神塑造人的结果。“最美妈妈”的故事对我们树立和谐的社会风气、提高全体人民的思想道德修养，推进社会主义核心价值体系教育，具有十分重要的现实意义和长远的历史意义。

（三）社会主义精神文明建设的主要目标

1. 在全民族牢固树立建设中国特色社会主义的共同理想，牢固树立坚持党的基本路线不动摇的坚定信念。

2. 实现以思想道德修养、科学教育水平、民主法治观念为主要内容的公民素质的显著提高，实现以积极健康、丰富多彩、服务人民为主要要求的文明生活质量的显著提高，实现以社会风气、公共秩序、生活环境为主要标志的城乡文明程度的显著提高。

3. 在全国范围形成物质文明、政治文明和精神文明建设协调发展的良好局面。

## 第二节 社会主义精神文明建设的内容

**导入案例**

**7－2**

2014年1月10日召开的国家最高科学技术奖励大会上，张存浩、程开甲两位科学家获得2013年国家最高科学技术奖。国家最高科学技术奖自2000年设立以来，以其权威性和500万元人民币的奖金引起海内外的极大关注。此前，李振声、叶笃正、吴孟超、刘东生、王永志、吴文俊、袁隆平、王选、黄昆、金怡濂、闵恩泽、吴征镒、王小谟和郑哲敏十几位科学家已荣膺这一奖项。

问：给科学家颁奖体现我国正在积极推进什么战略？实施这一战略的意义是什么？

我国社会主义精神文明建设包括教育科学文化建设和思想道德建设两个方面，我国宪法明确规定了这两个方面的主要内容。

### 一、教育科学文化建设

教育科学文化建设是指教育、科学、文化、新闻出版、卫生体育、保护历史文化遗产等各项文化事业的发展和人民群众知识水平的提高。它作为社会主义精神文明建设的一个主要方面，是建设中国特色的社会主义现代化事业的重要内容，是进行物质文明、政治文明和精神文明建设的重要条件，它解决的是整个民族的科学文化素质和现代化建设的智力支持问题。

我国《宪法修正案》指出，我国将长期处于社会主义初级阶段。国家的根本任务是，沿着中国特色社会主义道路，集中力量进行社会主义现代化建设。我国各族人民的奋斗目标是，逐步实现工业、农业、国防和科学技术的现代化，把我国建设成富强、民主、文明的社会主义国家。如果没有教育科学文化建设，人们就不能掌握现代化科学技术和进行科学管理，也就谈不上工业、农业、国防和科学技术的现代化。要把我国建设成为富强、民主、文明的社会主义现代化国家，离开教育科学文化的发展，便一事无成。因此，《宪法》根据我国现代化建设的需要和我国的实际情况，在第19条、第20条、第21条和第22条分别对教育科学文化建设作出了规定。

（一）发展社会主义教育事业

社会主义教育事业是实现社会主义现代化建设的基础。江泽民在党的十五大报告中进一步指出："发展教育和科学，是文化建设的基础工程。培养同现代化要求相适应的数以亿计高素质的劳动者和数以千万计的专门人才，发挥我国巨大人力资源的优势，关系21世纪社会主义事业的全局。"百年大计，教育为本，进行四个现代化，科技是关键，教育是基础，是今后我国国民经济发展的战略重点。为此我国《宪法》第19条从以下几个方面对我国的教育制度作了规定：

1. 国家发展社会主义的教育事业，提高全国人民的科学文化水平。社会主义教育事业关系到我国社会主义现代化建设的成败和中华民族的兴亡。发展教育事业是国家的一项基本教育政策，也是我国教育制度的目的。

2. 国家举办各种学校，普及初等义务教育，发展中等教育、职业教育和高等教育，并且发展学前教育。这表明，我国的教育中，学校是专门的教育机构，要举办从事不同层次教育的学校。根据国家有关政策的规定，发展教育事业重点是普及义务教育，它是基础教育，积极发展职业教育和成人教育，适度发展高等教育，优化教育结构。为此，国家先后制定了《教育法》、《义务教育法》、《教师法》等法律、法规，系统地规定了教育领域的基本问题。

3. 国家发展各种教育设施，扫除文盲，对工人、农民、国家工作人员和其他劳动者进行政治、文化、科学、技术、业务的教育，鼓励自学成才。这表明国家在教育方面所负的义务和目的，同时由于国家的教育经费毕竟有限，因而也鼓励自学成才；此外我国教育制度还十分重视对劳动者进行全方位的综合教育。

4. 国家鼓励集体经济组织、国家企业事业组织和其他社会力量依照法律规定举办各种教育事业。这里说的是社会办学问题，要求发挥社会各界的积极性，多出人才，以满足社会各方面的需要。

5. 国家推广全国通用的普通话。尽管中国汉族居民几千年来使用书面语言维系着共同的传统，但由于我国汉族居民方言众多，同时还有55个少数民族，因此，国家推广使用全国通用的普通话，全国人民能用同一种语言、语音进行交流，这是文明的一个标志。

宪法的这些规定，详细地说明了国家在教育事业方面的方针、政策、范围、措施、途径等是明确、完整和具体的。

（二）发展社会主义科学事业

科学包括自然科学和社会科学两大类。科学技术是第一生产力，是提高劳动生产率的决定性因素。在当今，科学技术正在更大的范围以更快的速度转化为生产力。对于发展生产力，巩固和发展社会主义制度，推动历史的前进和人类的全面发展具有极其重要的意义。因此，《宪法》第20条规定："国家发展自然科学和社会科学事业，普及科学和技术知识，奖励科学研究成果和技术发明创造。"这表明，发展自然科学和发展社会科学在我国科技制度中处于同等重要的位置，是我国科技制度的基本要求。奖励科学研究成果和技术发明创造，普及科学和技术知识，是国家科技制度的重要内容，也是推动科学技术发展的重要途径。随着科教兴国战略和可持续发展战略的确立，科学技术作为第一生产力的作用越来越突出，进一步加强科技制度建设，对国家和社会具有重要意义。

**[导入案例分析]**

导入案例7-2体现了我国正在推行人才强国战略。人才强国战略的制定和实施，是从当代世界和中国深刻变化着的实际出发，根据党和国家事业发展的迫切要求而作出的重大决策。人才强国战略作为一项国家的重大战略，有着丰富而深刻的科学内涵，对于我国科学文化事业的发展，提高整个民族的科学文化素质具有巨大的推动作用。

（三）发展卫生和体育事业

卫生事业和体育事业的发展水平，是国家和社会文明进步程度的标志之一。发展卫生、体育事业，提高人民的健康水平，使他们在学习、工作、劳动和社会生活中发挥聪明才智，对加速我国社会主义现代化建设事业的发展有着极为重要的意义。《宪法》第21条第1款规定："国家发展医疗卫生事业，发展现代医药和我国传统医药，鼓励和支持农村集体经济组织、国家企业事业组织和街道组织举办各种医疗卫生设施，开展群众性的卫生活动，保护人民健康。"这就要求国家和社会共同发展卫生保健事业，在经济发展的基础上，在城市逐步改善人民的居住条件，整治环境卫生，增加公共卫生设施，发展社区保健等项目的服务；在乡村主要是健全合作医疗制度，改善人畜饮水条件，做好计划免疫和妇幼保健工作等。这里所说的合作医疗制度，起源于20世纪70年代的集体所有制企业，后来又扩展到其他合作制的经济组织中。其中合作医疗制度还包含了建立社会保障制度的含义，这同2004年《宪法修正案》规定的“国家建立健全同经济发展水平相适应的社会保障制度”精神一致。

体育制度也是我国精神文明建设的组成部分。《宪法》第21条第2款规定：“国家发展体育事业，开展群众性的体育活动，增强人民体质。”这是我国关于体育问题的基本国策，是体育制度的重要内容。

（四）发展文学艺术和其他文化事业

发展文学艺术和其他文化事业，是培养人们健康情趣，提高人们精神素质的重要手段，也是精神文明建设的重要内容。《宪法》第22条明确规定：“国家发展为人民服务、为社会主义服务的文学艺术事业、新闻广播电视事业、出版发行事业、图书馆博物馆文化馆和其他文化事业，开展群众性的文化活动。国家保护名胜古迹、珍贵文物和其他重要历史文化遗产。”上述第1款说明了我国发展文化事业的原则是为人民服务和为社会主义服务。另外，发展新闻出版发行等各项事业，注意规范新闻出版业的舆论导向问题，能够为经济建设的平稳发展创造一种既安定又活泼的法制环境。第2款则体现了国家重视对名胜古迹、珍贵文物和其他重要历史文化遗产的保护。我国是一个文明古国，文化遗产是增加民族自豪感、进行爱国主义教育最好的教材，也是世界文化的宝库，同时又是发展旅游业的基础之一。但是，新中国成立以来人为的破坏，已在一定程度上使我国失去了古国风貌，所以保护文物古迹便被写入了宪法。同时，在这两个方面，我国已颁布了许多法律、法规，如《出版管理法》、《文物保护法》等，以发展文学艺术和其他文化事业。

**二、思想道德建设**

思想道德建设是精神文明建设的灵魂，它决定着精神文明建设的性质和方向，对社会的政治经济发展有巨大的推动作用，并保证国家的各项事业沿着正确的方向发展。公民在思想道德方面的认识，关系到我国社会安定进步、国家和平兴盛。因此，我国《宪法》第24条规定：“国家通过普及理想教育、道德教育、文化教育、纪律和法制教育，通过在城乡不同范围的群众中制定和执行各种守则、公约，加强社会主义精神文明的建设。国家提倡爱祖国、爱人民、爱劳动、爱科学、爱社会主义的公德，在人民中进行爱国主义、集体主义和国际主义、共产主义的教育，进行辩证唯物主义和历史唯物主义的教育，反对资本主义的、封建主义的和其他的腐朽思想。”据此，社会主义思想道德建设的基本内容概括为以下四个方面：

（一）普及理想教育，实现共产主义的伟大目标

理想是人们的精神支柱，直接影响着人们的精神状态和思想境界。邓小平指出："我们一定要经常教育我们的人民，尤其是我们的青年，要有理想。"建立共产主义社会是共产党员和先进分子的最高理想，是他们的力量源泉与精神支柱。建设有中国特色的社会主义，把我国建设成为富强、民主、文明的社会主义现代化强国，这是现阶段全国各族人民的共同理想。这个共同理想，是从社会主义初级阶段这一基本国情出发的，它集中了我国工人、农民、知识分子和其他劳动者、爱国者的利益和期望，是保证全体人民在政治上、道义上、精神上一致，克服一切困难，争取胜利的强大思想武器。坚持用这个共同理想来动员和团结全体人民，其意义就在于从我国的实际出发，鼓励先进，照顾多数，把先进性的要求同广泛性的要求结合起来。一方面，我们现在建设和发展有中国特色的社会主义最终目的是实现共产主义，应当在全社会认真提倡社会主义、共产主义的思想道德。另一方面，要鼓励、支持一切有利于解放和发展社会生产力的思想道德，一切有利于国家统一、民族团结、社会进步的思想道德，一切有利于追求真善美、抵制假恶丑、弘扬正气的思想道德，团结和引导亿万人民积极向上，不断提高全民族的思想道德水平。

（二）普及道德教育，树立和发扬社会主义道德风尚

道德是调整人与人之间包括个人与集体、社会之间关系的重要行为规范。社会主义道德建设要以为人民服务为核心，以集体主义为原则，以爱祖国、爱人民、爱劳动、爱科学、爱社会主义为基本要求，大力倡导文明礼貌、助人为乐、爱护公物、保护环境、遵纪守法的社会公德，大力倡导爱岗敬业、诚实守信、办事公正、服务群众、贡献社会的职业道德，大力倡导尊老爱幼、男女平等、夫妻和睦、勤俭持家、邻里团结的家庭美德，在全社会形成团结互助、平等友爱、共同前进的人际关系。为人民服务是社会主义道德的集中体现，集体主义是社会主义道德的基本精神。在发展社会主义市场经济条件下，更要在全体人民中大力提倡为人民服务和集体主义精神，引导人民树立正确的世界观、人生观和价值观。

（三）要高度重视并积极开展爱国主义教育

爱国主义教育是提高全民族整体素质和加强社会主义精神文明建设的基础性工作，是引导人们树立正确理想、信念、人生观、价值观的共同基础。爱国主义历来是动员和鼓舞中国人民团结奋斗的一面旗帜，是推动我国社会历史前进的巨大力量，是全国各族人民共同的精神支柱，在维护祖国统一和民族团结、抵御外来侵略和推动社会进步中，发挥了重大作用。爱国主义是一个历史范畴，在社会发展的不同阶段、不同时期有不同的具体内容。在当代中国，爱国主义

和社会主义在本质上是统一的，建设有中国特色的社会主义是新时期爱国主义的主题。爱国主义主要表现为献身于建设和保卫社会主义现代化事业，献身于促进祖国统一的事业。邓小平指出："中国人民有自己的民族自尊心和自豪感，以热爱祖国、贡献全部力量建设社会主义祖国为最大光荣，以损害社会主义祖国利益、尊严和荣誉为最大耻辱。"这是对我国现阶段爱国主义特征最精辟的概括。在新的历史条件下，加强爱国主义教育，继承和发扬爱国主义传统，对于振奋民族精神，增强民族凝聚力，团结全国各族人民自力更生、艰苦创业，为建设有中国特色社会主义宏伟事业而奋斗，具有重要的现实意义和深远的历史意义。

（四）反对资本主义、封建主义和其他的腐朽思想

进行社会主义思想道德建设，不仅要积极继承和发扬世界各民族历史，包括我国几千年历史所留下的，一切优良美好的思想道德遗产，在内容和形式上积极创新，充分体现时代精神和创新精神，为我国社会主义现代化建设服务，而且还必须坚决地同资本主义的、封建主义的和其他的腐朽思想做斗争，这是保证人民民主专政的国家性质不被改变，社会主义现代化建设的大厦根基不被动摇的客观要求。在我国，由于经历了长时期的封建社会和半殖民地半封建社会的发展过程，社会上还存在一些腐蚀人们精神世界、危害社会主义事业的腐朽思想。加上三十多年的对外开放使得旧中国司空见惯的社会丑恶现象时有泛起，一些损公肥私、拜金主义、敲诈勒索、宗法观念、特权思想、男尊女卑等腐朽思想和腐败行为毒害着社会空气，腐蚀着人们的思想，同时也直接或间接地干扰和影响着国家经济建设的顺利进行，这是与社会主义思想道德建设要求不相符的，是法律和道德所严厉禁止的。因此，在新的历史条件下，要不断巩固马克思主义在意识形态领域的指导地位，弘扬和培养民族精神，深入进行党的基本理论、基本路线、基本纲领和"三个代表"重要思想的宣传教育，引导人们在遵守基本行为准则的基础上，追求更高的思想道德目标，把依法治国同以德治国结合起来，为社会保持良好的风尚，营造高尚的思想道德基础。在提倡优良思想道德的同时，还必须用法律手段、行政手段对有关的不良行为进行制止和惩处。

## 实务训练题

罗阳，辽宁沈阳人，沈阳飞机工业（集团）有限公司董事长、总经理。罗阳所在的沈飞集团是中国重要的歼击机研制生产基地，他本人也是飞机设计专家。2012 年 1 月，罗阳担任中国第一艘航空母舰舰载机歼 –15 研制现场总指挥。当时没有经验，也没有现成的关键技术可以借鉴，航空制造大国对技术的封锁，

逼着航空人只有自主创新一条路可以走。在航母上，罗阳坚持亲力亲为，与科研人员一起整理试验数据，观看每次起降过程，记录和分析飞机状态，出现身体不适，也没有中途下舰，甚至都没有去找医护人员检查。时间紧，任务重，重重考验摆在罗阳面前，可是他就有这么一股不服输、不懈怠的劲头。他曾说，外国人能干成的事情，中国人同样能干成，而且还能干得更好。2012 年 11 月 25 日上午，随中国首艘航母“辽宁舰”参与舰载机起降训练的罗阳，在大连执行任务时突发急性心肌梗死、心源性猝死，经抢救无效，于 12 时 48 分在工作岗位上殉职，年仅 51 岁。在生命的最后一个月里，他不知疲倦，劳心劳力，没有一刻休息，直至生命的最后一刻。

请结合社会主义精神文明建设的内容，对罗阳身上体现的精神进行分析和探讨。

## 延伸阅读

### 社会主义精神文明建设的提出和战略地位

早在改革开放之初，邓小平同志就明确指出：“我们要在建设高度物质文明的同时，提高全民族的科学文化水平，发展高尚的、丰富多彩的文化生活，建设高度的社会主义精神文明。”江泽民同志强调：“必须坚持物质文明与精神文明的共同进步。社会主义社会作为人类历史上崭新的社会形态，是以经济建设为重点的全面发展、全面进步的社会。经济、政治、文化协调发展，两个文明都搞好，才是有中国特色的社会主义。”胡锦涛同志 2005 年 4 月在山东考察工作时强调指出：要充分认识加强社会主义文化建设的战略意义，把坚持马克思主义在意识形态领域的指导地位和繁荣发展社会主义思想文化紧密结合起来，把发展教育科学文化事业和加强思想道德建设紧密结合起来，为改革开放和现代化建设提供精神动力和智力支持。这些重要论述阐述了社会主义精神文明建设的重要意义。

社会主义精神文明建设的战略地位：社会主义精神文明建设的全面展开，是社会主义建设的题中之义，是中国形势发生巨大变化的一个重要标志。全面改革和对外开放给社会主义事业带来强大活力，对精神文明建设是巨大的促进。随着社会主义商品经济的发展和社会主义民主政治的完善，人们的思想意识、精神状态发生深刻的变化，同时也对精神文明建设提出新的更高的要求。能不能适应这种要求，形成有利于社会主义现代化建设和全面改革的舆论力量、价值观念、文化条件和社会环境，有力地抵制资本主义和封建主义的腐朽思想，防止种种迷失方向的危险，振奋起全国各族人民的巨大热情和创造精神，用几代人的努力建设起社会主义现代化强国，这是一个历史性的重大考验。应当相信，有党的正确领导，有马克思主义的指引，有社会主义的基本经济制度和基本经济政策，有人民民主政权和社会主义法制，尤其是有广大人民对社会主义建设和改革的坚决拥护，只要在大力推进物质文明建设的同时不断加强社会主义精神文明建设，就一定能够达到实现社会主义现代化的目的。

总之，社会主义精神文明建设的战略地位，决定了它必须是推动社会主义现代化建设的精神文明建设，必须是促进全面改革和实行对外开放的精神文明建设，必须是坚持四项基本原则的精神文明建设。这就是社会主义精神文明建设的基本指导方针。

## 思考题

1. 我国社会主义精神文明建设的指导思想和根本任务是什么？
2. 我国社会主义精神文明建设的主要内容是什么？
3. 社会主义核心价值观的基本内容是什么？
4. 加强社会主义思想道德建设对促进社会和谐有哪些意义？

第八章

# 公民的基本权利和义务

**学习目标与工作任务**

保护人权是宪法的出发点和最终的归宿，以人权为基础形成的宪法权利是宪法教学的最重要内容。学习本章内容要求学生全面掌握公民的基本理论，充分了解我国宪法规定的公民基本权利和义务的内容与特点，强化权利意识和宪政民主观念。

## 第一节 公民的基本权利和义务概述

**导入案例**

**8－1**

中国公民李某为解决其子在加拿大读书定居问题，于2000年通过技术移民定居加拿大，居住满3年后向加拿大政府申请并取得该国国籍，领取了加拿大公民证及护照。2005年1月，李某回到中国，在福州某电力设备质量检测单位工作至今。期间，他一直使用中国护照出入中国、加拿大以及其他国家。因李某的中国护照于2008年7月到期，在申办延期手续时得知其中国国籍已被公安机关注销。李某认为，在自己未向公安机关提出申请的情况下，公安机关于2007年10月注销其中国国籍的行为违反了法律规定，侵犯其合法权益。请求法院判决撤销公安机关注销其中国国籍的行政行为。

问：公安机关是否可以注销李某的国籍？为什么？

### 一、公民及其相关概念

公民是一个法律概念，通常是指具有一国国籍，根据该国宪法和法律享有权利和承担义务的自然人（个人）。凡具有某国国籍的人就是某个国家的公民。

“公民”一词，在不同历史类型的国家有着不同的含义。在古希腊、古罗马国家，公民只是专指由奴隶主、自由职业和外来居民构成的少数市民，他们在政治上、经济上处于特权地位。在封建的君主制国家，隶属或臣服于君主的不同等级身份的人们，被称为臣民，没有公民的称谓。在我国，曾经有过国民的提法，与公民的含义基本等同，1949 年的《共同纲领》第 8 条规定了国民的基本义务，这是在公民意义上使用国民一词。1953 年我国第一部选举法颁布后，就将国民一词改为公民了。

公民和人民在我国宪法中都出现过，但是它们是两个不同的概念，两者有以下区别：①概念内涵不同。公民与国籍相关，是宪法权利和人权的直接主体，更具有宪法学的意义；人民是相对于敌人而言的，它是指以其存在和活动推动历史向前发展的那些社会阶层、阶级和社会集团，具有鲜明的阶级性和历史性。在我国现阶段，人民是指全体社会主义劳动者、社会主义事业的建设者、拥护社会主义的爱国者和拥护祖国统一的爱国者，因此它更具有政治学的意义。②概念外延不同。公民的外延大于人民的外延，公民的外延除了人民的成员外，还应包括被定性为罪犯、人民公敌的本国公民。③逻辑属性不同。公民表述的是自然人个人的非集合概念，表明了作为个体的公民在一国法律关系中的宪法和法律地位；人民表述的是自然人群体的集合概念，反映了当代社会国家权力的唯一源泉和归宿。④法律后果不同。公民中的人民，享有宪法和法律规定的一切权利并履行全部义务；公民中的敌人，则不能享有全部权利，也不能履行公民的某些光荣义务。

## 二、公民与国籍

### （一）国籍的概念

国籍是指一个人属于某个国家的一种法律上的身份。也就是说，国籍是确定自然人公民身份的唯一法律条件。一个人具有某国国籍就表明他（她）与该国具有固定的、经常的法律联系，是国家实行外交保护的法律依据。一个人一旦取得某一国的国籍后，就享有该国宪法和法律规定的权利，并承担相应的义务，在国际上，该国有权保护其合法权益。我国现行《宪法》第 33 条第 1 款规定：“凡具有中华人民共和国国籍的人都是中华人民共和国公民。”第 4 款规定：“任何公民享有宪法和法律规定的权利，同时必须履行宪法和法律规定的义务。”

### （二）国籍的取得

根据各国法律的规定，国籍的取得主要有两种基本形式：

1. 出生取得。即因当事人的出生事实而取得国籍，这种国籍也叫原始国籍、固有国籍，世界上大多数国家都采用原始国籍。对于因出生而取得国籍，各国的规定不尽相同，主要有三个原则：

（1）血统主义原则，即依当事人出生血统而决定国籍，无论其出生何地，都根据其父母的国籍而决定其国籍。

（2）出生地主义原则，即当事人依出生地而取得国籍，而不管其父母为哪国国籍。

（3）折中主义原则，即以血统主义为主，以出生地主义为辅；或者以出生地主义为主，以血统主义为辅；或者不分主次，将血统主义和出生地主义相结合。我国采用血统主义和出生地主义相结合的原则。

2. 继有取得。即基于当事人的申请或特定事实的出现而取得国籍，这种国籍也叫继有国籍。这种国籍的取得程序和条件由有关国家法定。一般而言，又分为：①依申请取得国籍基于当事人自愿；②依特定事实取得国籍，主要指因婚姻、收养，因侵略战争发生导致主权沦陷和领土转移，因全民公决导致领土分割或合并，因内乱或根据双边或多边条约造成国家解体或联合等，都会导致原领土上居民国籍的变更。

对出生国籍，我国《国籍法》规定，父母双方或一方为中国公民，本人出生在中国，具有中国国籍；父母双方或一方为中国公民，本人出生在外国，具有中国国籍，但父母双方或一方为中国公民并定居在外国，本人出生时即取得外国国籍的，不具有中国国籍；父母无国籍或国籍不明，定居在中国，本人出生在中国，具有中国国籍。

对继有国籍，我国《国籍法》规定，外国人或无国籍人申请加入中国国籍，必须具备两个前提即申请人自觉遵守中国的宪法和法律；申请人自愿。同时，申请还要符合下列条件：①是中国人的近亲属，即申请人的配偶、父母、子女、兄弟姊妹中有一人为中国公民；②定居在中国；③有其他正当理由，如为中国革命和建设作出过杰出贡献等。要取得中国国籍，申请人必须办理申请手续。此外，我国《国籍法》规定我国公民只能拥有一个国籍，即单一国籍原则，我国不承认双重或多重国籍。

受理国籍申请的机关，在国内为申请人所在地的县、市公安机关；在国外为中国外交代表机关和领事机关。县、市公安机关和中国外交代表机关和领事机关只是受理申请并审查申请人是否符合法律规定，最后审批权属于中华人民共和国公安部。经公安部批准，有关公安机关发给证书后，申请人就具有了中国国籍，成为中华人民共和国的公民。

**［导入案例分析］**

公安机关可以注销李某的国籍。根据《中华人民共和国国籍法》的规定，我国不承认公民具有双重国籍。公安机关经过对李某有关情况进行核实，认定李某持有双重国籍属实，根据《中华人民共和国国籍法》第9条的规定，定居外国的中国公民，自愿加入或取得外国国籍的，即自动丧失中国国籍。因此，公安机关注销李某的国籍（户口及居民身份证）行为符合法律规定。

## 三、公民的基本权利和义务的概念

### （一）公民权利

公民权利是指公民依照宪法和法律的规定，有从事一定行为和要求他人作出或不作出某种行为，以实现某种愿望或获得某些利益的可能性。它包含三方面的内容：首先，公民的权利必须是法定的。公民享有什么权利通常是由宪法和法律作出规定的，这样也就能得到国家的物质保证和法律保障。其次，权利是一种行为，包括作为和不作为，而且该行为同一定的权益有关。公民既可以自己去实施某种行为或不实施某种行为；也可以要求国家机关、社会团体、企事业组织或者其他公民去实施或不实施某种行为，从而使本人得到某种权益或实现某种愿望。另外，权利具有选择性，对于某项权利，公民可以行使，也可以放弃。公民行使或放弃自己的权利，或者选择以何种方式、条件去实现自己的权利，在法律允许的范围内，由公民自己决定。

### （二）公民义务

公民义务是指宪法和法律规定的，公民应该履行的对国家、社会和他人的某种责任。公民对义务的履行不得取舍，国家以强制力保障公民对国家、社会以及他人履行自己的义务。由于公民义务是法定的责任，是以强制力作为保障的。如果公民不履行义务，国家就要强制其履行，情节严重的还要追究法律责任。所以义务不具有选择性，国家宪法和法律规定的义务，公民必须履行。

### （三）公民的基本权利和义务

公民的权利和义务是多方面的，其范围和内容极其广泛。如果按照权利义务的重要性及其法律表现形式，可将公民权利义务分为两大类：基本权利义务和其他权利义务。作为国家根本大法的宪法只能把公民权利和义务中最基本、最重要的那部分作出原则规定，故称为基本权利和义务。

公民的基本权利，是指由宪法规定的，公民为实现自己必不可少的利益、主张或自由，从而为或不为某种行为的资格或可能性。公民的基本义务即宪法义务，是指由宪法规定的，为实现公共利益，公民必须为或不为某种行为的必要性。它是公民对他人、社会和国家的首要法律义务。

## 四、公民权与人权

### （一）人权的概念以及起源

公民的基本权利是由资产阶级最先以宪法的形式确认的。资产阶级把公民基本权利作为资产阶级宪法的核心内容，看作是其立宪制度的价值所在。

人权，起初是资产阶级为反对封建专制和宗教特权而提出的一个口号。在人类历史上，公民和政治权利的确是近代资产阶级第一次提出的人权概念。由于当时资产阶级提出人权口号的主要目的是反对王权、等级特权和神权，向封建专制夺权，所以，公民和政治权利就自然成为人权的核心。世界上第一个把人权提到纲领性文件和根本法地位的是1776年美国的《独立宣言》。1789年法国制宪会议通过了第一个直接以“人权”为名的《人权与公民权宣言》（即通称的《人权宣言》）。随着资产阶级革命的胜利，这些国家的宪法大都把人权作为公民权利加以确认。

随着当代世界联系性的日益加强，人权保护越来越受到国际社会的普遍关注、赞赏和支持。第一次世界大战后，通过凡尔赛条约、其他条约和国际联盟等，初步形成人权国际保障体制，人权原则得到承认。二战后，保护人权在国际法中有了更明确的地位，人权问题进入国际范围。联合国普遍促进人权和基本自由的努力，已成为各国共识。1948年联合国大会通过了《世界人权宣言》，重申“人皆生而自由；在尊严及权利上均各平等”，并规定个人自由和政治权利的内容，第一次确认经济、社会和文化权利是人权的重要内容。1966年联合国通过了《公民权利和政治权利国际公约》、《经济、社会及文化权利国际公约》，再次肯定了人权包含公民和政治权利与经济、社会和文化权利这两大类权利。1977年联合国通过了关于人权概念的决议案。指出，人权不仅是个人人权和基本自由，而且还包括民族和人民的权利和基本自由。1979年联合国人权委员会又通过了有关人权的新决议，强调国家主权、民族自决权、发展权和基本人权。这样人权内容已经发生了很大的变化，它从公民、政治权利扩大到社会生活的各个方面。

（二）人权与公民权的区别

人权与公民权两个概念涵义相近，多数场合下可以互相替代。但人权与公民权又是两个不同的概念。人权是“人们应当平等地享有的权利”。公民权是公民依法享有的人身、政治、经济、文化等方面的权利。二者的差异主要表现在以下几个方面：

1. 主体不完全相同。狭义的公民权的主体仅限于有本国国籍的公民；而人权的主体指的是自然人，除本国公民外，还包括在本国领域内的外国人和无国籍人；公民权的主体是单个人，而人权的主体既包括单个人，也包括集体、群体，如民族、国家、妇女、儿童等。

2. 属性不同。公民权仅有法律属性；而人权除了法律属性外，还有道德属性和政治属性。从每个人应当享有的权利的角度看，人权属于道德范畴即应有权利。从20世纪50年代起，以美国为首的西方国家将人权作为国际政治斗争的工具，干涉其他国家的内政，给人权涂上了浓重的政治色彩，因而人权具有了政治属性。

3. 表达方式的差异。公民权，一般各国都在宪法中明确规定；而人权，有的国家在宪法中有规定，有的国家并未在宪法中规定（目前将人权写入宪法的国家近40个）。当然，宪法中未规定人权的国家不等于没有人权，因为国际法也是人权法的重要渊源，凡是加入人权公约的国家都必须尊重和保障相关人权。

4. 实施和监督机制的差异。公民权的实现靠国内法保障，有执法司法机关的监督、社会监督、群众监督和舆论监督。人权的实现除了国内法和国内机关的保障外，还有国际法和国际人权组织的监督。如《公民权利和政治权利国际公约》的保障机制就包括报告制度、国家间指控制度和个人申诉制度。

## 第二节　我国公民的基本权利

**导入案例**

**8 -2　　首例QQ盗窃案**

2004年5月，曾智峰受聘入职深圳腾讯计算机有限公司，后被安排到公司安全中心负责系统监控工作。2005年3月初，曾智峰通过购买QQ号在网上与无业人员杨医男认识，两人合谋通过窃取他人QQ号出售获利。2005年3月至7月间，由杨医男将随机选定的他人的QQ号通过互联网发给曾智峰。曾私下破解了腾讯公司离职员工柳某的账号密码，利用该账号进入本公司的计算机后台系统，根据杨提供的QQ号查询该号码的密码保护资料，然后将查询到的资料发回给杨，由杨将QQ号密码保护的答案破解，并将QQ号的原密码更改后将QQ号出售给他人，造成用户无法使用原注册的QQ号。经查，两人共计修改密码并卖出QQ号约130个，获利61 650元，其中曾智峰分得39 100元，杨医男分得22 550元。广东省深圳市南山区法院对备受网民关注的国内首宗盗卖QQ号案作出一审判决，判处两名被告人曾智峰、杨医男拘役各6个月，并追缴两名被告人违法所得61 650元上缴国库。

问：本案被告人侵犯了公民的什么权利？其宪法依据是什么？

### 一、平等权

我国《宪法》第33条规定，中华人民共和国公民在法律面前一律平等。这是社会主义法制的基本原则，也是我国公民的一项基本权利，称为平等权。

在我国，新中国成立之初起临时宪法作用的《共同纲领》曾规定有民族平等和男女平等。1954年我国第一部《宪法》中明确规定："公民在法律上一律平等。"后来由于"左"的影响，法律平等权利被视为资产阶级的原则，抹杀了法的阶级性，从而受到批判，成为法学界的又一禁区。因此，1975 年及 1978 年的宪法取消了这一规定。1982 年宪法恢复了这一正确原则，公民的平等权重新成了公民应有的宪法权利。

在现代宪政国家中，平等权首先表现为法律面前人人平等原则。这已经被世界各国广泛接受，其具体内容有：

1. 公民不分民族、种族、性别、职业、家庭出身、宗教信仰、教育程度、财产状况、居住期限，都一律平等地享有宪法和法律规定的权利，同时平等地履行宪法和法律规定的义务。

2. 任何人的合法权益都一律平等地受到保护，对违法行为一律依法予以追究。

3. 在法律面前，不允许任何公民享有法律以外的特权，任何人不得强迫任何公民承担法律以外的义务，不得使公民受到法律以外的处罚。

目前有些人对于公民在法律面前一律平等的规定缺乏正确理解。比如有的人认为因为司法腐败和执法不公现象的存在，使得一部分人享有法外特权，影响司法公正，从而使公民适用法律的权利并不平等。另外行政执法人员缺乏平等观念，我们的某些执法人员为什么火气总是那么大，动不动就对行政相对人“诉诸武力”？究其根源，在于许多行政执法人员缺乏应有的平等观念。这些错误的认识误导了我们对“公民在法律面前一律平等”的正确认识。

1. “公民在法律面前一律平等”是指法律实施上的平等，而不是立法上的平等。有学者认为，它既是执法原则，又是立法原则，这是不正确的。因为法律是有阶级性的。我国的法律只能反映和体现工人阶级和广大人民的意志和利益，不能反映被统治阶级的意志和利益。所以人民同敌对势力和敌对分子在立法上是不能讲平等的。否则，我们的法律也就不能成为打击敌人，惩罚犯罪，保护人民的有力工具。然而，国家的法律颁布后，在贯彻执行当中，对所有公民都应当讲平等。因为只有严格依法办事，不论对什么人都一律平等对待，才能有效地维护法律的统一和尊严，才能维护人民的根本利益。所以“公民在法律面前一律平等”与法律的阶级性是一致的。

2. “公民在法律面前一律平等”并不是平均主义。公民的平等权是以法律为尺度的，按照法律的规定，人们在社会上处于同等的地位，在政治、经济、文化等各方面享有同等的权利。而平均主义则是要求取消一切差别，在各方面实行绝对均等的思想。它不仅同按劳分配的原则想抵触，而且是脱离社会发展规律的不切实际的空想。我们知道，按照法律规定去行使权利和履行义务就是平等。不应把这种平等权利错误地理解为不平等。比如，我国宪法和法律规定，不满 18 周岁的公民不享有选举权和被选举权。这并不说明符合法定年龄和不足法定年龄的公民之间存在着不平等，而是由于公民参与国家政治生活需要有一定的行为能力。可见，我们坚持“公民在法律面前一律平等”的原则，既不搞平均主义，又要反对特权。

3.“公民在法律面前一律平等”只是宪法和法律规定范围内的平等，还不完全是事实上的平等。在我国，男女之间、民族之间目前还存在着历史上遗留的事实上的不平等现象。要消除这种现象，光靠法律手段是不够的，当然法律手段是促进和保障国家事实上平等的不可缺少的重要手段。但要消除男女之间、民族之间事实上的不平等，其根本途径是发展社会生产力。只有大力发展经济文化建设事业，实现男女真正的平等，促进我国各民族的共同繁荣，才能彻底消除男女之间、民族之间经济文化发展的不平衡。

## 二、政治权利和自由

### （一）选举权与被选举权

选举权是指根据宪法和选举法的规定，公民具有在全国或所在行政区域内选举代议机关代表和国家机关公职人员的权利。被选举权就是根据宪法和法律的规定，公民有被选举为代议机关代表和国家机关公职人员的权利。我国《宪法》第34条规定：“中华人民共和国年满18周岁的公民，不分民族、种族、性别、职业、家庭出身、宗教信仰、教育程度、财产状况、居住期限，都有选举权和被选举权；但是依照法律被剥夺政治权利的人除外。”

选举权与被选举权是公民参加管理国家，实现当家做主的一项基本权利。在我国，反社会主义的敌对分子和被剥夺政治权利的严重刑事犯罪分子是不能享有选举权和被选举权的。因此，这项基本权利是划分人民和敌人的政治、法律分界线。体现了我国一切权力属于人民的根本性质，也是公民行使其他权利的基础。

### （二）言论、出版自由

1. 言论自由。言论自由是公民对于政治和社会的各项问题，有通过语言方式表达思想和见解的自由。公民可以通过口头、书面、著作及电影、戏剧、音乐、广播、电视等手段发表自己的意见。这是公民政治自由中最重要的一项权利，其他自由都是言论自由的具体化和扩大化。

言论自由在公民的各项政治自由中居于首要的地位。因为言论是公民表达思想和见解的基本形式，也是交流思想、传播信息的基本工具，它还是联结人民群众、形成人民意志的重要手段。所以，从某种意义上讲，一个国家言论自由的程度从一个侧面反映了这个国家的民主化程度。

从法理和立法的实践来看，任何自由都必须在法律的范围内行使，我国公民的言论自由也同样应该在法律规定的范围内行使。根据我国法律规定，公民在行使言论自由权利时，必须受到如下限制：①不得用言论进行反对政府或败坏社会公德，危害国家和社会安宁的宣传和煽动；②不得用言论进行诬告、陷害其他公民的活动；③不得用言论侮辱、诽谤、诋毁其他公民的人格尊严。

2. 出版自由。出版自由是公民以出版物形式表达其思想和见解的自由。出版自由是言论自由的一种表达形式。作为公民的一项基本权利，出版自由既是交流思想和见解的手段，也是进行思想教育和促进科学文化事业的一种手段。出版自由是现代法治国家民主制度的重要组成部分。和言论自由一样，出版自由也要按法律规定享有和行使。除了要遵守上述对行使言论自由的法律规定外，它还不得传播剥削阶级的腐朽思想，这对维护我国出版自由的纯洁性，是非常必要的。联合国颁布的一些重要的人权文件中也规定了对出版自由的限制性要求：①出版物不得有妨害私人安全、名誉、信用或秘密的记载，违者犯罪；②凡报纸记载的涉及私人名誉、信用或安全者，该报对于当事人便负有登载答复函件的义务，这种义务便构成当事人的答复权；③出版物不得恶意诽谤政府或企图颠覆现政府的存在等等。

由于出版物印刷品发行量大，流传范围广，影响深远，所以世界各国都很重视公民的出版自由，并且建立起相应的管理制度。其管理措施包括：①预防制，这是一种事前干预的办法；②追惩制，这是发现违法事后予以法律追究的办法。现今英、美等许多国家大都采取追惩制。我国现在实行的是预防制和追惩制相结合的办法。

（三）结社、集会、游行、示威自由

1. 结社自由。结社自由是公民为一定宗旨，依照法定程序组织或参加具有持续性的社会团体的自由。公民的结社因目的不同，可以分为两种：一种是以营利为目的的结社。如商业结社中的公司、集团、中心等。此种结社通常由民法、商法、公司法等来调整。还有一种是非营利目的的结社，其中又分为政治性结社（如组织政党、政治团体等）和非政治性结社（如组织学术、慈善、文化艺术等团体）。各国的法律通常对政治性结社予以严格限制。

结社自由是社会生活和民主生活不可缺少的部分，是社会生活走向民主化的标志。在我国，凡符合宪法和法律的规定，并履行一定法律程序而组成的社会团体，都受到国家的保护。现在我国除了中国共产党外，还有八个民主党派以及工会、青年团、妇女联合会等各种社会团体，不仅如此，为了繁荣科学和文化艺术，我国还有各种学会等学术团体。我国法律既保护人民享有结社自由，又禁止和取缔不法分子假借非法组织从事破坏活动。

2. 集会、游行、示威自由。集会自由是指公民为了共同的目的，临时聚集在一定的场所，发表意见、表达意愿的自由。集会自由是言论自由的延伸和扩展，通过集会可以扩大言论的影响，在集会时，经过讨论可使有关问题深刻化、条理化，从而能够更好地实现言论自由所要达到的目的。

集会和结社，两者都是多数人集聚在一起讨论问题或表达意愿的活动。但两者的不同之处是，集会是临时性的聚焦，而结社则是长期的、持续性的结合，并且具有固定的组织、章程和制度。

游行自由是指公民有在公共道路、露天公共场所列队行进、表达共同意愿的自由。

示威自由是指公民有在露天公共场所或者公共道路上以集会、游行、静坐等方式，表达要求、抗议或者支持、声援等强烈意愿的自由。

集会、游行、示威自由都是公民表达其意愿的重要表现形式，直接反映了公民的宪法地位。三者不同之处是：表达意愿的程度、方式和方法有所差异。由于集会、游行、示威自由权利的行使，多发生在公共道路或露天场所，参加或观看的人数众多，情绪感染性强，对社会影响大，所以公民在行使这些自由权利时，既要符合法律规定的要求，又要注意不得损害国家的、集体的、社会的利益和其他公民的自由和权利。

### 三、宗教信仰自由

#### （一）宗教信仰自由的概念

宗教信仰自由是指公民依据内心的信念，自愿地信仰宗教和参加宗教活动的自由。它的具体内容包括：每个公民都有按照自己的意愿信仰宗教的自由，也有不信仰宗教的自由；有信仰这种宗教的自由，也有信仰那种宗教的自由；在同一宗教里，有信仰这个教派的自由，也有信仰那个教派的自由；有过去不信教而现在信教的自由，也有过去信教而现在不信教的自由；有按宗教信仰参加宗教仪式的自由，也有不参加宗教仪式的自由。我国《宪法》第36条规定，中华人民共和国公民有宗教信仰自由。任何国家机关、社会团体和个人不得强制公民信仰宗教或者不信仰宗教，不得歧视信仰宗教的公民和不信仰宗教的公民。这表明宗教信仰是公民自己的私事，由公民个人按自己的愿望自由选择。国家法律对信教和不信教的公民一视同仁，而且也不允许国家机关、社会团体或者个人干涉公民的宗教信仰自由。

#### （二）我国保护宗教信仰自由的原因

宗教是一种唯心主义的思想意识形态，就其本质来说，它是与马克思主义的世界观相对立的。我国宪法之所以保护宗教信仰自由是因为：

1. 宗教是人类社会一定历史阶段的必然现象，有它产生、发展、消亡的条件和过程。只要人们还有一些不能从思想上解释和解决的问题，就难以避免有宗教信仰现象。而且按照唯物论的观点，当社会还没有发展到使宗教赖以存在的历史条件完全消失的时候，宗教就会一直存在。因此，马克思主义者应从实际出发，实事求是地对待宗教问题。

2. 宗教信仰属于思想范畴问题，对待公民的思想认识的问题，只能采取民主的方法、说服教育的方法去解决，决不能强迫命令，粗暴压制。我们只能通过普及、提高公民的文化科学知识，宣传马克思主义科学的世界观，不断提高公民的文化水平和思想觉悟，才能使人们从宗教的影响和束缚下逐步解放出来。

3. 宗教具有长期性、群众性、民族性和国际性的特点。我国的宗教历史悠久，佛教已有2000年的历史，道教有1700年的历史，伊斯兰教有1300多年的历史。天主教与基督教则主要是鸦片战争以后发展起来的。在我国，信仰宗教的群众在总人口中所占的比例不大，但绝对数字不小，其中信仰伊斯兰教的有2800多万人，信仰天主教的有600多万人，信仰基督教的有2300多万人，佛教和道教在我国群众中更有相当大的影响。因此，保护宗教信仰自由有利于团结全国各地区、各民族、各行各业的信教群众，积极为社会主义现代化建设努力奋斗。

我国是多民族的国家，有些民族是整体信奉某一宗教的，信仰伊斯兰教的有回族、维吾尔族、哈萨克族等十多个民族，约有1000多万人。佛教（包括喇嘛教）在蒙、藏、傣族等少数民族中几乎是全民族信仰的宗教。正确的宗教政策有利于民族团结和社会安定。如果强行取缔宗教，会伤害民族感情，不利于共同建设社会主义。

同时，宗教具有国际性的特点，宗教在世界各地也有广泛的社会影响。全世界约有30亿人信仰宗教，占世界总人口的60%到70%。现在，不少西方国家以所谓人权问题攻击我国，宗教问题就是他们的一个借口，因此采取正确的宗教政策是非常必要的。宗教问题还涉及我国与其他友好邻邦的关系，我们的邻邦有不少国家是信奉某种宗教为国教的，在目前情况下，宗教的存在与发展有利于国家之间的文化交流和友好往来。

（三）我国的宗教政策

1. 国家保护正常的宗教活动。我国《宪法》第36条第3款规定：“国家保护正常的宗教活动。任何人不得利用宗教进行破坏社会秩序、损害公民身体健康、妨碍国家教育制度的活动。”

正常的宗教活动，是指宗教活动应当在核准登记的宗教场所和经政府宗教事务部门认可的场合内进行。正常的宗教活动应当是公开的、有组织的活动，信教公民在正式开放的寺观教堂等宗教场所进行的礼拜、诵经、讲道、过宗教节日以及教徒在自己家中进行的修持念经、祷告等活动，都是受到国家法律保护的。一方面，任何人不应当到宗教场所进行无神论的宣传；另一方面，宗教组织和宗教信徒也不应当在宗教场所以外举行宗教仪式等宗教活动。

任何人都不得利用宗教干预国家的行政、司法、学校和社会公共教育，不得利用宗教进行妨碍义务教育实施的活动；不得利用宗教破坏社会秩序、危害公共安全；不得利用宗教损害公民的身体健康等。

另外，贯彻宗教信仰自由还必须划清正当的宗教活动与封建迷信活动的界限，正常的宗教活动有公开合法的组织，有正式的教义、教规和固定的活动仪式，而迷信活动则装神弄鬼、占卜、算命、招摇撞骗，损害人民健康甚至危害人民的生命。我国法律规定对这些违法犯罪行为必须予以制止和打击。

2. 独立办教原则。我国《宪法》第36条第4款规定："宗教团体和宗教事务不受外国势力的支配。"

在我国，全国性爱国宗教组织共有8个，即中国佛教协会、中国道教协会、中国伊斯兰教协会、中国天主教爱国会、中国天主教教务委员会、中国爱国主教团、中国基督教爱国运动委员会和中国基督教协会，此外还有若干宗教性社会团体和地方宗教组织。这些组织代表宗教教徒的合法权益，组织和带领着宗教教徒办好正常的宗教活动，办好教务。我国宗教事务由中国人自己来办，不受外国势力的干涉和控制，这成为我国各宗教共同遵循的一个原则。我国的宗教团体实行自治、自养、自传的方针，坚持独立自主自办的方针并不排斥在互相尊重、平等友好的基础上与世界各国宗教组织或宗教人士进行交往。对出于宗教感情的外来援助、捐赠等只要不附带干涉我国内部事务包括宗教事务的条件，宗教组织就可以接受。

中国政府坚决反对利用宗教狂热来分裂人民、分裂国家、破坏各民族之间团结的民族分裂主义，坚决反对利用宗教进行的非法活动和恐怖主义活动，坚决维护国家统一和社会稳定，保护信教群众正常的宗教活动。

## 四、人身自由

### （一）人身自由不受侵犯

人身自由是指公民的人身（包括精神和肉体）不受非法限制、剥夺、搜查、拘留和逮捕的权利。我国《宪法》第37条规定，中华人民共和国公民的人身自由不受侵犯。任何公民，非经人民检察院批准或者决定或者人民法院决定，并由公安机关执行，不受逮捕。因此，在我国公安机关要求逮捕犯罪嫌疑人、被告人时，除在特殊情况可以依照法律采取紧急措施先行拘留外，必须首先经过人民检察院批准或决定，或者人民法院决定。公安机关在执行逮捕时，必须向被逮捕人出示逮捕证。公安机关在逮捕后，除有碍侦查或者无法通知的情形外，应把逮捕的原因和羁押的处所，在24小时以内通知被逮捕人的家属或者其所在单位。

此外，我国《宪法》第37条第3款规定：“禁止非法拘禁和以其他方法非法剥夺或者限制公民的人身自由，禁止非法搜查公民的身体。”非法拘禁是指以拘押、禁闭或者其他强制方法，非法剥夺他人人身自由。以其他方法非法剥夺、限制公民的人身自由，是指以非法管制、拘役、徒刑以及非法讯问、非法跟踪盯梢等方法剥夺、限制公民的人身自由的行为。非法搜查公民的身体，是指司法机关违反法律规定的程序或者依法不享有搜查权的组织和个人，对公民的身体强行进行搜查。根据《刑事诉讼法》的规定，只有侦察人员在办理刑事案件中才可依其职权和法定程序对公民的身体进行搜查，而且搜查妇女身体必须由女性工作人员进行。国家机关工作人员利用职权实施的非法拘禁、刑讯逼供、报复陷害、非法搜查等侵犯公民人身权利的犯罪以及侵犯公民民主权利的犯罪，由人民检察院立案侦查。

（二）人格尊严不受侵犯

人格尊严是公民人身权利的重要组成部分，是对公民人身自由不受侵犯权利的补充和扩展。为了保障公民的人身自由权利，1982年《宪法》对此作了专条规定：“中华人民共和国公民的人格尊严不受侵犯。禁止用任何方法对公民进行侮辱、诽谤和诬告陷害。”这是我国宪法第一次写明保护公民的人格尊严的内容。

人格就是公民作为人所必须具有的资格。从法律上来讲，人格是指作为权利和义务主体的自主的资格。人格尊严是指与人身有密切联系的姓名、肖像、名誉、荣誉、隐私等不容侵犯的权利。其基本内容包括：

1. 公民享有姓名权。即公民有权决定、使用和依照法律规定改变自己的姓名，禁止他人干涉、盗用、假冒。

2. 公民享有肖像权。即公民有自主制作、占有和使用其肖像的权利。我国《民法通则》规定，未经公民许可，他人不得以营利为目的，非法侵犯他人的肖像权。

3. 公民享有名誉权。即公民要求社会和他人对自己的人格尊严给予尊重的权利。

4. 公民享有荣誉权。即公民因对社会有所贡献而得到的荣誉称号、奖章、奖品、奖金等，任何人不得非法剥夺。

5. 公民享有隐私权。隐私是公民个人生活中不想为外界所知的事，他人不得非法探听、传播公民的隐私。

保持自己的人格尊严，是公民在社会上享有人的地位的起码权利。人们只有在政治、经济等方面摆脱了受剥削、受压迫、受奴役的地位，才能谈到人格尊严不受侵犯的权利。

我国是人民当家做主的社会主义国家，人们之间的关系是建立在生产资料公有制基础之上的平等的、同志式的关系，人们互相爱护、互相尊重，这是我国公民享有人格尊严权利的客观基础。对于公民的人格尊严，不仅国家要保护它不受侵犯，而且公民自己也须努力培养高尚的品质和情操，自觉地尊重公民的人格，否则，公民的人格尊严就很难受到有效的保障。

（三）公民的住宅不受侵犯

公民的住宅不受侵犯是指任何机关、团体或者个人，非经法律许可，不得非法侵入或者非法搜查公民的住宅。我国《宪法》第39条规定："中华人民共和国公民的住宅不受侵犯。禁止非法搜查或者非法侵入公民的住宅。"公民的住宅不受侵犯是同公民的人身自由密切相连的一项基本权利。公民的住宅是公民日常生活、工作和休息的基地，保护公民住宅不受侵犯，就是保护公民居住安全，使公民生活安定，从而有利于公民的学习、工作和生产，有利于公民对子女的培养和教育，也有利于社会的安定团结。

根据我国有关法律规定，公安机关、检察机关为了收集犯罪证据、查获犯罪人，需要对公民的住宅进行搜查时，必须严格依照法律规定的程序进行。必须向被搜查人出示搜查证，且在搜查时，应有被搜查人或者他的家属、邻居或者其他人在场。搜查后，要将搜查的情况写成笔录，由侦查人员和被搜查人或者他的家属、邻居或者见证人签名盖章。除此以外，任何人都不得侵入、搜查或者查封公民的住宅。

为了保障公民的住宅不受侵犯，我国《刑法》还具体规定，非法搜查他人住宅，或者非法侵入他人住宅的，处3年以下有期徒刑或者拘役。上述这些规定，使公民的住宅受到更好的保护，公民的切身利益得到了有力的保障。

（四）公民的通信自由和通信秘密受法律保护

为此，《宪法》第40条规定："中华人民共和国公民的通信自由和通信秘密受法律的保护。除因国家安全或者追查刑事犯罪的需要，由公安机关或者检察机关依照法律规定的程序对通信进行检查外，任何组织或者个人不得以任何理由侵犯公民的通信自由和通信秘密。"同时我国《刑法》第252条具体规定："隐匿、毁弃或者非法开拆他人的信件，侵犯公民的通信自由权利，情节严重的，处1年以下有期徒刑或者拘役。"此外，邮电职工，如私拆或者隐匿、毁弃邮件、电报的，要依法以渎职罪论处。

但是在一定的条件下，我国公安机关和检察机关为了国家安全或追查刑事犯罪的需要，可以依法对公民的通信进行检查。我国《刑事诉讼法》第141条第1款规定："侦查人员认为需要扣押被告人的邮件、电报的时候，经公安机关或者人民检察院批准，即可通知邮电机关将有关的邮件、电报检交扣押。"

[导入案例分析]

曾智峰、杨医男篡改和盗卖他人电子数据资料的行为，侵犯了公民的通信自由。公民的通信自由和通信秘密是指公民的通信（包括电报、电话、传真、qq 邮件等），非经本人同意或非经法定程序而不受他人隐匿、毁弃、拆阅或窃听。我国《宪法》第 40 条规定："中华人民共和国公民的通信自由和通信秘密受法律的保护。除因国家安全或者追查刑事犯罪的需要，由公安机关或者检察机关依照法律规定的程序对通信进行检查外，任何组织或者个人不得以任何理由侵犯公民的通信自由和通信秘密。"

**五、批评、建议、申诉、控告、检举权**

我国《宪法》第 41 条第 1 款规定："中华人民共和国公民对于任何国家机关和国家工作人员，有提出批评和建议的权利；对于任何国家机关和国家工作人员的违法失职行为，有向有关国家机关提出申诉、控告或者检举的权利，但是不得捏造或者歪曲事实进行诬告陷害。"该条第 3 款规定："由于国家机关和国家工作人员侵犯公民权利而受到损失的人，有依照法律规定取得赔偿的权利。"这项权利的行使既可以监督国家机关及其工作人员的工作，也可以维护公民自身的合法权益免遭国家机关和国家工作人员的不法侵害。

批评权是指公民对国家机关及其工作人员在工作中的缺点和错误，有提出批评意见的权利。

建议权是指公民对国家机关及其工作人员的工作提出建设性意见的权利。

批评权和建议权的区别在于前者针对国家机关和国家工作人员工作中的缺点和错误，后者仅针对国家机关和国家工作人员的工作。在我国，公民行使批评权和建议权的途径是多种多样的，公民可通过新闻报刊、来信来访、座谈讨论会等形式来行使这两项权利。

申诉权是指公民的合法权益因行政或司法机关作出的错误或违法的决定、裁判，或者因国家工作人员的违法失职行为而受到侵害，公民有向有关机关申述理由，请求重新处理的权利。根据我国法律规定，我国公民行使申诉权，主要有两种情况：①对已经发生法律效力的裁判，当事人及其利害关系人可向人民法院或检察院提出申诉，请求改正或撤销原裁判；②公民对行政主体所作出的行政行为不服，可以向其上级机关或相关机关提出申诉，要求改正或撤销原决定。

控告权是指公民对任何国家机关及其工作人员的违法失职行为，有向有关国家机关进行揭发、指控的权利。

检举权是指公民对违法失职的国家机关及其工作人员，有向有关国家机关揭发事实，请求依法处理的权利。

控告权与检举权一样，都是公民同违法失职行为做斗争的手段。但两者又存在着以下区别：①控告人往往是受国家机关及其工作人员的违法失职行为不法侵害的人，而检举人一般与事件无直接联系；②控告是为了保护自己的权益而要求依法处理，而检举一般是出于正义感和维护公共利益的目的。

我国公民的控告权和检举权可以通过以下途径行使：①对违法犯罪行为向司法机关提出；②对违反政纪的行为向主管单位或者上级机关提出；③对国家机关的违法决定向同级权力机关或者上级机关提出；④对国家机关中党的组织或党员的违法犯罪行为向同级或上级党的纪律检查委员会提出。

批评、建议、控告、检举、申诉都是公民行使监督权的具体形式。公民行使这一权利受到宪法和法律的保护。“对于公民的控告、检举、申诉，有关国家机关必须查清事实，负责处理，任何人不得打击压制和打击报复”。但是公民在行使监督权时也不得捏造或者歪曲事实进行诬告陷害。

取得赔偿权是指由于国家机关和国家工作人员违法行使职权侵犯公民合法权利而受到损失的人，有依法取得赔偿的权利。我国《宪法》第 41 条第 3 款规定：“由于国家机关和国家工作人员侵犯公民权利而受到损失的人，有依照法律规定取得赔偿的权利。”1994 年第八届全国人大常委会通过了《中华人民共和国国家赔偿法》，对公民取得赔偿的范围、程序、赔偿方式和计算标准等项内容作了具体规定。国家赔偿法的通过，对进一步发扬社会主义民主，健全社会主义法制，维护公民的合法权益，促进社会主义现代化建设是非常必要的。

## 六、社会经济权利

社会经济权利是指公民从社会获得基本生活条件，享有经济物质利益方面的权利，它是公民参加国家政治生活、实现其他权利的物质保障。

对公民的社会经济权利加以详细规定，是从 1919 年德国《魏玛宪法》开始的。第二次世界大战后，各国宪法都将这种权利规定于本国宪法之中。根据我国宪法的规定，我国公民的社会经济权利主要包括如下几项：

### （一）劳动的权利和义务

劳动权是指凡是有劳动能力的公民，都有按照自己劳动的数量和质量取得劳动报酬的权利。它是公民赖以生存的基本权利，也是行使其他权利的基础。其中劳动就业权是劳动权的核心内容，是公民行使劳动权的前提。

在社会主义制度下，我国劳动者的地位和劳动的性质不同于旧社会。公民的劳动不单纯是为了谋生，从根本上说，是为了全面建设小康社会贡献力量，是为了国家和集体利益。我国《宪法》第 42 条规定，中华人民共和国公民有劳动的权利和义务。劳动是一切有劳动能力的公民的光荣职责。因此，公民的劳动权受国家和社会的保障，它既是公民的一项权利，同时也是公民应尽的义务，每个公民都要为社会主义建设出力。

我国宪法规定，国家提倡社会主义劳动竞赛，奖励劳动模范和先进工作者，保护和奖励发明，国家提倡公民从事义务劳动。同时规定劳动就业的方针，通过各种途径和形式，为公民获得工作创造条件，对就业前的公民进行必要的劳动就业训练，这是公民劳动权能够得以实现的具体保证措施。

1994 年 7 月全国人大常委会制定了《中华人民共和国劳动法》，规定了我国劳动者享有平等就业和选择职业的权利、取得劳动报酬的权利、接受职业培训技能权利等。规定了国家通过促进经济和社会发展，创造就业条件，扩大就业机会，鼓励社会兴办产业、拓展经营，以增加就业。

（二）休息权

休息权是与劳动权紧密联系的重要权利，是劳动权的必要补充，休息权是劳动权存在和发展的基础。它是指为了保护劳动者的身体健康和提高劳动效率，规定劳动者享受的休假或休养的权利。我国《宪法》第 43 条规定："中华人民共和国劳动者有休息的权利。国家发展劳动者休息和休养的设施，规定职工的工作时间和休假制度。"宪法确认休息权的目的在于使劳动者的体力和精力得到恢复，以便更好地参加社会主义建设。

在我国，为了保障劳动者的休息权，国家规定八小时工作制，在一些特殊部门，如某些化工单位实行六小时工作制。国家还规定了休假制度，以实现劳动者的休息权；包括每周两天的休息日，国家规定的节假日；职工根据规定享有的探亲假期以及职工到修养所、疗养院、避暑胜地和其他休息地点作较长时间的修养等。

（三）财产所有权

财产所有权是指公民对其财产可自由占有、使用、处分和受益，而不受他人、国家和社会非法干涉和侵犯的权利。我国《宪法》第 13 条规定："公民的合法的私有财产不受侵犯。国家依照法律规定保护公民的私有财产权和继承权。国家为了公共利益的需要，可以依照法律规定对公民的私有财产实行征收或者征用并给予补偿。"

我国 1982 年宪法规定，"国家保护公民的合法收入、储蓄、房屋和其他合法财产的所有权"，但没有明确规定保护公民的私有财产权。2004 年我国宪法第四次修正案正式写入"公民的合法的私有财产不受侵犯"条款。具体包括以下几个方面：①确立"公民的合法的私有财产不受侵犯"。肯定私有财产权作为基本权利的地位和价值；扩大公民财产权保障的范围；确立了国家不得侵犯以及保障公民财产权的义务和责任。②增加了对私有财产的征收和征用及补偿条款。为了正确处理私有财产的保护和公共利益的需要、公民权利和国家权力之间的关系，我国确立了私有财产的征收、征用制度。宪法规定对私有财产可以征收、征用，是为了公共利益的需要；而规定给予补偿，则是对私有财产在特殊情况下的一种保护。征收、征用制度在宪法中的确立，完善了我国财产权的保障制度，为促进法律进一步完善相关制度提供了宪法依据，有利于平衡和协调私有财产保护和公共利益需要的关系。③法律保护私有财产权和继承权。这是我国宪法第一次明确对公民的私有财产的确认，为市场经济条件下保护公民财产所有权以外的继承权和其他物权、债权以及知识产权等方面的财产权，提供了法律保障。

（四）物质帮助权

物质帮助权是指公民在永久丧失劳动能力或暂时丧失劳动能力而不能及时获得必要的生活资料的情况下，有从国家和社会获得基本生活保障的权利。我国《宪法》第 45 条规定，中华人民共和国公民在年老、疾病或者丧失劳动能力的情况下，有从国家和社会获得物质帮助的权利。

为保证这一权利的实施，国家采取了许多具体措施，包括三项主要内容：①是老年公民的物质求助权，国家实行企事业组织职工和国家机关工作人员的退休制度，保障他们在达到一定年龄以后享受退休津贴，安度晚年。农村孤寡老人有获得“五保”的权利等。②是患病公民的物质求助权，我国公民在患病期间有从国家或社会获得医疗帮助和物质帮助的权利。③是丧失劳动能力的公民的物质求助权，这主要是盲、聋、哑、四肢等器官残缺残疾人的权利。国家和社会帮助安排盲、聋、哑和其他有残疾的公民的劳动、生活和教育。如国家和社会兴办专门学校，组织残疾人进行必要的文化科学知识学习，按照残疾人不同的生理情况，创造特别的劳动条件，使他们能做力所能及的劳动。公民所享受的这些物质帮助的权利，随着我国经济建设事业的发展将会不断得到提高。

**七、公民的文化教育权利**

教育是经济和社会发展的基础，是“立国之本”。如果国家没有好的教育制度，公民没有较高的文化素质，国家和社会的发展就会受到很大的影响。我国宪法对公民的文化教育权利所作的重要规定，对于提高全民族的文化科学水平，促进国家物质文明、政治文明和精神文明的建设有着重大意义。

（一）公民有受教育的权利和义务

受教育既是我国公民的基本权利，同时也是一项法定义务。我国《宪法》第 46 条规定：“中华人民共和国公民有受教育的权利和义务。”

受教育的权利和义务是指公民有在国家和社会提供的各类学校和机构中学习文化科学知识的权利，有在一定条件下依法接受各种形式的教育的义务。它与劳动权一样构成个人发展其个性的基本手段之一。

公民有受教育的权利和义务的基本内容是：①学龄前儿童有接受学前教育的机会；②适龄儿童有接受初等教育的权利和义务；③公民有接受中等教育、职业教育和高等教育的权利和机会；④成年人有接受成人教育的权利；⑤公民有从集体经济组织、国家企业事业组织和其他社会力量举办的教育机构接受教育的机会；⑥就业前的公民有接受就业训练的权利和义务。

（二）公民有进行科学研究、文学艺术创作和其他文化活动的自由

我国《宪法》第47条规定，中华人民共和国公民有进行科学研究、文学艺术创作和其他文化活动的自由。科学研究自由是公民在从事自然科学和社会科学研究时，有选择科学研究课题，研究和探索问题，交流学术思想，发表个人学术见解的自由。文学艺术创作自由是指公民按照法律的规定，可以自由地发挥个人的文学艺术创作才能，创作诗歌、小说、散文、戏剧、报告文学、音乐、舞蹈、雕塑、绘画、电影等各种形式的文学艺术作品的自由。此外，根据宪法规定，我国公民还享有从事体育活动以及有益于身心健康的文化娱乐活动等其他文化活动的自由。从事科学研究、文学艺术创作和其他文化活动，是公民在科学文化领域中的一些基本权利，也是社会主义现代化建设的客观需要。

为了保障公民上述自由权利的实现，《宪法》第47条还规定，国家对于从事教育、科学、技术、文学、艺术和其他文化事业的公民的有益于人民的创造性工作，给以鼓励和帮助。此外，国家还先后颁布了一些法律，如《学位条例》、《自然科学奖励条例》等，从法律上进一步保证了这项自由权利的实现。

**八、特定主体的权利**

这是宪法对特定公民权利与自由的特别保护条款。由于这类权利主体的公民一般为社会弱势群体的成员，其权利更容易受到他人和社会的忽视和侵害。因此，为体现公民权的平等、公正和人道性，平衡这类成员与社会和他人之间在权利或权力上的严重失重和偏失，有必要通过宪法或专门法的形式予以法律倾斜。

（一）保护妇女的权利和利益

由于历史和现实的原因，妇女经常被作为歧视对象，不能与男子享有平等的地位。20世纪以来，各国宪法都对妇女的平等权利予以特别重视，通过立法和司法活动，以提高妇女的地位，保障妇女在各方面享有与男子同等的权利。我国专门颁布了《中华人民共和国妇女权益保障法》来保障妇女的合法权益。《中华人民共和国妇女权益保障法》对妇女权利的保护作出了具体的规定：

1. 政治权利方面。国家保障妇女享有与男子平等的政治权利，妇女有权通过各种途径和形式，管理国家事务，管理国家经济和文化事业，管理社会事务，妇女享有与男子平等的选举权和被选举权。

2. 经济权利方面。国家保障妇女享有相同就业机会的权利，享有自由选择职业和同工同酬的权利，升级和工作保障的权利，生活救济的权利，在工作中享有健康和安全保障的权利。

3. 文化教育权利方面。学校和有关部门应当执行国家有关规定，保障妇女在入学、升学、毕业分配、授予学位、派出留学等方面享有与男子平等的权利。父母或者其他监护人必须履行保障适龄女性儿童、少年接受教育的义务。

4. 社会和婚姻家庭权利方面。国家保护妇女与男子享有平等的人身权，保护妇女的人身自由和生命健康不受侵犯。同时，妇女享有与男子平等的婚姻家庭权利，国家保护妇女的婚姻自主权，妇女对依照法律规定的夫妻共同财产享有与其配偶平等的占有、使用、收益和处分的权利，保护离婚妇女的房屋所有权等。

（二）保护退休人员和烈军属的权利

我国《宪法》第44条规定："国家依照法律规定实行企业事业组织的职工和国家机关工作人员的退休制度。退休人员的生活受到国家和社会的保障。"

烈军属、残废军人是我国社会主义建设事业的重要力量，他们为革命和建设事业流血牺牲，作出了重大贡献，国家和人民应该尊重他们，并努力做好优抚工作，这对鼓舞士气，增强国防力量，提高广大群众的爱国主义思想有着重要意义。为此，我国宪法规定："国家和社会保障残废军人的生活，抚恤烈士家属，优待军人家属。"我国兵役法也对残废军人、退役军人、烈属，牺牲、病故家属，以及现役军人家属的优待和安置问题作了专门规定，从而在法律上具体保证了宪法这一规定的贯彻实施。

（三）保护婚姻、家庭、母亲、儿童和老人

现行《宪法》第49条第1款规定："婚姻、家庭、母亲和儿童受国家保护。"第4款规定："禁止破坏婚姻自由，禁止虐待老人、妇女和儿童。"宪法的这些规定，既是国家立法的依据，也是公民应当遵守的法律规范和道德准则。

婚姻是指男女双方在自愿结合的基础上，经国家婚姻登记机关登记批准而结成的夫妻关系。

家庭是指由婚姻关系、血缘关系或收养关系而形成的人们共同生活的组织，是最基本的社会单位。家庭是婚姻的结果，婚姻是家庭的条件，国家保护婚姻家庭，就是指法律承认和保护合法的婚姻家庭关系，承认和保护夫妻双方以及家庭其他成员的正当权利，同时也相应要求夫妻双方及家庭其他成员履行法定的义务。

保护老人、妇女、儿童的合法权益，直接关系着妇女、老人的切身利益和下一代的健康成长，关系着社会主义婚姻家庭制度的巩固和发展，也关系着我们祖国的繁荣昌盛。为此，我国《婚姻法》、《老年人权益保障法》等专门法律对婚姻、家庭、母亲、儿童和老人的保护作了较为详尽的法律规定。

（四）关怀青少年和儿童的成长

儿童因身心尚未成熟，在其出生和出生以后均需要特殊的保护和照顾。儿童与成年人一样，他们的法律权利应当得到国家、社会和家庭的平等保障。

我国《宪法》第46条第2款规定："国家培养青年、少年、儿童在品德、智力、体质等方面全面发展。"我国的《未成年人保护法》、《教育法》等法律专门规定了以下几项：①享受社会安全的权利。主要包括父母应特别照顾和保护儿童，保证儿童有足够的营养、住宅、娱乐和医疗设施。②享有特殊保护的权利。儿童应在物质条件得到保障的环境下生活，社会对无家可归和难以生活的儿童给予特殊照顾，儿童生活有困难的，有权获得社会救济。

青少年和儿童是祖国的未来，做好培养青少年和儿童的工作，是保证社会生产力能够持续扩大，不断补充劳动大军和干部、专家队伍的大问题。因此，根据宪法的规定，国家创办了托儿所、幼儿园和各类学校；建立儿童剧院和文化娱乐场所；出版多种多样的青少年和儿童读物，使他们从小在德、智、体、美诸方面得到全面的发展。

（五）保护华侨、归侨和侨眷的权利和利益

现行《宪法》第50条规定："中华人民共和国保护华侨的正当的权利和利益，保护归侨和侨眷的合法权利和利益。"这一规定，体现了党和国家对广大华侨、归侨和侨眷的关怀。

华侨是居住在外国的中国公民。我国华侨人数很多，分布在世界各地。他们不仅是国家的主人，而且是我们发展同各国人民友谊的纽带。由于华侨身处国外，情况有些特殊，因此，国家一方面要求华侨遵守所在国法律，同所在国的人民和睦相处，为发展所在国的经济文化事业，为促进所在国人民同我国人民的友谊和两国之间的经济文化交流起积极的作用；另一方面，根据国际上的通例，国家维护华侨的正当权利和利益，反对强迫华侨改变国籍，反对歧视和迫害华侨。对于一切反华、排华、迫害华侨的行为，国家通过外交途径予以保护。

归侨是已经回到祖国定居的华侨。由于他们长期旅居国外，在生活习惯和其他方面都具有各自的特点，与国内居民有所不同。侨眷则是华侨在国内的亲属，他们家居两地，相互间既有着经济、通讯、互访往来等家庭和亲属间的联系，又和祖国人民的命运紧密相连。因此国家把归侨、侨眷的合法权益保护作为专门问题写入宪法，这体现了国家对广大华侨、归侨和侨眷的关怀。1990年9月，第七届全国人大常委会第十五次会议通过的《中华人民共和国归侨侨眷权益保护法》，规定了一套较为完整的归侨、侨眷保护制度，并对他们的合法权益作出了明确的规定，从而使《宪法》第50条的这一规定在立法上得到了具体的落实。

**九、外国人的权利和义务**

需要说明的是，外国人的权利和义务并不是我国宪法第三章《公民的权利和义务》规定的，而是在第一章总纲最后一条规定的，在这里介绍主要是编排技术上的安排。

我国《宪法》第32条第1款规定："中华人民共和国保护在中国境内的外国人的合法权利和利益，在中国境内的外国人必须遵守中华人民共和国的法律。"这是关于中国境内外国人的权利义务的规定，即在中国境内的外国人不属于我国公民，不能享有中国公民享有的基本权利。但根据国际惯例和人权保护国际化的趋势，不少国家在实践中逐渐放宽外国人享有权利的范围，确认外国人在该国基本权利体系中行使某种主体资格。如外国人的人身权利、财产权利、诉讼权等基本权利受宪法和法律保护。保护外国人在我国境内的合法权益，有利于加强各国人民的交往与合作，有利于实现对外开放政策。

我国《宪法》第32条第2款规定："中华人民共和国对于因为政治原因要求避难的外国人，可以给予受庇护的权利。"庇护权也叫"政治避难权"或者"居留权"，是指一国公民因为政治原因请求另一国准予其进入该国居留，或已进入该国请求准予在该国居留，经该国政府批准，而享有受庇护的权利。政治避难者在所在国的保护下，不被引渡或者驱逐。在国际上，给予庇护权和拒绝引渡，这是国家主权范围内的事情，但是根据国际惯例，一国不能给予他国的一般刑事犯罪以庇护权。获得庇护的外国人，在政治生活和社会生活方面，享有外国侨民的待遇，同时应当遵守居留国的法律，居留国不能允许他们在该国境内从事反对他国的活动。

## 第三节　我国公民的基本义务

**导入案例**

**8-3　武汉三名青年拒绝服兵役受到行政处罚**

2009年，武汉市400余名应征青年报到后，先后有9人因怕苦怕累、不适应军营生活，强烈要求不愿服役，经所在部队、兵役机关和青年家长做工作，仍有张某等3名青年拒绝服兵役。2010年的4月中旬，武汉市江岸区政府向区人社局、公安分局、教育局、工商分局、团区委、街道办事处等部门下发文件：专门作出对张某等3人拒服兵役实施行政处罚的决定，要求从2011年1月起两年内，国家机关、社会团体和企事业单位，不得对其实施招聘和录用；教育部门取消其今后报考高、中等院校资格；公安机关不得为其办理出境手续；工商行政管理部门，不得为其办理工商营业执照；建议各级党团组织不予批准办理和接纳其为党（团）员。以此警示青年积极履行服兵役义务，为广大适龄青年依法履行服兵役义务营造良好的法治环境。

问：从武汉三名青年拒绝服兵役受到行政处罚中，我们可以得到什么启示？

公民的基本义务是社会和国家对公民最重要的、最基本的要求，它决定着公民在国家生活中的政治与法律地位。对国家来讲，公民的基本义务就是国家的权利，国家有权要求公民按照宪法和法律的规定，作出一定行为或者不作出一定行为，否则，就要受到舆论的谴责、纪律的处分，严重的还要受到法律的制裁。

**一、维护国家统一和各民族团结**

我国《宪法》第52条规定："中华人民共和国公民有维护国家统一和全国各民族团结的义务。"

维护国家统一就是维护国家主权的独立和领土完整，是我国公民的最高法律义务。国家主权是国家最重要的属性，是国家独立自主地处理国内外事务、管理自己国家的最高权力。主权作为国家的固有权力，表现为：①对内的最高统治权，就是指国家对自己领土内的人和事实行管辖的权力；②对外的独立权，即国家自主地行使国家权力，不受任何外来干涉的权力；③自卫权，即为了维护政治独立和领土完整，国家对外来侵略或威胁进行防卫的权力。

领土为一国的地理构成要素，是处于国家主权支配下的地球上的特定部分。它是国家主权的重要组成部分。维护国家领土完整，同一切分裂祖国的行为进行斗争，是实现公民权的必要条件之一。

在我国，维护国家统一的重要标志是维护民族团结。我国是统一的多民族国家，能否正确处理民族关系对国家的统一和稳定将产生重要的影响。维护民族团结是指公民有责任维护国内各民族之间的平等、团结和互助关系，同一切破坏民族团结和制造民族分裂的行为进行斗争。全国各族人民都要把维护民族团结作为自己的崇高责任，任何人都不得以任何形式制造民族矛盾和民族冲突。

**二、遵守宪法和法律，保守国家秘密，爱护公共财产，遵守劳动纪律，遵守公共秩序，尊重社会公德**

（一）遵守宪法和法律

我国宪法和法律是全国各族人民意志和利益的集中表现，是保护人民、打击敌人、惩罚犯罪、保障和促进社会主义现代化建设的有力工具。遵守宪法和法律是公民应履行的最根本的义务。在法律完备的法治国家，只要公民守法，也就等于公民履行了宪法和法律的义务。法治国家必须以公民守法为条件，否则法治就失去了建立的可能。

（二）保守国家秘密

国家秘密是指涉及国家安全和利益，依照宪法和法律确定的在一定期限和地域范围内不为公众所知悉的信息。保守国家秘密就是要保护国家秘密不被泄露和遗失。这是对公民权利尤其是知情权行使的必要法律限制。

（三）爱护公共财产

公共财产在我国主要指全民所有制和集体所有制形式的公有财产，是国家存在和发展、实现民族振兴和繁荣的物质基础，也是公民享受各项权利的根本物质保障。我国《宪法》第 12 条规定："社会主义的公共财产神圣不可侵犯。国家保护社会主义的公共财产。禁止任何组织或者个人用任何手段侵占或者破坏国家和集体的财产。"

（四）遵守劳动纪律

劳动纪律是指劳动者在从事社会生产和进行工作的时候，必须遵守和执行的劳动秩序和劳动规则及其工作程序。它是劳动者从事社会生产和实现自身价值的职业规则，是公民行使社会经济文化权利所必需的职业规则设定。

（五）遵守公共秩序

公共秩序是由法律规定或认可的，人们在社会共同生活中形成的稳定有序的社会规则体系。公共秩序包括公共场所的活动秩序、交通秩序、社会管理秩序、工作秩序、居民生活秩序等。遵守公共秩序是保证我国安定团结的政治局面，进行社会主义现代化建设的重要条件。因此，自觉遵守公共秩序既是一项法律义务，又是一种道德要求。对公民中少数扰乱公共秩序的行为，有的虽然还没有构成犯罪，但也必须给以社会舆论的谴责和行政纪律的约束。对那些严重扰乱和破坏社会公共秩序的行为，则应视其具体情况，依法给予处罚和制裁。

（六）尊重社会公德

社会公德是一定社会占统治地位的道德准则，主要通过社会舆论、信念、习惯、传统和教育力量以及个人内心的荣誉感和对共同事业的责任心来维持、贯彻和执行。我国社会公德的基本内容就是"爱祖国、爱人民、爱劳动、爱科学和爱社会主义"之"五爱"。开展"五爱"教育是加强社会公德教育的重要内容。这一义务是对公民行使各项权利的道德义务设定的。

**三、维护祖国安全、荣誉和利益**

我国《宪法》第 54 条规定："中华人民共和国公民有维护祖国的安全、荣誉和利益的义务，不得有危害祖国的安全、荣誉和利益的行为。"这条规定是对第 24 条所提倡的"爱祖国"规范的具体化。祖国安全是指国家的领土完整和主权独立不受干扰，国家各项秘密得以保守，社会秩序不被破坏。祖国荣誉是指国家的尊严不受侵犯，国家信誉不受破坏，国家的荣誉不受玷污，国家名誉不受侮辱。祖国的利益包括的范围很广，对外主要是指全民族的政治、经济、文化、荣誉等方面的权利与利益；对内主要是相对于个人利益、集体利益而言的国家利益。

祖国的安全、荣誉和利益是我国人民的安全、荣誉和利益的集中体现。维护祖国的安全、荣誉和利益是全体公民的神圣义务，任何公民不得以任何方式侵犯、危及、损害祖国的安全、荣誉和利益。我们在坚持对外开放政策的同时，必须继续在全国人民中进行维护国家荣誉和民族尊严的教育，提高民族自尊心和自信心，既要反对闭关自守、盲目排外的行为，又要反对奴颜婢膝、崇洋媚外的行为。

### 四、保卫祖国，依法服兵役的义务

我国《宪法》第55条规定:“保卫祖国、抵抗侵略是中华人民共和国每一个公民的神圣职责。依照法律服兵役和参加民兵组织是中华人民共和国公民的光荣义务。”这项义务包括保卫祖国、抵抗侵略、服兵役和参加民兵组织的义务，其中服兵役的义务是关键。在上古国家初生时期，当兵保卫祖国本是本国人民的权利，奴隶是不能服兵役的。随着社会生活的复杂化发展，各国都把当兵设定为一种公民或国民对国家的义务，但仍然保留了当兵保家卫国的权利意义。所以，我国宪法将保卫祖国、抵抗侵略规定为公民的神圣职责，依法服兵役和参加民兵组织就成为公民的一项光荣义务。

**[导入案例分析]**

导入案例8－3说明依法服兵役和参加民兵组织是中华人民共和国公民的光荣义务，适龄青年必须依法履行我国宪法规定的服兵役义务。

### 五、依法纳税义务

我国《宪法》第56条规定：“中华人民共和国公民有依照法律纳税的义务。”税收是国家依照法律规定按法定比例向有纳税义务的公民和社会组织征收的定量货币。与服兵役的义务一样，纳税也是公民对国家应负的古老的传统义务。国家产生的标志之一就是居民纳税，因为公共机构的设立和公共权力的行使必须建立在国家财政的基础上，而国家财政的主渠道就是税收。没有税收，就没有国家管理和对社会的服务，也就没有国家本身。另外，税收也是我国社会主义建设资金积累的重要来源，是国家调节国民经济的重要杠杆。这是国家凭借权力参与社会财富分配和再分配的法律和政治手段，也是实现社会公平的重要经济工具。

纳税义务的履行实际上也给公民和社会组织带来了相关权利，因为履行了纳税义务的公民等社会主体不仅有权享受国家利用税收提供的各种公共设施和服务（如医疗、教育、社会安全、法律保障、公共交通、环境条件等），还有权要求国家积极改善这些设施和提供更优质服务。纳税义务的履行为公民权利的行使提供了更坚实的物质保证。纳税以公民的自觉性为基础，辅以国家的强制手段，所有负有义务的单位和个人，都必须自觉履行纳税义务；任何偷税、漏税的行为都是违法的，都应承担一定的法律责任。

**六、其他方面的义务**

除了上节已经介绍过的劳动和受教育的义务以外，我国宪法还规定“夫妻双方有实行计划生育的义务”。“父母有抚养教育未成年子女的义务，成年子女有赡养扶助父母的义务”。这是我国公民在家庭生活方面对国家、社会、家庭和个人应尽的重要义务。宪法作出这样的规定，表明家庭生活不单是个人的事情，而且是关系到国家事务的大事。

实行计划生育，控制人口增长，是我国的一项基本国策。我国的人口增长速度已大大超过了国民经济发展的速度，如果不加以控制，势必影响我国的切身利益。所以，把计划生育规定为公民的一项义务，是非常必要的。凡是已婚的有生育能力的公民，夫妻双方都有责任依照宪法和有关法律、法规的规定，履行计划生育的义务。

尊老爱幼是我国的优良传统和美德，父母关心、爱护、培养和教育子女，不仅是家庭的责任，也是社会的责任。在父母为子女操劳一生到年老时，应当得到子女的尊敬和照顾，在生活上给予赡养和扶助，这同样是家庭责任和社会责任。对现实中存在的父母遗弃和虐待未成年子女，成年子女虐待父母的现象，不仅要受到舆论的谴责，情节严重的还应受到法律的惩处。

## 第四节　我国公民基本权利义务的特点及行使原则

**导入案例**

**8-4　　重庆“最牛钉子户”事件**

2007年3月，被称为“史上最牛钉子户”的房屋，其实就在重庆杨家坪轻轨车站附近，属于重庆市杨家坪鹤兴路旧城改造项目。房屋的主人因与开发商未能达成一致而拒绝拆迁。开发商将周围房屋拆除，挖断了房子边上的路，将那栋两层小楼变成了无法靠近的孤岛。开发商向拆迁主管部门提出行政裁定后，重庆市九龙坡区房管局裁定被拆迁方在15日内自行搬迁并将房屋交由开发商拆除。如果被拆迁方不服裁决，可向重庆市九龙坡区人民法院提起诉讼或向重庆市九龙坡区人民政府或重庆市房管局申请行政复议。但在复议期间，并不停止行政裁决的执行。因为被拆迁人拒不签署搬迁协议，重庆市九龙坡区房管局便向当地法院提起先予强制执行的申请，法院于3月19日召开听证会后，裁定支持房管局关于搬迁的裁决，并发出限期履行通知，要求被拆迁人在3月22日前拆除该房屋。如不履行，法院将强制执行。3月21日，房屋户主爬上孤岛般的自家二层楼房，先是奋力挥动着一面国旗，然后把一面写有公民的合法的私有财产不受侵犯的横幅挂在屋顶，向外界展示自己保卫私产的决心，事件至此达到白热化。随后，经过艰难谈判，4月2日，当事人终于与相关部门以及开发商达成协议，当晚孤楼连夜被拆，重庆"史上最牛钉子户"案划上句号，但整个事件带给我们的思考却沉重而久远。

问：如何正确处理国家、社会和公民之间的合法权利和利益？

## 一、我国宪法关于公民基本权利与义务规定的特点

### （一）公民权利和自由的广泛性

我国现行宪法对公民权利和自由的规定，不论从主体、范围看，还是从内容的深度看都是十分广泛的。权利和自由的广泛性主要表现为：

1. 享有权利和自由的主体非常广泛。现阶段，我国的权利主体包括全体社会主义劳动者、社会主义事业建设者、拥护社会主义的爱国者、拥护祖国统一的爱国者，以及从敌人营垒中转化过来的人。即使对那些极少数被剥夺政治权利的公民来说，他们也仍然享有与其身份相适应的某些公民权利。

2. 公民基本权利的范围具有广泛性。我国现行宪法规定的公民基本权利是历部宪法最多的，它包含了政治、社会经济、文化教育、人身自由、家庭生活等诸方面。随着国家政治、经济、文化生活的发展，公民享有的权利和自由将更为广泛。

### （二）公民权利和义务的平等性

根据宪法和法律的规定，我国公民权利义务的平等性主要包括如下方面：

1. 在宪法和法律的范围内，我国公民一律平等地享有权利和承担义务。即我国公民不分民族、种族、性别、职业、家庭出身、宗教信仰、教育程度、社会地位、财产状况、居住期限等，一律平等地享受宪法和法律规定的权利和自由，平等地履行宪法和法律规定的义务。

2. 司法机关对任何公民在适用法律时，一律平等对待，即对一切公民的合法权益依法保护，对任何公民的违法犯罪行为，都平等地予以追究和制裁。

必须指出的是，在我国，公民权利和义务平等性是指公民在适用法律和遵守法律上的平等，而不包括立法上的平等。立法上公民之间不能平等，公民中

人民与敌人不能平等，人民内部不同的阶层也要区别对待。但是，法律一经制定，在适用法律上则应人人平等。

（三）公民权利和义务的现实性

1. 我国宪法对公民权利和自由的规定，是从实际出发，即从我国经济文化发展水平的现状出发。具体而言，主要表现为以下三个方面：

（1）凡是客观上迫切需要，主观上又能实现的，宪法就予以规定。如我国 1954 年宪法就规定了“公民在法律上一律平等”的原则，但 1975 年宪法和 1978 年宪法取消了这一规定，经过历史证明，没有这项原则容易滋生特权，使国家的民主和法制受到严重破坏，所以，这一原则是正确的，也是非常重要的，因此在 1982 年修改宪法时就给予恢复，并根据实际情况，改为“公民在法律面前一律平等”。

（2）根据客观实际，能实现的就规定，不能实现的就不规定，能实现到什么程度就规定到什么程度。如关于劳动权的规定，现行宪法的规定与我国目前的具体情况是一致的。受我国目前生产力发展水平的决定，国家不能全部解决劳动者就业问题，只能为劳动者创造更多的机会，因此，在宪法的规定方式上，就采取实事求是的态度规定为：“国家通过各种途径，创造劳动就业条件。”

（3）权衡利弊，不宜规定的就不规定。如公民迁徙自由，虽然世界上大多数国家宪法都规定了公民的此种自由，但我国由于经济发展的不平衡，沿海与内地、城市与农村差距过大，如确认公民有迁徙自由，势必造成经济发达的沿海地区、大城市人口过于集中，会给生产和生活带来很多困难。因此，现行宪法仍然没有恢复 1954 年宪法规定的公民有迁徙的自由，待条件成熟以后，宪法再予以确认。

2. 我国宪法规定公民的基本权利和自由时，注重法律保障和物质保障。如关于公民选举权的规定，国家不仅对侵犯和破坏公民选举权利的行为追究法律责任，而且还为选举提供经费，以保证公民参加选举。宪法和法律这样的规定就是为了保障公民的权利和自由得以真正实现。

（四）公民权利和义务的一致性

公民权利和义务的一致性是指权利和义务具有相互依存、相互促进、互为条件的辩证统一的关系。具体表现为以下四个方面：

1. 公民享受权利，同时要履行义务。我国《宪法》第 33 条明确规定：“任何公民享有宪法和法律规定的权利，同时必须履行宪法和法律规定的义务。”不允许任何人只享受权利而不履行义务，也不允许强迫任何人只履行义务而不享受权利。权利是法定的，不可非法剥夺，具有自愿性，某些权利是可以放弃的，如选举权，休息权等。而义务具有强制性，不能放弃。另外权利的行使和义务的履行不存在时间上的先后关系。

2. 权利和义务本身是相互依存的。权利和义务本身是一个问题的两个方面。如《宪法》规定：“父母有抚养教育未成年子女的义务，成年子女有赡养扶助父母的义务。”该规定从形式上看父母和子女都有义务，但从权利和义务的双方来看，父母对子女履行抚养教育义务，这对子女则是一种权利；相反，成年子女履行赡养扶助父母的义务，这对父母则是一种权利。又比如，宪法规定所有公民都享有人格权，而对某个公民来说，他享有这项权利，其他人就要承担保护其人格权不受侵犯的义务。

3. 有些权利和义务是彼此结合的，具有双重性。例如，宪法规定公民有劳动的权利和义务，公民有受教育的权利和义务。劳动和受教育，既是公民权利又是公民义务。

4. 权利和义务是互相促进，相辅相成的。公民享受广泛的权利，且得到保证，就可以激发人民群众的主人翁责任感，调动人们的积极性和创造性，这样，就可以促进人们更加自觉地履行义务。公民自觉地履行义务，国家建设事业发展了，公民就能享受更多的权利。在我国社会主义制度下，公民个人利益同集体利益、国家利益根本一致，这种一致性表现在权利和义务的关系上，就是国家为人民、人民为国家的新型关系。

**二、公民行使权利和自由的原则**

我国《宪法》第51条规定：“中华人民共和国公民在行使自由和权利的时候，不得损害国家的、社会的、集体的利益和其他公民的合法的自由和权利。”这条规定的位置正好是在基本权利之后和基本义务之前，是一项承上启下的条文，是防止公民滥用权利的限制性规范，也是公民正确行使权利和自由的指导原则。

（一）权利和自由的相对性

公民的权利和自由是相对的，权利相对于义务而言，自由则相对于纪律而言。没有无义务的权利，也没有无权利的义务。只有权利，没有义务，那权利只是空洞的，无法享有的；只有义务，没有权利，那义务也不会得到很好的履行。因此，我国宪法在关于公民基本权利的规定里，除授权性规范外，还有相应的义务性规范。例如，宪法在授予公民人格尊严不受侵犯的权利时，又明确规定“禁止用任何方法对公民进行侮辱、诽谤和诬告陷害”。

（二）权利和自由的限制性

1. 法律的限制。公民行使权利和自由存在特定的法律界限，就是不得妨碍他人的权利和自由，不违反国家承认的公民权利和自由的目的，不滥用法定的权利和自由。正如法国的《人权宣言》第4条所指出：“自由就是指有权从事一切无害于他人的行为。”法国启蒙思想家孟德斯鸠就曾说过，自由是做法律所许可的一切事情的权利；如果一个公民能够做法律所禁止的事情，他就不再有自由了，因为其他人也同样会有这个权利。

2. 受社会经济发展程度的制约。正如马克思曾经说过，权利永远不能超出社会的经济结构以及由经济结构所制约的社会文化发展。公民享有的权利和自由是法定的，而法律在本质上是由经济基础决定的。因此，法律规定的权利和自由也必须受制于社会经济生活条件。对公民而言，必须从我国的经济发展水平出发，不能超越经济发展的实际可能，对权利和自由提出过高要求；就国家而言，必须根据不同时期的社会经济状况，调整和发展公民的权利和自由。可以预见，随着我国生产力水平的不断发展和提高，我国公民享有的权利和自由的范围将会日益扩展。

（三）不损害整体利益

我国公民在行使自己的权利和自由时，不能违背体现广大人民意志和利益的法律。我们的法制，一方面要充分保障公民享有法律范围内的权利和自由，另一方面也要对一切践踏人民民主权利的行为加以制约。否则，广大人民群众的自由和合法权益就会得不到保障，安定团结的政治局面就会遭到破坏。另外，我国是人民当家做主的国家，国家利益同公民个人利益从根本上说是一致的。因此，我国《宪法》第51条规定：“中华人民共和国公民在行使自由和权利的时候，不得损害国家的、社会的、集体的利益和其他公民的合法的自由和权利。”

**[导入案例分析]**

从最牛钉子户誓死护房到撤离孤房，这并不是权利的流失，而是个人利益与公共利益的双赢。一方是对个人利益的坚持；一方是面对影响旧城改建，影响市容的行政压力、司法压力；一方是面对开发商工期延误商业利益的损失。公民在行使权利与履行义务时，必须把国家的、社会的、集体的利益和公民个人利益结合起来。公民享受广泛的权利，且得到保证，就可以激发人民群众的主人翁责任感，就可以促进人们更加自觉地履行义务。公民自觉地履行义务，国家建设事业发展了，公民就能享受更多的权利。因此，公民个人利益同国家的、社会的、集体的利益是互相促进，相辅相成的。

## 实务训练题

北京市朝阳区人民法院4月11日上午在第三法庭依法公开开庭审理了被告人秦志晖诽谤、寻衅滋事一案。

此次对秦志晖（网名“秦火火”）的诉讼中，公诉机关指控秦志晖于2012年12月至2013年8月间，使用“淮上秦火火”、“炎黄秦火火”、“东土秦火火”

等新浪微博账户，捏造损害杨澜、张海迪、罗援等人名誉的事实在网络上散布，引发大量网民转发和负面评论。

此外，起诉书指出，2011 年 8 月 20 日，为了自我炒作、引起网络舆论关注、提升个人知名度，秦志晖使用名为“中国秦火火__f92”的新浪微博账户编造、散布虚假信息攻击原铁道部，引发大量网民转发和负面评论。公诉机关认为，秦志晖捏造损害他人名誉的事实在网络上散布，造成恶劣社会影响，严重危害社会秩序；编造虚假信息在信息网络上散布，起哄闹事，造成公共秩序严重混乱，其行为已经触犯了刑法，应当以诽谤罪、寻衅滋事罪追究其刑事责任。

请结合宪法学知识，对此案进行具体分析。

## 延伸阅读

一、联合国人权机构

联合国人权机构是联合国的一个组成机构，包括人权理事会、人权理事会咨询委员会、联合国人权事务高级专员、人权公约监督机构、非政府组织委员会。

1. 人权理事会（Human Rights Council）。根据联大第 60/251 号决议，理事会职能主要包括：促进对所有人人权与基本自由的普遍尊重；处理侵犯人权情况并提出建议；推动各国全面履行人权义务；推动联合国系统人权主流化；在与会员国协商同意后，帮助会员国加强人权能力建设，促进人权教育并提供技术援助；提供人权问题专题对话论坛；向联大提出进一步发展国际人权法的建议；向联大提交年度报告等。决议授权理事会在一年内对人权委员会原有工作机制和方法进行全面评估和改革，制定未来工作方法和运作规则。经过一年艰苦磋商，2007 年 6 月 19 日，人权理事会如期完成建章立制工作，确立了普遍定期审议、人权特别机制、专家咨询机制、来文申诉机制的运作方式，并制定了理事会议程、工作方法和议事规则。

2. 人权理事会咨询委员会（The Human Rights Council Advisory Committee）。根据经社理事会 1946 年 6 月 21 日第 9（Ⅱ）号决议，联合国人权会设立“防止歧视和保护少数小组委员会”（Sub-Commission on Prevention of Discrimination and Protection of Minorities）。1999 年 7 月 27 日，经社理事会决定将其更名为“促进和保护人权小组委员会”（Sub-Commission on the Promotion and Protection of Human Rights，简称“人权小组会”）。人权小组会系人权委员会下属机构，主要职能是对有关重要人权问题进行研究并向人权委员会提出报告。

3. 联合国人权事务高级专员（简称“人权高专”，UN High Commissioner for Human Rights）及其办公室（Office of the High Commissioner for Human Rights）。

人权高专系根据1993年联大第48/141号决议设立，是联合国系统内负责人权事务的最高行政长官，副秘书长级。由联合国秘书长任命，经联合国大会核准产生。人权高专主要负责协调联合国在人权领域的活动，任期4年，可连任1次。

4. 人权公约监督机构（Treaty—basedBodies）。人权公约监督机构系根据人权公约规定所设立，负责审查、监督缔约国执行公约情况。目前联合国共有8个人权公约监督机构，分别是：根据《公民权利和政治权利国际公约》设立的“人权事务委员会”；经社理事会为监督《经济、社会及文化权利国际公约》执行情况设立的“经济、社会及文化权利委员会”；根据《消除一切形式种族歧视国际公约》设立的“消除种族歧视委员会”；根据《消除对妇女一切形式歧视公约》设立的“消除对妇女歧视委员会”；根据《禁止酷刑和其他残忍、不人道或有辱人格的待遇或处罚公约》设立的“禁止酷刑委员会”；根据《儿童权利公约》设立的“儿童权利委员会”；根据《保护所有移徙工人及其家庭成员权利国际公约》设立的“保护所有移徙工人及其家庭成员权利委员会”；根据《残疾人权利公约》设立的“残疾人权利委员会”。

5. 非政府组织委员会（Committee on Non-Governmental Organizations）。非政府组织委员会系联合国经社理事会（以下简称“经社会”）下属常设委员会，根据经社会决议于1946年成立，最初由中国、法国、英国、苏联、美国5国组成。1950年，巴基斯坦和秘鲁加入委员会，1966年扩大至13国。1981年7月，经社会决定将委员会从13个增至19个，由5个非洲国家、4个亚洲国家、4个拉美国家、4个西方国家和2个东欧国家组成。成员任期最初为1年，从1975年起改为4年，每四年改选一次，可连选连任。委员会成员目前为中国、美国、俄罗斯、英国、安哥拉、布隆迪、埃及、几内亚、苏丹、印度、巴基斯坦、卡塔尔、罗马尼亚、哥伦比亚、古巴、多米尼克、秘鲁、以色列和土耳其。[1]

## 思考题

1. 试比较公民的基本权利和人权的区别。
2. 我国公民的政治权利有哪些？
3. 为什么我国宪法要规定公民的宗教信仰自由？
4. 如何理解“法律面前人人平等”？
5. 如何理解公民行使权利和自由的原则？

---

〔1〕 李雪沣、王志民主编：《宪法学》，暨南大学出版社2006年版。

第九章

# 国家机构

**学习目标与工作任务**

通过本章的学习，使学生了解国家机构体系和我国国家机关的组织活动原则，掌握全国人民代表大会及其常务委员会的性质、地位、组成、职权和会议制度，国务院的性质、组成、职权和领导体制，国家主席和中央军事委员会的性质、地位等，同时理解地方国家机关的性质、地位以及人民法院和人民检察院的性质、地位和职能等相关内容。

## 第一节 国家机构概述

**导入案例**

**9－1　　公安局整治扫黄案**

2007年度，某区公安分局在扫黄行动中抓获十余名涉嫌卖淫嫖娼的违法人员，为扩大教育警示作用，在公开处理的现场，警方在众人围观下逐一宣读涉案人员的姓名、出生日期和籍贯，并宣布处罚决定，然后游行示众。该事件经媒体报道后引起广泛社会反响，有学者质疑警方做法有违宪嫌疑，警方回应称其执法活动合法，符合宪法关于国家机关组织活动原则的规定。

问：1. 该公安分局做法是否合法？

2. 公安机关在该案执法活动中，应遵循哪一国家机关组织活动原则？

### 一、国家机构的含义

（一）国家机构的概念

国家机构是全部国家机关的总和，是统治阶级为实现其国家职能而建立的国家机关的总称。从纵向看，国家机构包括中央国家机关和地方国家机关；从横向看，国家机构包括权力机关、行政机关、审判机关、检察机关和军事领导机关。国家机构不是各个国家机关的简单排列和组合，而是一个十分严密的权力组织体系，构成一个有机的整体。国家机关指的是一个国家的各个具体的国家权力部门，国家机构则是由各种国家机关按照一定的结构形式组成，各种不同的国家机关相互之间存在有机的联系，共同组成一个实现国家统治的统一的整体，这个整体就是国家机构。每一个国家机关内部也有自己的结构和组织，本身也构成一个整体，但各个国家的机关具有各自不同的功能，执行着不同的任务。国家机构是整体，国家机关是部分，前者是机器，后者是机器的零件。

（二）国家机构的特征

国家机构不同于一般的社会公共机构，它主要有以下几个特点：

1. 阶级性。国家机构是统治阶级的组织，为维护统治阶级的政权和经济利益服务，具有鲜明的阶级性。作为上层建筑的重要组成部分的国家机构，是由该社会在经济上占统治地位的阶级所掌握的，国家机构的各种活动都具有明显的阶级倾向和政治倾向。

2. 公共性。尽管国家机构本质上是阶级统治的工具，但其建立和运行是由宪法和法律规定的，以国家及全社会的名义进行活动。统治阶级的意志经过法律的程序，转化为国家意志并以国家的名义加以执行，其任务也以国家任务的名义提出。由于国家机构的活动涉及社会生活的各个领域，需要对整个社会生活进行有效的管理，调整不断出现的各类社会矛盾，维护社会的稳定秩序，因此，它的管理活动具有公共性。另外，国家机构的经费是由全社会来负担的，国家机构通过税收等手段由全体社会成员提供费用维持其运转。所以，现代国家机构从形式上来看，更具明显的公共性特征。

3. 强制性。国家机构的活动对于全体社会成员具有普遍的约束力，全体社会成员都必须遵守统治阶级所确立的各种社会规范，此种社会规范是以国家强制力为后盾的。在国家机构中，有的机关本身就是暴力机关，如警察、军队、监狱等，当然，并不是说所有国家机关都是暴力机关，也不是说国家机构的一切活动都要采取暴力或其他强制手段。国家为了行使它的社会职能而设立的各种社会管理机关，本身并不是暴力机关，也不一定要直接采取暴力手段，但是，它们不能离开暴力机关的支持。国家为了对社会进行管理，如组织抗灾和赈济灾民，都要制定相应的法律和法规，而法律本身就具有强制性，国家机构制定和执行法律、法规、命令等，都具有强制性，而要执行这些法律和法令，就必须要有暴力机关的支持。

4. 整体性。国家机构是一个严密的组织体系。国家权力本身是一个完整的整体，为使国家权力合理有序地运转，组成国家机构的各个机关之间不是相互分离或相互对立的，它们既分别设立，又密切联系，既明确分工，又相互配合。

为了贯彻统治阶级的意志，各个不同的国家机关从根本上说是相互依赖，相互合作的，并形成领导和指挥的网络，是一个完整的组织和权力系统。

5. 历史性。国家机构与国家一样，是一个历史的范畴，它随着国家的产生而产生，随着国家的消亡而消亡。马克思主义认为，原始社会没有国家，所以也没有国家机构，未来的共产主义社会也没有国家，那时，科学合理高效的社会管理机构将取代带有强烈政治统治功能的国家机构。

## 二、我国国家机构的组织活动原则

国家机构的组织活动原则是指依照宪法和法律的规定，国家机关在其组织和活动的过程中必须遵守和执行的准则。我国国家机构的组织和活动原则主要有以下几个方面：

### （一）民主集中制原则

民主集中制是社会主义民主制度的最本质体现，是社会主义国家政权的根本的组织和活动原则，因而也是我国国家机构共同遵循的组织和活动的基本原则。现行《宪法》第3条第1款规定："中华人民共和国的国家机构实行民主集中制的原则。"

民主集中制是民主与集中相结合的制度。一方面，民主要受到集中的制约，民主是集中指导下的、能够造成和实现正确集中的民主；另一方面，集中也要受到民主的制约，集中是在民主基础上的、始终包含着民主成分和因素的集中。民主和集中相辅相成、不可分割。就民主而言，发扬民主的过程是由大多数人决定问题的过程。国家机关对重大问题的决定，要广泛听取群众的各方面意见，充分调动广大群众的积极性和主动性，使他们充分行使当家做主的权利，从而实现人民群众的根本利益和要求。就集中而言，集中过程也是汇集大多数人意见的过程。国家机关要在听取大多数人意见的基础上形成统一的意志，形成正确的决定，集中统一处理国家事务，以保证政策和法律的统一。

根据现行《宪法》第3条的规定，我国国家机构实行民主集中制原则主要表现为三个方面的关系：

1. 各级人民代表大会由民主选举产生，对人民负责，受人民监督。全国人民代表大会和地方各级人民代表大会都是在民主的基础上由人民选派代表组成，选民或原选举单位有权罢免不称职的代表，这表明了人民代表大会有着坚实的民主基础。全国人民代表大会的主要工作是制定法律，集体决定国家的重大问题，这种工作过程又是把人民的意志集中起来的过程，这是民主基础上的集中。

2. 国家行政机关、审判机关和检察机关都由人民代表大会产生，对它负责，受它监督。各级人民代表大会是人民行使国家权力的机关，它充分体现和反映民意，由它产生其他国家机关，表明国家机关都是在民主基础上产生的，是民主的体现；同时，这些国家机关一经产生便具有相对的独立性，他们根据宪法和法律的规定集中地处理属于各自职权范围内的国家事务，这又体现了集中。

3. 中央和地方国家机构职权的划分，遵循在中央的统一领导下，充分发挥地方的主动性、积极性的原则。地方国家机关有处理地方事务的职权，才不会导致权力过分集中到中央，中央国家机关在行使职权时必须要充分考虑各地方的不同情况和特点，在此基础上实行统一领导。

（二）责任制原则

责任制原则是指国家机关及其工作人员行使职权和履行职务均应对其后果负责的制度。在我国，权力和责任是紧密联系而且相互统一的，因此，有权力者必有责任，不行使权力者不承担责任，不存在没有权力的责任，也不存在没有责任的权力。我国《宪法》第27条规定，一切国家机关实行精简的原则，实行工作责任制。因此，在不同的国家机关内部，由于机关性质的不同而有不同的工作责任制，具体表现为集体负责制和个人负责制两种形式。

1. 集体负责制是指全体组成人员和领导成员的地位和权力平等，在重大问题的决定上，由全体组成人员集体讨论，并且按照少数服从多数的原则作出决定，集体承担责任。根据宪法规定，全国人民代表大会及其常委会、地方各级人大及其常委会在行使职权时，实行集体领导和集体负责制，即一切重大问题的决定必须举行会议，由全体组成人员集体讨论并集体作出决定。在议决过程中，每个代表或委员的权利是平等的，每个人只有一个投票权，实行少数服从多数的原则。集体负责制能够集思广益，充分发挥集体的智慧和作用，避免主观性、片面性，而且还可以避免国家权力过分地集中于个人或极少数人手中，防止独断专行。

2. 个人负责制是由首长个人决定问题并承担相应责任的领导体制，又称首长负责制。我国《宪法》第88条规定，总理领导国务院的工作。副总理、国务委员协助总理工作。《宪法》第93条规定，中央军事委员会实行主席负责制。第105条规定，地方各级人民政府实行省长、市长、县长、区长、乡长、镇长负责制。因此，我国各级行政机关和军事机关都实行个人负责制。个人负责制分工明确，权责相当，讲究效率，在执行决定时可以避免出现无人负责或推卸责任的现象，能够发挥首长个人智慧和才能，决策果断迅速，能提高工作责任和效率，因而适合于国家行政机关和军事机关的性质和工作特点。同时，实行个人负责制的均为执行机关，在工作中并不排斥民主基础上的集体讨论。因此，个人负责制也是民主集中制的表现形式。

（三）法治原则

法治是与人治相对立的一种原则，它包含的内容相当丰富。法治原则首先是作为宪法的原则而存在，各国宪法在体现法治原则时尽管形式不同，但都强调法律面前人人平等，反对特权，保障公民的基本权利和自由，反对滥用职权等。同样，法治原则也贯穿于我国的一切国家机关之中，体现为国家机构的组织、国家机关的职权和行使职权的程序都得由法律规定，并且都必须严格遵守。否则，都可以视为违法行为，都要受到法律的追究。

我国《宪法》第5条第4款规定："一切国家机关和武装力量、各政党和各社会团体、各企业事业组织都必须遵守宪法和法律。一切违反宪法和法律的行为，必须予以追究。"因此，一切国家机关都要严格按照国家的宪法和法律组织和开展活动，切实做到有法可依、有法必依、执法必严、违法必究。社会主义法治原则的核心就是依法治国，建设社会主义法治国家。

国家机关贯彻法治原则，对于当前的中国具有非常重大的意义。我们要建设社会主义的法治国家，掌握国家权力的国家机关，实行法治原则和实现法治状态至关重要。我国封建社会的历史悠久，封建特权思想影响深远，法律虚无主义多年来时有表现，有时甚至很突出。在国家机关的工作人员中，至今还有一些人存在模糊认识，重政策，轻法律。也有不少国家机关工作人员认为，严格依法办事的法治原则主要是针对司法机关及其工作人员，与己无关。这些错误思想和认识，其消极作用是不可低估的。为此，进一步健全和完善我国的法律制度，加强法律监督，严格执法，防止国家机关及其工作人员失职或越权，对切实维护人民的合法权利和利益，保障国家的长治久安，都是十分迫切的。

**[导入案例分析]**

导入案例9-1中，公安分局的做法是违法的，它违反了我国宪法赋予公民的"人格尊严不受侵犯"的规定。公安机关在执法活动中，应遵循社会主义法治原则。因为，我国《宪法》规定，一切国家机关和武装力量，各政党和各社会团体，各企业事业组织都必须遵守宪法和法律。因此，公安机关在执法过程中，要处理好国家权力与公民权利间的关系，有法必依、执法必严。

（四）精简、效率原则

精简和效率原则指国家机关及其工作人员的设置必须依法确定限额，定员定岗，职责明确，层次清楚，精兵简政；处理国家事务时能够及时、正确、妥善。任何现代国家的国家机构在实现其政治统治和社会管理的职能时，都要求尽可能节约财政开支，减轻社会负担，勤政廉政，克服官僚主义。

我国是人民当家做主的国家，国家的阶级本质决定了国家机关应该是精简、高效的。但由于我国国家机关建立和发展的历史原因，致使它在以后的发展中形成了诸如党政机构重叠、机构臃肿、职责不明、办事效率低、吃"大锅饭"和终身制等弊端。尽管曾进行过多次机构改革，但都出现精简——膨胀——再精简——再膨胀的恶性循环现象。历史资料显示，从新中国成立至今，我国已经对国务院下属机构的组成和职能作出过12次不同程度的调整。而2013年3月第十二届全国人大第一次会议通过的《国务院机构改革和职能转变方案》，则是新中国成立以来我国第十三次国务院机构大的调整。因此，机构改革、精兵简政已成为政治体制改革的紧迫任务，也是深化经济改革、建立市场经济体制和加快现代化建设的重要条件。

（五）为人民服务原则

为人民服务原则是指国家机关及其工作人员应从人民群众的利益出发，树立群众观点，坚持群众路线，做好人民的公仆，努力为人民服务。我国是人民民主专政的社会主义国家，国家的一切权力属于人民，人民是国家的主人。一切国家机关工作人员都应当是人民的勤务员。我国《宪法》第27条第2款规定："一切国家机关和国家工作人员必须依靠人民的支持，经常保持同人民的密切联系，倾听人民的意见和建议，接受人民的监督，努力为人民服务。"这一原则在国家机构中具体表现为：

1. 全国人民代表大会及其常务委员会、有关地方人民代表大会及其常务委员会作为制定国家和地方的法律、法规、政策，领导各方面工作的机关，其一切立法和决策活动都要从最大多数人的最高利益出发，为人民的根本利益服务。

2. 各级国家机关及其工作人员在工作中必须认真贯彻"从群众中来，到群众中去"的工作方法，密切联系群众，倾听他们的意见和要求，尊重人民的国家主人的地位，确立为人民服务的具体办法和措施，不断取得人民的信任和支持，从而使各个国家机关能够和人民群众呼吸相通、艰苦与共，提高为人民服务的效能。

3. 开辟各种途径，广泛地吸引人民群众参加国家管理，这既是我国政权本质的要求，也是贯彻群众路线的重要形式和有效方法。如组织人民群众参加宪法草案以及其他重要法律、法规草案和重大决策的讨论；认真处理人民的来信来访；建立人民代表联系群众的制度；吸引群众通过各种会议、报刊、座谈等发表个人意见、建议等。

4. 倾听群众的批评和意见，接受人民群众的监督。为防止人民的公仆蜕变为"人民的主人"，必须将各个国家机关及其工作人员为人民服务的状况，交给人民检验、评判和监督。只有将国家机关及其工作人员置于广大人民群众的监督之下，才能体现我国政权的人民性。

（六）民族平等原则

我国《宪法》第4条第1款规定："中华人民共和国各民族一律平等。"我国是统一的多民族国家，民族平等是民族团结的基础。社会主义民主的基本内容之一就是各民族人民共同当家做主。民族平等原则在我国国家机构中的主要表现是：

1. 人口特少的少数民族至少有代表1人参加到国家最高权力机关中去。

2. 在全国人大常委会组成人员中，应当有适当数量的少数民族代表。

3. 全国人大设民族委员会，协助全国人大及其常委会就民族事务方面立法或者其他民族事务作出决定。

4. 国务院管理和领导民族事务，国务院设民族事务委员会，作为国务院领导下专门管理民族事务的机关。

5. 在诉讼过程中应尊重少数民族使用本民族语言文字的权利。

6. 在少数民族聚居的地方实行区域自治，设立自治机关，行使自治权。

## 第二节 全国人民代表大会及其常务委员会

**导入案例**

**9-2**

近几年来，不少地方的人大及其人大常委都开展了专题询问和质询。2010年9月15日，上海市人大常委会在听取和审议“市政府关于建立世博会后城市管理长效机制情况的报告”后，曾组织代表向市政府一委八局的负责人进行专题询问。2011年11月25日，江苏省十一届人大常委会第二十五次会议专门安排联组会议，就保障性住房建设工作情况向省政府有关部门进行专题询问。全国人大也先后两次开展专题询问。1989年5月，参加湖南省七届人大二次会议的31名代表就有关问题向省政府提出质询案，而负责该项工作的副省长对此却一问三不知，于是代表们提出了罢免案，致使该副省长被罢免。2007年，广东省九届人大三次会议上，佛山市代表团的25位代表对广东省环保局提出质询案。全国人大也进行过两次质询，即1980年宝刚质询案和2000年九届全国人大辽宁代表团的30位全国人大代表就烟台“11·24”特大海难事故质询交通部。

问：询问和质询有哪些异同？

### 一、全国人民代表大会

(一) 性质和地位

我国《宪法》规定，全国人民代表大会是最高国家权力机关，行使国家立法权。全国人民代表大会是全国人民的代表机关，代表全国人民行使国家的最高权力，它既是全国人民意志和利益的最高代表者，也是全国人民权力的最高体现者，是掌握和拥有国家最重要、最根本权力的机关。全国人民代表大会在我国的国家机构体系中居于首要地位，任何其他国家机关都不能超越于全国人民代表大会之上或与之并列。我国的最高国家行政机关、最高国家审判机关、最高检察机关都是由全国人民代表大会产生的，对全国人民代表大会负责，受全国人民代表大会监督。全国人民代表大会制定的法律，作出的决定和决议，其他一切国家机关都必须遵守和执行。其他国家机关在法律规定的范围内独立负责地开展工作，但不能违背全国人民代表大会的意志，脱离全国人民代表大会的监督。

（二）组成和任期

1. 全国人民代表大会的组成。全国人民代表大会由省、自治区、直辖市的人民代表大会以及特别行政区和军队选出的代表组成，各民族、各阶层、各党派、各地方，包括妇女、归侨和少数民族在全国人民代表大会都有适当的代表，这表明目前我国采取的是地域代表制与职业代表制相结合，以地域代表制为主的代表制度。我国人口众多，民族众多，城乡和地区差别很大，我国《选举法》总结以往的经验，根据现实状况，规定全国人民代表大会代表的总名额不超过3000 人。

2. 全国人民代表大会的任期。《宪法》规定，全国人民代表大会每届任期 5 年，法律没有限制代表的连任，但每 5 年必须换届，重新进行选举，组成新一届的全国人民代表大会。

为了保证全国人民代表大会工作上的衔接，每届全国人民代表大会任期届满的 2 个月以前，全国人民代表大会常务委员会必须完成下届全国人民代表大会代表的选举。如果遇到不能选举的非常情况，由全国人民代表大会常务委员会的全体委员的 2/3 以上的多数通过，可以延长本届全国人民代表大会的任期。在非常情况结束后的 1 年内，必须完成下届全国人民代表大会代表的选举。

（三）职权

根据宪法规定，全国人民代表大会的职权主要包括以下几方面：

1. 全国人民代表大会行使国家立法权。全国人民代表大会有权修改宪法，制定和修改基本法律。基本法律是全国人民代表大会根据宪法制定的，关系到全国各族人民根本利益的，在我国法律体系中最重要的法律，包括刑法、民法、刑事诉讼法、民事诉讼法、全国人民代表大会组织法、国务院组织法、民族区域自治法、有关设立特别行政区及特别行政区内管理制度的法律等。

2. 选举、决定和罢免国家机关的重要领导人。根据宪法规定，全国人民代表大会选举全国人民代表大会常务委员会委员长、副委员长、秘书长和委员；选举中华人民共和国主席和副主席；根据国家主席的提名，决定国务院总理的人选；根据国务院总理的提名，决定国务院副总理、国务委员、各部部长、各委员会主任、审计长、秘书长的人选；选举中央军事委员会主席；根据中央军事委员会主席的提名，决定中央军事委员会的副主席和委员；选举最高人民法院院长和最高人民检察院检察长。

对于上述人员，全国人民代表大会有权依照法定程序予以罢免。罢免案由全国人民代表大会3个以上的代表团或1/10以上的全国人大代表提出，由主席团提请大会审议，经全体代表的过半数同意才能通过。

3. 国家重大问题的决定权。全国人民代表大会有权审查和批准国民经济和社会发展计划及计划执行情况的报告；审查和批准国家预算及预算执行情况的报告；批准省、自治区、直辖市的建置；决定特别行政区的设立及其制度；决定战争与和平问题，等等。

4. 行使国家最高监督权。全国人民代表大会有权监督宪法和法律的实施，有权改变和撤销全国人民代表大会常务委员会不适当的决定；有权监督全国人民代表大会常务委员会、国务院、最高人民法院和最高人民检察院的工作。宪法规定，全国人民代表大会常务委员会、国务院、最高人民法院和最高人民检察院都要对全国人民代表大会负责并报告工作；中央军事委员会主席对全国人民代表大会负责。全国人民代表大会会议期间，1个代表团或者30名以上全国人大代表联名，可以书面提出对国务院和国务院各部委的质询案，由主席团决定交受质询机关书面答复，或者由受质询机关的领导人在主席团会议上或者有关的专门委员会会议上或者有关的代表团会议上口头答复。

5. 其他应当由全国人民代表大会行使的职权。《宪法》规定，全国人民代表大会有权行使“应当由最高国家权力机关行使的其他职权”。此项规定进一步保障了全国人民代表大会的地位，为全国人民代表大会处理新情况、新问题提供了宪法依据。

（四）会议制度和工作程序

1. 会议制度。全国人民代表大会的工作方式主要是举行会议，以作出全体会议决议的方式行使职权。全国人民代表大会每年举行一次会议，由全国人民代表大会常务委员会召集。如果全国人民代表大会常务委员会认为必要，或者有1/5以上的全国人民代表大会代表提议，可以召开全国人民代表大会临时会议。

全国人民代表大会举行会议的时候，设立主席团。主席团是临时性决策机构，主要任务：①主持本次会议；②提出最高国家机关领导人的人选和确定正式候选人名单；③组织代表团审议各项议案；④处理代表团和代表在会议期间提出的议案、罢免案、质询案；⑤草拟大会通过的决议草案。主席团推选常务主席若干人，召集和主持主席团会议；主席团推选大会执行主席，主持和掌握大会的进程；主席团设立秘书长，秘书长处理会务。

全国人民代表大会代表按照选举单位组成代表团，并分别推选团长和副团长。代表团还可分成几个代表小组。代表团在每次全国人民代表大会会议举行前，讨论全国人民代表大会常务委员会提交议案；代表团团长或由代表团推选的代表，在主席团会议上或大会全体会议上，代表代表团对审议的议案发表意见；代表团举行会议，对大会议题进行讨论。在会议期间，也可举行代表团团长会议，讨论决定有关问题。

全国人民代表大会会议期间，国务院的组成人员、中央军委的组成人员、最高人民法院院长、最高人民检察院检察长列席会议。其他国家机关、团体的负责人，经主席团决定也可以列席会议。

2. 工作程序。全国人民代表大会的工作以讨论、审议并通过议案为主，其基本程序是：

（1）提出议案。全国人民代表大会主席团、全国人民代表大会常务委员会、全国人民代表大会各专门委员会、国务院、中央军事委员会、最高人民法院、最高人民检察院、1 个代表团或者 30 名以上代表联名，可以向全国人民代表大会提出属于全国人民代表大会职权范围内的议案。

（2）审议议案。对国家机关提出的议案，由主席团决定交各代表团审议，或并交有关专门委员会审议、提出报告，再由主席团审议决定提交大会表决；对 1 个代表团和 30 名以上代表联名提出的议案，由主席团决定是否列入大会议程，或者先交有关专门委员会审议，提出是否列入大会议程的意见，再决定是否列入大会议程。

（3）表决议案。议案经审议后，由主席团决定提交大会，并由主席团决定大会采用投票、举手或其他的方式对议案进行表决。宪法修正案由全国人民代表大会全体代表的 2/3 以上的多数同意通过，法律和其他议案由全体代表的过半数同意通过。

（4）公布议案。法律由国家主席以发布命令的形式公布；选举结果及重要决议案，由全国人民代表大会会议主席团发布公告或由国家主席发布命令予以公布。

## 二、全国人民代表大会常务委员会

### （一）性质和地位

全国人民代表大会常务委员会是全国人民代表大会的常设机关，也是行使国家立法权的机关，是最高国家权力机关的重要组成部分。它由全国人民代表大会产生，受全国人民代表大会监督，对全国人民代表大会负责并报告工作。

同时，在全国人民代表大会闭会期间，国务院、中央军事委员会、最高人民法院、最高人民检察院都要向全国人民代表大会常务委员会负责，接受其监督。

（二）组成和任期

1. 全国人民代表大会常务委员会的组成。全国人民代表大会常务委员会由全国人民代表大会选举委员长1人，副委员长若干人，秘书长1人和委员若干人组成。他们在每届全国人民代表大会第一次会议时从全国人大代表中选举产生，其中应当有适当名额的少数民族代表，而且全国人民代表大会常务委员会的组成人员不得担任国家行政机关、审判机关和检察机关的职务。

2. 全国人民代表大会常务委员会的任期。全国人民代表大会常务委员会的任期与全国人民代表大会相同，即每届5年，但两者在任期结束的时间上略有不同。下届全国人民代表大会第一次会议开始时，上届全国人民代表大会的任期即告结束。而上届全国人民代表大会常务委员会则需要在下届全国人民代表大会常务委员会产生以后才能结束，上届全国人民代表大会常务委员会要负责召集下一届全国人民代表大会第一次会议。此外，全国人民代表大会常务委员会委员长、副委员长连续任职不得超过两届。

（三）职权

按照宪法和有关法律的规定，全国人民代表大会常务委员会的职权可以归纳为以下几个方面：

1. 制定、修改和补充法律的权力。立法权是全国人民代表大会常务委员会的一项重要职权，也是它的一项最主要的经常性工作。《宪法》第67条规定，全国人民代表大会常务委员会有权制定和修改除应当由全国人民代表大会制定的法律以外的其他法律；在全国人民代表大会闭会期间，对全国人民代表大会制定的法律进行部分补充和修改，但是不得同该法律的基本原则相抵触。

2. 宪法和法律解释权。全国人民代表大会常务委员会有权解释宪法和法律，其中全国人民代表大会常务委员会是我国解释宪法的唯一机关。同时全国人民代表大会常务委员会所解释的法律不限于它自己所制定的法律，也包括由全国人民代表大会制定的法律。法律有以下情况之一的，由全国人民代表大会常务委员会解释：①法律的规定需要进一步明确具体含义的。②法律制定后出现新的情况，需要明确适用法律依据的。国务院、中央军事委员会、最高人民法院、最高人民检察院和全国人大各专门委员会以及各省、自治区、直辖市的人民代表大会常务委员会可以向全国人民代表大会常务委员会提出法律解释要求。

3. 监督权。全国人民代表大会常务委员会的监督权可分为法律监督和工作监督两方面：

（1）根据宪法的规定，全国人民代表大会常务委员会有权监督宪法和法律的实施，有权撤销国务院制定的同宪法和法律相抵触的行政法规、决定和命令；有权撤销省、自治区、直辖市国家权力机关制定的同宪法、法律和行政法规相抵触的地方性法规和决议；审查自治条例和单行条例是否符合宪法和法律。

（2）全国人民代表大会常务委员会还有权监督国务院、中央军事委员会、最高人民法院和最高人民检察院的工作。其主要方式有听取工作汇报、开展执法检查、组织特定问题调查委员会、质询，等等。

4. 任免权。全国人民代表大会常务委员会享有广泛的人事任免权，它对国家机关工作人员的任免包括两种情况：

（1）本应由全国人民代表大会任免的国家机关领导人，由于全国人民代表大会已经闭会，只能由全国人民代表大会常务委员会来任免。宪法规定，在全国人民代表大会闭会期间，全国人民代表大会常务委员会根据国务院总理的提请，决定部长、委员会主任、审计长、秘书长的人选；根据中央军事委员会主席的提名，决定中央军事委员会其他组成人员的人选。

（2）由宪法规定直接由全国人民代表大会常务委员会任免的国家机关工作人员。全国人民代表大会常务委员会有权根据最高人民法院院长的提请，任免最高人民法院副院长、审判员、审判委员会委员和军事法院院长；根据最高人民检察院检察长的提请，任免最高人民检察院副检察长、检察员、检察委员会委员和军事检察院检察长，并且批准省、自治区、直辖市人民检察院检察长的任免；决定驻外全权代表的任免。

5. 国家重大事项决定权。此项职权主要表现为：在全国人民代表大会闭会期间，审查和批准国民经济和社会发展计划、国家预算在执行过程中所必须作的部分调整方案；批准和废除我国同外国缔结的条约和重要协定；规定军人和外交人员的衔级制度和其他专门衔级制度；规定和决定授予国家勋章和荣誉称号；决定特赦；在全国人民代表大会闭会期间，如果遇到国家遭受武装侵犯或者必须履行国际共同防止侵略的条约的情况，决定战争状态的宣布；决定全国总动员或局部动员；决定全国或者个别省、自治区、直辖市进入紧急状态。

6. 全国人民代表大会授予的其他职权。如第六届全国人民代表大会第五次会议授权全国人民代表大会常务委员会审议批准中葡两国政府关于澳门问题联合声明。根据这个授权，第六届全国人民代表大会常务委员会第二十一次会议批准了该联合声明。

除上述职权外，全国人民代表大会常务委员会还主持全国人民代表大会代表的选举；召集全国人民代表大会会议；在全国人民代表大会闭会期间，领导各专门委员会的工作，等等。

（四）会议制度与工作程序

1. 会议制度。全国人民代表大会常务委员会也是会议制机关，它主要通过举行会议，以作出会议决定的形式行使其职权。全国人民代表大会常务委员会目前有两种会议形式，即全体会议和委员长会议。

（1）全体会议是全国人民代表大会常务委员会依法行使职权的基本会议形式，一般每两个月举行一次，由委员长召集并主持。必要时，由委员长会议决定，也可以临时召集。全体会议须有全国人民代表大会常务委员会全体组成人员过半数出席才能举行。

（2）委员长会议由委员长、副委员长、秘书长参加，副秘书长列席，经委员长或负责常务工作的副委员长确定，有关部门的负责人可以列席委员长会议。委员长会议由委员长召集并主持，委员长可以委托副委员长主持。委员长会议主要处理全国人大常委会的重要日常工作，根据需要不定期召开。

2. 工作程序。国务院、中央军事委员会、最高人民法院、最高人民检察院、全国人民代表大会各专门委员会及常务委员会组成人员10人以上联名，可以向全国人民代表大会常务委员会提出属于其职权范围内的议案。国家机关提出的议案和常务委员会组成人员10人以上提出的议案，由委员长会议决定是否提请常务委员会会议审议，或者先交有关的专门委员会审议、提出报告，再决定是否提请常务委员会会议审议。对列入议程的议案，提出议案的机关，有关专门委员会和常务委员会的有关工作部门应提供有关资料，在听取议案说明后再分组审议，并交有关专门委员会审议。

对于列入会议议程的法律案，根据《立法法》的要求，一般应当经三次全国人大常委会会议审议后再交付表决。议案经审议后，由全国人大常委会全体会议进行表决，全体组成人员过半数同意才能通过。法律通过后由国家主席公布，其他决议由全国人大常委会自行公布。

**三、全国人民代表大会各专门委员会**

（一）性质和地位

全国人民代表大会为有效行使各项职权，根据工作需要，依据宪法设立专门委员会。专门委员会是从全国人民代表大会代表中选出一部分代表，按照专业分工组织起来进行工作的，由全国人民代表大会产生，受全国人民代表大会领导；在全国人民代表大会闭会期间，受全国人民代表大会常务委员会领导。专门委员会是全国人民代表大会及其常务委员会的常设工作机关，不是最后决定问题的国家权力机关。它没有独立的法定职权，不能对外发号施令，主要职责是帮助全国人民代表大会及其常务委员会研究、审议和拟定有关议案。目前，全国人民代表大会共有 9 个专门委员会，分别是民族委员会、法律委员会、内务司法委员会、财政经济委员会、教育科学文化卫生委员会、外事委员会、华侨委员会、环境与资源保护委员会、农业与农村委员会。

（二）组成产生和任期

全国人民代表大会专门委员会由主任委员 1 人、副主任委员若干人和委员若干人组成，其人选由大会主席团从代表中提名，大会通过。大会闭会期间，全国人民代表大会常务委员会可以补充任命个别副主任委员和部分委员。基于专门委员会工作专业化和经常化的特点，专门委员会组成人员大多数是某一领域的专家，或在某一领域长期工作的人士。为了加强专门委员会的工作，法律规定，各专门委员会可以由全国人民代表大会常务委员会任命若干不是代表的专家担任顾问，顾问可以列席专门委员会的会议，并对专门委员会审议的议案发表意见和建议。

全国人大专门委员会的任期与全国人大每届任期相同。

## 四、全国人民代表大会代表

（一）全国人民代表大会代表的主要权利

1. 出席全国人民代表大会会议，并审议有关议案和报告。

2. 提出议案和建议。全国人民代表大会代表 30 人以上联名可以向全国人民代表大会提出议案；在全国人民代表大会会议期间，全国人民代表大会代表有权向全国人民代表大会提出对各方面工作的建议、批评和意见，有关部门必须研究处理并负责答复。

3. 提出质询案和进行询问。在全国人民代表大会会议期间，全国人民代表大会代表 30 人以上联名可以依法律规定的程序书面提出对国务院及其各部委、最高人民法院、最高人民检察院的质询案。受质询机关提质询案的代表半数以上对答复不满意的，可以要求受质询机关再作答复。在全国人民代表大会审议议案时，全国人民代表大会代表还可以向有关国家机关提出询问，由有关机关派人在代表团全体会议或代表团小组会上进行说明。

4. 提出罢免案。全国人民代表大会会议期间，1/10 以上全国人大代表联名可以提出对国家主席、副主席、全国人民代表大会常务委员会组成人员、国务院和中央军事委员会的组成人员、最高人民法院院长、最高人民检察院检察长的罢免案。

5. 提议组织特定问题调查委员会。1/10 以上代表联名，可以提议组织特定问题调查委员会，由大会主席团提请大会全体会议决定。

6. 人身特别保护权。根据《宪法》规定，全国人民代表大会代表在全国人民代表大会会议期间，非经大会主席团许可，在全国人民代表大会闭会期间，非经全国人民代表大会常务委员会许可，不受逮捕或者刑事审判。如果因为其是现行犯被拘留，执行拘留的机关应当立即向全国人民代表大会主席团或者全国人民代表大会常务委员会报告。

7. 言论免责权。全国人民代表大会代表在全国人民代表大会各种会议上的发言和表决不受法律追究。同时，他们在列席原选举单位的人民代表大会各种会议上的发言，也不受法律追究。

8. 视察或执法检查。全国人民代表大会代表可以根据全国人民代表大会常务委员会统一安排对本级或者下级国家机关和有关单位的工作进行执法检查，也可以就地进行视察。

9. 物质保障权。全国人民代表大会代表执行职务时，其所在单位必须给予时间保障，并应按正常出勤对待，享受工资和其他待遇，国家根据实际需要给予适当的补贴和物质上的便利。

（二）全国人民代表大会代表的主要义务

根据宪法和法律规定，全国人大代表应履行以下义务：模范地遵守宪法和法律，保守国家秘密；应当同原选举单位和人民保持密切联系；接受原选举单位的监督。

**[导入案例分析]**

询问和质询都是监督法明确规定的监督方式，虽只有一字之差，但还是有法定区别的。询问没有具体的法律规定前提，具有法律的灵活性，询问既可以了解情况，也可以提出批评和意见、建议。质询则有明确的法律规定程序，质询更多地带有批评、责问性质，比询问更具“刚性”。虽然询问与质询的法律规定不同，但是作为法定的人大监督权，都能起到一定的法律监督效果，即监督和推动“一府两院”有关部门认真对待和切实解决人民群众普遍关注的问题，而对于人民群众普遍关注的民生问题，人大通过专题询问如果仍然难以取得监督实效，就有必要依法提出质询案，责令有关部门限期予以答复和解决。

## 第三节 国家主席

**导入案例**

**9-3　　中华人民共和国主席令（第1号）**

根据中华人民共和国第十二届全国人民代表大会第一次会议的决定，任命李克强为中华人民共和国国务院总理。

中华人民共和国主席习近平
2013年3月15日

我国设立国家主席是1954年宪法确定的。1975年宪法取消了国家主席的建制。1982年宪法在总结我国政权建设和历史经验的基础上，从完善我国国家体制出发，恢复了国家主席的设置，并对国家主席的职权作了一些新的规定，使我国国家主席制度进一步完善和健全。

**一、国家主席的性质和地位**

国家主席既不是行政首脑，也不是权力机关首脑，他是一个独立的国家机关，从属于全国人民代表大会。

**二、国家主席的产生和任期**

（一）国家主席的产生

按照现行《宪法》的规定，国家主席、副主席由全国人民代表大会选举产生。现行《宪法》第79条规定："有选举权和被选举权的年满45周岁的中华人民共和国公民可以被选为中华人民共和国主席、副主席。"因此，当选中华人民共和国主席、副主席必须同时具备三个条件：①必须是中华人民共和国的公民；②必须有选举权和被选举权；③年满45周岁。之所以作这样的规定，主要考虑国家主席是一个崇高的职务，不仅要有丰富的政治阅历，而且必须在国内外享有较高的声誉和威望，只有到一定年龄的人，才可能具备这些条件。

（二）国家主席的任期

国家主席、副主席每届任期都是5年，连续任职不得超过两届。国家主席在任期未满前因病或因其他情况不能继续担任这一职务时，由国家副主席继任国家主席职位。副主席缺位时，由全国人民代表大会补选。国家主席、副主席都缺位时，由全国人民代表大会补选；在补选之前，由全国人民代表大会常务委员会委员长暂时代理主席职位。

**三、国家主席的职权及其特点**

（一）国家主席的职权

1. 公布法律权。全国人民代表大会及其常务委员会通过的法律，必须经国家主席公布才能生效施行。公布法律是一项立法程序，但国家主席对最高国家权力机关通过的法律无否决权，亦不能将法案退回而要求重新审议。

2. 提名权与任免权。国家主席有权向全国人民代表大会提名国务院总理的人选并根据全国人民代表大会及其常务委员会的决定，任免国务院总理、副总理、国务委员、各部部长、各委员会主任、审计长、秘书长。

3. 发布命令权。国家主席根据全国人民代表大会常务委员会的决定，发布特赦令、宣布进入紧急状态、宣布战争状态、发布动员令。

4. 外事权。国家主席代表中华人民共和国，进行国事活动，接受外国使节；根据全国人民代表大会常务委员会的决定，派遣和召回驻外全权代表，批准和废除同外国缔结的条约和重要协定。

5. 荣典权。国家主席根据全国人民代表大会常务委员会的决定，授予国家的勋章和荣誉称号。

国家副主席没有独立的职权，它的职责主要是协助国家主席工作。副主席可以受国家主席的委托，代替执行主席的一部分职权。副主席受托行使国家主席职权时，具有与国家主席同等的法律地位。

（二）国家主席职权行使的特点

综观国家主席职权，它表现出的基本特点是，国家主席不独立决定任何国家事务，他只是在全国人民代表大会或全国人民代表大会常务委员会对国家事务作出决定以后，予以宣布或执行。而且这种宣布或执行是必需的，实际上是履行特定的法律程序。国家主席不参加行政工作，他对全国人民代表大会不负行政责任。国家主席既不是行政首脑，也不是权力机关首脑，他是一个独立的国家机关，从属于全国人民代表大会。

## 第四节　国务院

**导入案例**

**9－4**

2010年7月，国务院正式批复了北京市政府关于调整首都功能核心区行政区划的请示，同意撤销东城区、崇文区，设立新的东城区，以原东城区、崇文区的行政区域为东城区的行政区域；撤销西城区、宣武区，设立新的西城区，以原西城区、宣武区的行政区域为西城区的行政区域。

问：国务院享有哪些行政区划的审批权？为什么北京市政府调整行政区划的请示需要国务院批复？

### 一、国务院的性质、地位、组成和任期

（一）性质和地位

我国的国务院即中央人民政府，是最高国家权力机关的执行机关，是最高国家行政机关。在我国，全国人民代表大会及其常务委员会行使国家立法权，

并就国家重大事项作出决定，但执行这些法律和决定的权力，属于由全国人民代表大会产生的国务院。国务院接受全国人民代表大会及其常务委员会的监督，向全国人民代表大会及其常务委员会负责并报告工作。

（二）组成和任期

国务院由总理、副总理若干人、国务委员若干人、各部部长、各委员会主任、审计长、秘书长组成。国务院是在每届新选举出的全国人民代表大会第一次会议上产生的。其程序为：国家主席提名国务院总理的人选，交全国人民代表大会决定。国务院其他组成人员的人选，由国务院总理提名，交全国人民代表大会决定。最后，由国家主席发布任命令。在全国人民代表大会闭会期间，根据国务院总理提名，全国人民代表大会常务委员会有权决定各部部长、各委员会主任、审计长和秘书长的人选。

现行国务院的组成与以前相比，一是增设了国务委员，其职位相当于国务院副总理级，受总理委托，负责某些专门工作或专项任务，并且可以代表国务院进行外事活动。二是增设了审计署，审计长成为国务院的组成人员。

国务院每届任期 5 年，总理、副总理、国务委员连续任职不得超过两届。

**二、国务院的职权**

国务院担负着组织和管理我国的政治、经济、文化、国防和外交等各方面的繁重任务，行使的职权范围非常广泛。现行《宪法》规定国务院有 17 项职权，并且可以接受全国人民代表大会及其常务委员会的授权行使其他职权。

（一）行政立法权

国务院有权根据宪法和法律，规定行政措施，制定行政法规，发布决定和命令。国务院作为最高国家权力机关的执行机关，在执行法律的过程中，有必要根据实际管理情况，作出行政决策，发布规范性文件。但是，国务院的行政立法权不是国家立法权，而是行政管理权的一部分，其效力低于宪法和法律，内容不能与宪法和法律相抵触，否则无效。

国务院的行政立法权除依职权进行立法活动外，还包括授权立法。国务院可以根据国家权力机关的特别授权就权力机关管辖的事务制定行政法规。如 1985 年全国人民代表大会第六届第三次会议决定，根据《宪法》第 89 条第 18 项的规定，授权国务院在必要的时候，对于有关经济体制改革和对外开放的问题，可以制定暂行的规定或者条例。这些问题本来属于国家权力机关的立法事项，需要国家权力机关制定法律，但是国家权力机关制定法律的条件尚不成熟，而实际工作中的问题又迫切需要得到及时和妥善地解决，以保证各项工作的顺利进行。因此，授权国务院制定暂行的规定或者条例是十分必要的。

（二）提出议案权

国务院有权向全国人民代表大会及其常务委员会提出包括法律草案在内的

议案，其范围包括：①国民经济和社会发展计划及其执行情况；②国家预算和预算执行情况；③必须由全国人民代表大会常务委员会批准和废除的同外国缔结的条约和重要协定；④必须由全国人民代表大会或全国人民代表大会常务委员会决定的任免；⑤其他必须由全国人民代表大会或全国人民代表大会常务委员会以法律规定的事项。

（三）行政领导权

国务院的行政领导权分为两个方面：①对中央和地方各级行政机关的统一领导，包括国务院各部、委、办、局以及地方各级国家行政机关的工作；②对全国性的行政事务的领导和管理，包括编制和执行国民经济和社会发展计划及国家预算，审定行政机构的编制，依照法律规定任免、培训、考核和奖惩行政人员。

（四）行政决策权

国务院有权批准省、自治区、直辖市的区域划分，批准自治州、县、自治县、市的建置和区域划分，依照法律规定决定省、自治区、直辖市范围内部分地区进入紧急状态等。

**[导入案例分析]**

导入案例9-4中，根据我国宪法和法律规定，国务院有权批准省、自治区、直辖市的区域划分，批准自治州、县、自治县、市的建置和区域划分。而北京市政府调整首都功能核心区行政区划，属于国务院有权批准的直辖市的区域划分范畴。

（五）行政监督权

国务院的行政监督权主要包括以下两点：

1. 国务院设立审计机关，对国务院各部门和地方各级政府的财政收支，对国家的财政金融机构和企业事业组织的财政收支，进行审计监督。审计机关可以根据审计情况，对违反国家财政法规和财政纪律的机关和个人作出处理决定。

2. 国务院有权改变或者撤销各部委发布的不适当的命令、指示和规章；有权改变或者撤销地方各级国家行政机关的不适当的决定和命令。

（六）全国人民代表大会及其常务委员会授予的其他职权

全国人民代表大会及其常务委员会授予的其他职权，是指宪法和有关法律没有明确授权，但在行政管理中需要由国务院行使的职权。

**三、国务院的机构设置和领导体制**

（一）机构设置

国务院的机构设置按其职能，主要分为以下几类：

1. 国务院办公厅。协助国务院领导处理国务院日常工作的机构，它在国务院秘书长的领导下开展工作，副秘书长协助秘书长工作，秘书长受总理领导。

2. 国务院组成部门。包括各部、各委员会和审计署，他们是国务院的主要机构，依法分别履行国务院基本的行政管理职能。

3. 国务院直属机构。主管国务院各项专门业务，具有独立行政管理职能的机构，包括海关总署、国家税务总局、国家环境保护总局、国家知识产权局、国家广播电影电视总局等。

4. 国务院办事机构。协助国务院总理办理专门事项，不具有独立的行政管理职能的行政机构，包括国务院外事办公室、国务院法制办公室、国务院新闻办公室、国务院台湾事务办公室等。

（二）领导体制

现行宪法在总结历史经验的基础上，规定国务院实行总理负责制，各部、各委员会实行部长、主任负责制。总理负责制即行政首长负责制是指总理领导国务院的全部工作，并就国务院的全部工作向最高国家权力机关负责。其具体表现为：

1. 国务院其他组成人员的人选由总理提名，经全国人民代表大会或全国人民代表大会常务委员会决定。在必要时，总理有权向全国人民代表大会或全国人民常务委员会提出免除他们职务的请求。

2. 总理领导国务院的工作，副总理、国务委员协助总理工作，国务委员受总理委托，负责某些方面的工作或者专项任务。各部部长、各委员会主任负责某一方面的工作。他们均须向国务院总理负责。

3. 总理召集和主持国务院会议，重大问题须经国务院会议讨论，总理在集体讨论的基础上形成国务院的决定。

4. 国务院发布的决定、命令和行政法规，向全国人民代表大会或全国人民代表大会常务委员会提出的议案，任免人员，均须总理签署，才有法律效力。

（三）会议制度

国务院会议分为全体会议和常务会议。《国务院组织法》规定，国务院工作中的重大问题，必须经国务院常务会议或者国务院全体会议讨论决定。

1. 常务会议。国务院常务会议由总理、副总理、国务委员、秘书长组成，一般每星期召开一次，由总理或总理委托副总理召集，主要讨论决定国务院工作的重大问题。

2. 全体会议。国务院全体会议由国务院全体组成人员组成，一般每两个月召开一次，由总理或总理委托副总理召集，主要讨论和部署国务院的重要工作，或者通报国内外形势和协调各部门的工作。

## 第五节 中央军事委员会

中央军事委员会是我国国家机构的重要组成部分。西方国家由于实行文官政治，军事领导权和指挥权一般都从属于行政权。而我国宪法则明确中央军事委员会作为军事领导机关，是从属于最高国家权力机关——全国人民代表大会的一个独立的国家机关。

### 一、中央军事委员会的性质、地位、组成和任期

#### （一）性质和地位

根据现行宪法规定，中央军事委员会是国家最高军事领导机关，是全国武装力量的最高决策机关，中央军事委员会领导全国武装力量，这是指中央军事委员会对全国武装力量负有领导权、决策权和指挥权。而对有关军事行政事务，包括国防建设事业的领导和管理，则是属于国务院的职权，包括军队的装备、编制、军事科研、军工建设等，都是由国务院下属的国防部负责领导和管理。

#### （二）组成和任期

中央军事委员会由主席1人、副主席若干人和委员若干人组成。中央军事委员会主席由全国人民代表大会选举产生，其他组成人员的人选，根据中央军事委员会主席的提名，由全国人民代表大会决定。在全国人民代表大会闭会期间，其他组成人员的人选，根据中央军事委员会主席的提名，由全国人民代表大会常务委员会决定。全国人民代表大会有权罢免中央军事委员会主席和其他组成人员。

中央军事委员会每届任期也是5年。需要指出的是，唯独对军委主席连续任职的届数未作限制，这主要是考虑到中央军事委员会和其他国家机关不同，它是全国武装力量的领导机关，要应付战争等紧急状态，如果宪法规定它的任期限制，可能会带来一些不利后果。

### 二、中央军事委员会的领导体制和职责

#### （一）领导体制

中央军事委员会实行主席负责制，主席有权对中央军事委员会职权范围内的事项作出最后决定，并由主席承担因此而产生的责任。

中央军事委员会实行主席负责制，目的是使国家最高军事领导机关有能力应付各种复杂的军事局面，对各种突然出现的军事动向作出果断、迅速的反应，有利于中央军事委员会发挥军事领导的职能，适应现代化战争的需要。

#### （二）职责

中央军事委员会是国家军事领导、决策和指挥机关，它领导全国武装力量，

履行巩固国防、抵抗侵略、保卫祖国的职责。中央军事委员会由全国人民代表大会产生，从属于全国人民代表大会。在全国人民代表大会闭会期间，中央军事委员会主席对全国人大常委会负责。中央军事委员会必须遵守全国人大及其常委会制定的法律，并且依照宪法和法律行使职权，同时必须执行全国人大及其常委会的决议、决定。全国人大有权罢免中央军事委员会主席及其他组成人员。全国人大常委会有权监督中央军事委员会的工作。宪法关于中央军事委员会主席对全国人大及常委会负责的规定，从制度上明确了中央军事委员会在国家机构体系中从属于最高国家权力机关，从而使宪法总纲中关于“中华人民共和国的武装力量属于人民”的规定有了根本保证。

中央军事委员会主席对全国人大及其常委会负责的形式，与最高国家行政机关、审判机关和检察机关的负责方式是不同的。宪法没有规定中央军事委员会主席要向全国人大报告工作，主要是因为军事事务具有高度的机密性，不能像其他国家机关那样，公开地、每年一次地报告工作。

现行宪法对中央军事委员会的具体职权没有作出规定，此外，1997 年 3 月颁布实施的《中华人民共和国国防法》第 13 条规定了中央军事委员会 10 个方面的职权。我国 2000 年颁布实施的《立法法》第 93 条明确规定，中央军事委员会根据宪法和法律，制定军事法规。中央军事委员会各总部、军兵种、军区，可以根据法律和中央军事委员会的军事法规、决定、命令，在其权限范围内，制定军事规章。

## 第六节 地方国家机关

**导入案例**

**9 -5**

安徽省阜阳市汽车驾驶员徐某于 1997 年丢失一辆面包车。1998 年 3 月，徐某找到了丢失的车辆，但颍东区插花派出所的联防队员张某此时却成了该车车主。原来，该车丢失后被人发现并报告了插花派出所，该所原所长潘某授意将车拖回了派出所。几个月后，潘某以 3000 元的价格将车卖给了该所民警周某。一个月后，周某又以 8000 元的价格将车转卖给了张某。徐某追要该车，而时任颍东区公安分局副局长的潘某要求徐某交 5000 元后才能把车开走。为了讨回丢失的面包车，徐某在随后的 5 年中先后向颍东区人民法院、阜阳市中级人民法院、阜阳市人民检察院起诉或申诉，但问题一直未能得到解决。2003 年 4 月，徐某向阜阳市人大常委会提出申诉，引起高度重视。阜阳市人大常委会于 6 月

19日正式成立了由9名成员组成的徐某申诉案特定问题调查委员会，对该案涉及的问题进行调查。调查委员会查清了全部事实后督促有关部门解决问题。在调查委员会的努力下，颍东公安分局主动与徐某协商理赔，一次性赔偿徐某经济损失33 000元，使案件得到圆满解决。2003年10月10日，阜阳市人大常委会听取了调查委员会的《调查报告》，并给予了充分肯定。

问：在我国，可以组织特定问题调查委员会的人大机构包括哪些？

## 一、地方各级人民代表大会及其常务委员会

### （一）地方各级人民代表大会

地方各级人民代表大会是宪法所规定的，按照行政区域建立起来的，代表民意的地方国家权力机关，它们与全国人民代表大会一起构成我国国家权力机关的体系。地方各级人民代表大会在本行政区域内处于首要地位，有权决定该地区的重大问题，在本行政区域内保证宪法、法律和行政法规的遵守和执行。本级地方国家行政机关、审判机关、检察机关都由它产生，对它负责，受它监督。

1. 组成和任期。地方各级人民代表大会是由选民或选举单位选出的代表组成的。省、自治区、直辖市、设区的市、自治州的人民代表大会代表，由下一级人民代表大会选举代表组成。县、自治县、不设区的市、市辖区、乡、镇的人民代表大会代表，由选民直接选出。

地方各级人民代表大会每届任期5年。

2. 职权。根据我国《宪法》和《中华人民共和国地方各级人民代表大会和地方各级人民政府组织法》的规定，地方各级人民代表大会的职权主要有以下几个方面：

（1）保证宪法和法律的实施。在本行政区域内，保证宪法、法律、行政法规和上级人民代表大会及其常务委员会决议的遵守和执行，保证国家计划和国家预算的执行。

（2）决定本地方的重大事项。审查和批准本行政区域内的国民经济和社会发展计划、预算以及它们执行情况的报告；讨论、决定本行政区域内的政治、经济、教育、科学、文化、卫生、环境和资源保护、民政、民族等工作的重大事项。

（3）人事任免权。选举和罢免本级人民代表大会常务委员会的组成人员；选举和罢免省长、副省长，自治区主席、副主席，市长、副市长，州长、副州长，县长、副县长，区长、副区长，乡长，副乡长，镇长，副镇长；选举和罢免本级人民法院院长和人民检察院检察长；其中人民检察院检察长，须报经上

一级人民检察院检察长提请该级人民代表大会常务委员会批准，等等。

（4）监督权。听取和审查本级人民代表大会常务委员会的工作报告；听取和审查本级人民政府和人民法院、人民检察院的工作报告；改变或者撤销本级人民代表大会常务委员会不适当的决定。

（5）制定地方性法规。省、自治区、直辖市的人民代表大会根据本行政区域的具体情况和实际需要，在不同宪法、法律、行政法规相抵触的前提下，可以制定和颁布地方性法规，报全国人民代表大会常务委员会和国务院备案。省、自治区人民政府所在地的市和经国务院批准的较大的市的人民代表大会根据本市的具体情况和实际需要，在不同宪法、法律、行政法规和本省、自治区的地方性法规相抵触的前提下，可以制定地方性法规，报省、自治区的人民代表大会常务委员会批准后施行，并由省、自治区的人民代表大会常务委员会报全国人民代表大会常务委员会和国务院备案。

（6）其他方面的职权。保护社会主义全民所有的财产和劳动群众集体所有的财产，保护公民私人所有的合法财产，维护社会秩序，保障公民的人身权利、民主权利和其他权利；保护各种经济组织的合法权益；保障少数民族的权利；保障宪法和法律赋予妇女的男女平等、同工同酬和婚姻自由等各项权利。

3. 会议制度。地方各级人民代表大会通过召开会议行使职权，会议每年至少举行一次。经过 1/5 以上代表提议，可以临时召集本级人民代表大会会议。

### （二）地方各级人民代表大会常务委员会

地方各级人民代表大会常务委员会设到县级，它是本级人民代表大会的常设机关，是本级地方国家权力机关的组成部分，它对本级人民代表大会负责并报告工作。本级人民代表大会有权产生或罢免本级人民代表大会常务委员会的组成人员。

1. 组成和任期。省、自治区、直辖市、自治州、设区的市的人民代表大会常务委员会，由本级人民代表大会在代表中选举主任、副主任若干人、秘书长、委员若干人组成。县、自治县、不设区的市、市辖区的人民代表大会常务委员会，由本级人民代表大会在代表中选举主任、副主任若干人和委员若干人组成。常务委员会的组成人员不得担任国家行政机关、审判机关和检察机关的职务。

县级以上地方各级人民代表大会常务委员会每届任期同本级人民代表大会每届任期相同，均为 5 年。它行使职权到下届本级人民代表大会选出新的常务委员会为止。

2. 职权。县级以上地方各级人民代表大会常务委员会的职权主要有以下几个方面：

（1）保证宪法和法律的实施。在本行政区域内，保证宪法、法律、行政法规和上级人民代表大会及其常务委员会决议的遵守和执行。

（2）制定地方性法规。县级以上地方各级人民代表大会常务委员会制定地方性法规的权力和程序与同级人民代表大会相同。

（3）人事任免权。在本级人民代表大会闭会期间，决定副省长、自治区副主席、副市长、副州长、副县长、副区长的个别任免；在省长、自治区主席、市长、州长、县长、区长和人民法院院长、人民检察院检察长因故不能担任职务的时候，从本级人民政府、人民法院、人民检察院副职领导人员中决定代理的人选；决定代理检察长，须报上一级人民检察院和人民代表大会常务委员会备案。根据省长、自治区主席、市长、州长、县长、区长的提名，决定本级人民政府秘书长、厅长、局长、委员会主任、科长的任免，报上一级人民政府备案；按照人民法院组织法和人民检察院组织法的规定，任免人民法院副院长、庭长、副庭长、审判委员会委员、审判员，任免人民检察院副检察长、检察委员会委员、检察员，批准任免下一级人民检察院检察长；省、自治区、直辖市的人民代表大会常务委员会根据主任会议的提名，决定在省、自治区内按地区设立的和在直辖市内设立的中级人民法院院长的任免，根据省、自治区、直辖市的人民检察院检察长的提名，决定人民检察院分院检察长的任免。

（4）决定本地方的重大事项权。讨论、决定本行政区域内的政治、经济、教育、科学、文化、卫生、环境和资源保护、民政、民族等工作的重大事项；根据本级人民政府的建议，决定对本行政区域内的国民经济和社会发展计划、预算的部分变更；决定授予地方的荣誉称号。

（5）监督权。监督本级人民政府、人民法院和人民检察院的工作，联系本级人民代表大会代表，受理人民群众对上述机关及国家工作人员的申诉和意见；撤销下一级人民代表大会的不适当的决议；撤销本级人民政府的不适当的决定和命令。

3. 会议制度。地方各级人民代表大会常务委员会会议由主任召集，每两个月至少举行一次。常务委员会的决议，由常务委员会以全体组成人员的过半数通过。

省、自治区、直辖市、自治州、设区的市的人民代表大会常务委员会主任、副主任和秘书长组成主任会议；县、自治县、不设区的市、市辖区的人民代表大会常务委员会主任、副主任组成主任会议。主任会议处理本级常务委员会的重要日常工作。

（三）专门委员会和调查委员会

1. 专门委员会。省 、自治区、直辖市、自治州、设区的市的人民代表大会根据需要，可以设法制（政法）委员会、财政经济委员会、教育科学文化卫生委员会等专门委员会。各专委员会受本级人民代表大会领导；在大会闭会期间，受本级人民代表大会常务委员会领导。

各专门委员会的主任委员、副主任委员和委员的人选，由主席团在代表中提名，大会通过。在大会闭会期间，常务委员会可以补充任命专门委员会的个别副主任委员和部分委员。各专门委员会在本级人民代表大会及其常务委员会领导下，研究、审议和拟订有关议案；对属于本级人民代表大会及其常务委员会职权范围内同本委员会有关的问题，进行调查研究，提出建议。

2. 调查委员会。县级以上的地方各级人民代表大会及其常务委员会可以组织特定问题的调查委员会。主席团或者1/10以上代表书面联名，可以向本级人民代表大会提议组织关于特定问题的调查委员会，由主席团提请全体会议决定。调查委员会应当向本级人民代表大会提出调查报告。人民代表大会根据调查委员会的报告，可以作出相应的决议。人民代表大会可以授权它的常务委员会听取调查委员会的调查报告，常务委员会可以作出相应的决议，报人民代表大会下次会议备案。

**[导入案例分析]**

导入案例9－5证明了，在我国，可以组织特定问题调查委员会的人大机构是县级以上的地方各级人民代表大会及其常务委员会。

（四）地方各级人民代表大会代表

1. 人大代表的权利。地方各级人民代表大会代表是本级国家权力机关的组成人员，依照宪法和法律赋予的职权，行使国家权力。

（1）人大代表10人以上联名，可以向本级人民代表大会提出属于人民代表大会职权范围内的议案；有权向本级人民政府和它所属的工作部门及人民法院和人民检察院提出质询案。在审议议案时，代表可以向有关的地方国家机关提出询问。

（2）人大代表有权向本级人民代表大会及其常务委员会提出对各方面工作的建议、批评和意见，代表提出的批评、建议和意见，由本级人民代表大会常务委员会的办事机构交有关部门研究处理并负责答复。

（3）在大会期间，人大代表非经本级人民代表大会主席团许可；在大会闭会期间，非经本级人民代表大会常务委员会许可，不受逮捕或者刑事审判。如果因为是现行犯被拘留，执行拘留的公安机关应当立即向该级人民代表大会主席团或者常务委员会报告。

（4）人大代表、常务委员会组成人员，在人民代表大会和常务委员会会议上的发言和表决，不受法律追究。

（5）人大代表在出席人民代表大会会议和执行代表职务的时候，国家给予往返的旅费和必要的物质上便利或者补贴。

2. 人大代表的义务。人大代表应当和原选举单位或者选民保持密切联系，宣传法律和政策，协助本级人民政府推进工作，并且向人民代表大会及其常务委员会、人民政府反映群众的意见和要求，人大代表受原选举单位或选民监督，原选举单位和选民有权罢免自己选出的代表。

## 二、地方各级人民政府

### （一）性质和地位

地方各级人民政府是地方各级人民代表大会的执行机关，是地方各级国家行政机关。作为地方各级人民代表大会的执行机关，地方各级人民政府都对本级人民代表大会负责并报告工作；县级以上地方各级人民政府在本级人民代表大会闭会期间，对本级人民代表大会常务委员会负责并报告工作。作为地方各级国家行政机关，地方各级人民政府都对上一级国家行政机关负责并报告工作，都是国务院统一领导下的国家行政机关，都服从国务院。

### （二）组成和任期

省、自治区、直辖市、自治州、设区的市的人民政府分别由省长、副省长，自治区主席、副主席，市长、副市长，州长、副州长和秘书长、厅长、局长、委员会主任等组成。县、自治县、不设区的市、市辖区的人民政府分别由县长、副县长，市长、副市长，区长、副区长和局长、科长等组成。

地方各级人民政府每届任期为5年。

### （三）职权

1. 执行本级人民代表大会及其常务委员会的决议，以及上级国家行政机关的决定和命令；执行国民经济和社会发展计划、预算。

2. 规定行政措施，发布决定和命令。

3. 省、自治区、直辖市的人民政府，省、自治区人民政府所在地的市和经国务院批准的较大的市的人民政府，可以制定规章。

4. 管理本行政区域内的经济、教育、科学、文化、卫生、体育事业、环境和资源保护、城乡建设事业和财政、民政、公安、民族事务、司法行政、监察、计划生育等行政工作。

5. 依照法律的规定任免、培训、考核和奖惩国家行政机关工作人员。

6. 依法保护公共财产和私人财产，保障公民和其他组织的合法权益，维护社会秩序。

7. 领导所属各工作部门和下级人民政府的工作，改变或者撤销所属各工作部门和下级人民政府的不适当的决定、命令。

8. 办理上级国家行政机关交办的其他事项。

（四）派出机关

省、自治区的人民政府在必要的时候，经国务院批准，可以设立若干行政公署，作为它的派出机关。

县、自治县的人民政府在必要的时候，经省、自治区、直辖市的人民政府批准，可以设立若干区公所，作为它的派出机关。

市辖区，不设区的市的人民政府，经上一级人民政府批准，可以设立若干街道办事处，作为它的派出机关。派出机关受派出的人民政府的委托，代表派出的人民政府行使行政管理权。同时，根据法律、法规的授权，也可以自己的名义进行行政管理。

## 第七节　国家审判机关和检察机关

**导入案例**

**9 -6**

涉嫌杀害同村人并已在监狱服刑11年的河南商丘农民赵作海案，因被害人赵振晌突然回家，被宣告无罪释放，河南省有关方面同时启动公、检、法三机关的责任追究机制。2010年5月9日上午，河南省高级人民法院召开新闻发布会，向社会通报赵作海案的再审情况。省法院张立勇院长亲自主持召开审判委员会，河南省人民检察院副检察长贺恒扬列席审判委员会，经对该案进行认真研究，审判委员会认为赵作海故意杀人一案是一起明显的错案。因此，审判委员会决定：①撤销省法院（2003）豫法刑一复字第13号刑事裁定和商丘中级人民法院（2002）商刑初字第84号刑事判决，宣告赵作海无罪。②省法院连夜制作法律文书，派员立即送达判决书，并和监狱管理机关联系放人。③安排好赵作海出狱后的生活，并启动国家赔偿程序。

问：审判委员会的性质、组成和任务是什么？

### 一、审判机关

我国的审判机关是各级人民法院。审判权是国家权力的组成分，是国家赋予法院依法对刑事案件、民事案件和其他案件进行审理和判决的权力。人民法院在诉讼过程中，通过对案件的审理，依法行使审判权，裁判法律纠纷，维持社会秩序。

（一）人民法院的性质和任务

《宪法》第123条规定，中华人民共和国人民法院是国家的审判机关。人民法院由同级国家权力机关产生，对其负责，向其报告工作，受其监督。人民法院独立于行政机关、社会团体和个人，依照事实和法律，独立行使审判权。

人民法院的任务是审判刑事案件和民事案件，并且通过审判活动，惩办一切犯罪分子，解决各类纠纷，以保卫人民民主专政制度，维护社会主义法制和社会秩序，保护社会主义的全民所有的财产、劳动群众集体所有的财产，保护公民私人所有的合法财产，保护公民的人身权利、民主权利和其他权利，保障国家的社会主义革命和社会主义建设事业的顺利进行。人民法院还要通过它的全部活动，教育公民忠于社会主义祖国，自觉遵守宪法和法律。

（二）人民法院的组成、任期和领导体制

1. 人民法院的组成。根据《宪法》和《人民法院组织法》的规定，我国的人民法院组织系统是最高人民法院，地方各级人民法院和专门人民法院，其依法行使属于各自管辖范围内的审判权。各级人民法院由院长1人，副院长和审判员等法官若干人组成。

2. 人民法院院长的任期。各级人民法院院长每届任期都为5年。最高人民法院院长连续任职不得超过两届。

3. 人民法院的领导体制。人民法院的领导体制是：最高人民法院对全国人民代表大会及其常务委员会负责并报告工作。地方各级人民法院对本级人民代表大会及其常务委员会负责并报告工作。下级人民法院的审判工作受上级人民法院监督。

（三）人民法院审判工作的基本制度

1. 两审终审制。两审终审制是指一个案件经过两级人民法院的审判即告审判终结的制度。

2. 审判监督制度。为了保证案件的正确处理，纠正错案，我国法律还规定了对已发生法律效力的错误判决和裁定的审判监督程序，其内容包括：各级人民法院院长对本院已发生法律效力的判决和裁定，如发现在认定事实上或在适用法律上确有错误，必须提交审判委员会处理；最高人民法院对各级人民法院、上级人民法院对下级人民法院已发生法律效力的判决和裁定，如发现确有错误，有权提审或指定下级人民法院再审；最高人民检察院对各级人民法院、上级人民检察院对下级人民法院已发生法律效力的判决和裁定，如发现确有错误，有权依照审判监督程序提出抗诉。

3. 合议制。合议制是指人民法院审理案件时，由3人以上单数的审判员或者审判员与人民陪审员一起组成合议庭，按照少数服从多数的原则，作出判决或者裁定的制度。

4. 审判委员会制度。审判委员会是各级人民法院内部设立的审判工作组织。

它的成员包括人民法院院长、副院长、各庭庭长以及审判业务骨干，由同级人民代表大会常务委员会任命。审判委员会的任务是总结审判经验，讨论重大的或者疑难的案件和其他有关审判工作的问题。审判委员会在讨论问题时，按少数服从多数的原则作出决定。

5. 回避制度。回避制度是指审判人员不参加审理与自己有利害关系或者其他关系的案件的制度。

（四）人民法院审判工作的基本原则

1. 公民在适用法律上一律平等。人民法院审判案件，对于一切公民，不分民族、种族、性别、职业、家庭出身、宗教信仰、教育程度、财产状况、居住期限，在适用法律上一律平等，不允许有任何特权。这是我国公民的一项基本权利，也是司法制度上的一项重要法制原则。

2. 依法独立审判。依法独立审判是指人民法院在审理案件时，严格依照法律规定的程序独立进行审判活动。《宪法》第126条规定："人民法院依照法律规定独立行使审判权，不受行政机关、社会团体和个人的干涉。"

3. 公开审判。公开审判是指人民法院对受理的案件进行公开审理和宣判的制度。我国宪法和法律规定：人民法院审理案件，除涉及国家机密、商业秘密、个人隐私和未成年人犯罪等案件外，一律公开进行。公开审判原则是我国的一项重要的司法原则，也是司法制度民主化的一项具体表现。

4. 被告人有权获得辩护。被告人有权获得辩护，是对被告人的辩护权保障的体现，保证人民法院能够充分听取诉讼双方的意见，全面地认定事实、正确适用法律，以作出公正的判决。

5. 使用本民族语言、文字进行诉讼。《宪法》规定，各民族公民都有用本民族语言文字进行诉讼的权利。

使用本民族语言、文字进行诉讼，体现了我国民族平等的原则。有利于当事人行使法定的诉讼权利，有利于法院依法查清案件的事实，作出正确的判决。

**[导入案例分析]**

导入案例9-6中，审判委员会是各级人民法院内部设立的审判工作组织。它的成员包括人民法院院长、副院长、各庭庭长以及审判业务骨干，由同级人民代表大会常务委员会任命。审判委员会的任务是总结审判经验，讨论重大的或者疑难的案件和其他有关审判工作的问题。

## 二、检察机关

我国的检察机关是各级人民检察院。检察权是国家权力的组成部分，是国家赋予检察院维护宪法和法律统一实施而对于法律、法规进行监督的权力。人民检察院通过行使检察权，对各级国家机关、国家机关工作人员和公民是否遵守宪法和法律实行监督，以保障宪法和法律统一实施。

（一）人民检察院的性质和任务

《宪法》第129条规定，中华人民共和国人民检察院是国家的法律监督机关。人民检察院由同级国家权力机关产生，对其负责，向其报告工作，受其监督，并依法独立行使检察权。

（二）人民检察院的组织系统和领导体制

1. 组织系统。人民检察院的组织系统是最高人民检察院、地方各级人民检察院和专门人民检察院。地方各级人民检察院又分为省、自治区、直辖市人民检察院；省、自治区、直辖市人民检察院分院，自治州和省辖市人民检察院；县、市、自治县和市辖区人民检察院。

省一级人民检察院和县一级人民检察院，根据工作需要，经本级人民代表大会常务委员会批准，可以在工矿区、农垦区、林区等区域设置人民检察院，作为派出机构。

专门人民检察院包括军事检察院、铁路运输检察院等。

2. 领导体制。最高人民检察院领导地方各级人民检察院和专门人民检察院的工作；上级人民检察院领导下级人民检察院的工作。

（三）人民检察院的组成和任期

1. 人民检察院的组成。各级人民检察院由检察长1人，副检察长和检察员等检察官若干人组成。

2. 人民检察院检察长的任期。各级人民检察院检察长每届任期都为5年。最高人民检察院检察长连续任职不得超过两届。

（四）人民检察院的职权

1. 法纪监督。对于叛国案、分裂国家案以及严重破坏国家的政策、法律、法令、政令统一实施的重大犯罪案件，行使检察权；对于法律规定属于其直接受理的刑事案件行使检察权，即根据《刑事诉讼法》的规定，贪污贿赂犯罪，国家工作人员的渎职犯罪，国家机关工作人员利用职权实施的非法拘禁、刑讯逼供、报复陷害、非法搜查的侵犯公民人身权利的犯罪以及侵犯公民民主权利的犯罪，由人民检察院立案侦查；对于国家机关工作人员利用职权实施的其他重大的犯罪案件，需要由人民检察院直接受理的时候，经省级以上人民检察院决定，可以由人民检察院立案侦查。人民检察院按照法律规定，对犯罪事实清楚，依法应当追究刑事责任的应当立案侦查。对于报案、控告、举报和自首材料，如认为不属于自己的管辖范围，应当立即移送有管辖权的机关处理。

2. 侦查监督。人民检察院对公安机关提请批捕的案件进行审查，依照法律规定的条件作出批准逮捕、不批准逮捕和补充侦查的决定；对公安机关侦查终结移送起诉的案件依法作出起诉、不起诉的决定；对公安机关侦查案件活动的法律手续是否完备进行监督；对公安机关的立案、拘留、搜查、预审、羁押、勘验、检查、扣押物证书证、鉴定、搜集证据等侦查活动是否合法进行监督；对公安人员在侦查活动中是否有违法乱纪、刑讯逼供的情况进行监督，即如发现公安机关在侦查活动中有违法行为的，应当通知公安机关纠正，对公安人员滥用权力，情节严重，构成犯罪的，应当依法追究其刑事责任。

3. 支持公诉和审判监督。人民检察院对刑事案件提起公诉，支持公诉。人民检察院对需要提起公诉的案件进行审查决定，如认为犯罪事实已经查清，证据确实、充分，依法应当追究刑事责任的，应当作出起诉决定，并按照审判管辖的规定向人民法院提出公诉。由于公诉是人民检察院代表国家向人民法院提起追究被告人刑事责任的控诉，因此法律规定，人民法院审判公诉案件，人民检察院应当派员出庭支持公诉。但依照《刑事诉讼法》规定适用简易程序的案件，人民检察院可以不派员出席法庭。人民检察院对人民法院的审判工作是否合法实行监督，主要有：①对人民法院在庭审活动中是否遵守诉讼程序实行监督，如果发现人民法院违反法定程序应及时提出纠正意见，对人民法院违反诉讼程序作出的判决应当提出抗诉；②地方各级人民检察院认为本级人民法院第一审判决和裁定确有错误时，应当向上级人民法院提出抗诉；③最高人民检察院对各级人民法院已经发生法律效力的判决和裁定，上级人民检察院对下级人民法院已经发生法律效力的判决和裁定，如果发现确有错误，应当依审判监督程序向人民法院提出抗诉。

4. 监所监督。监所监督是指人民检察院对于执行刑事案件判决、裁定的监狱、看守所、劳动改造机关的活动是否合法实行监督。人民检察院有权对死刑的执行临场监督；人民检察院认为监外执行决定不当的，有权书面通知作出批准决定的机关重新核查；人民检察院认为对罪犯的减刑、假释裁定不当的，有权向人民法院提出书面纠正意见；人民检察院有权对监狱和其他执行机关在刑罚执行中认为判决有错误的意见或者罪犯提出申诉的意见进行处理；人民检察院对监所机关的违法行为应当通知其纠正，对情节严重构成犯罪的监所工作人员应当依法追究其刑事责任。

**三、审判机关、检察机关和公安机关的关系**

人民法院是国家的审判机关，人民检察院是国家的法律监督机关，两者组成我国的司法机关，行使国家的司法权。公安机关是执行治安管理任务的国家行政机关，行使的职权属于国家行政权的一部分。虽然三个机关的性质不同，但是在办理刑事案件的过程中有着紧密的联系和共同的任务。因此，《宪法》规定，人民法院、人民检察院和公安机关办理刑事案件，应当分工负责、互相配合、互相制约，以保证准确有效地执行法律。

分工负责，就是三个机关依照法律规定的责任，依照法律程序，各司其职，各尽其责；互相配合，是指三个机关在分工负责的基础上，通力合作，协调关系，共同制裁犯罪行为；互相制约，是指三个机关在分工配合的基础上，依照法律和制度的规定，互相监督，防止错案的发生，保证准确有效地执行法律。

人民法院、人民检察院和公安机关在办理刑事案件时实行分工负责、互相配合、互相制约的原则，是我国社会主义法制原则的一项重要内容，有利于准确地适用法律，制裁犯罪行为，保障公民的合法权益，维护国家和社会的稳定。

## 实务训练题

据调查，2005 中央国家机关公务员招聘的岗位需求中几乎有 80% 以上的职位注明“限北京市户口”。如中央纪委、监察部，其中 33 个部门所提供的 48 个职位，对社会在职人员全部要求北京户口。全国总工会、中央对外联络部等机构，也都在备注一栏中有同样规定。对此，武汉大学法学院学生建议全国人大常委会对国家机关招录公务员限定“北京户口”的做法进行违宪审查。

1. 武汉大学法学院学生建议全国人大常委会对中央国家机关做法进行违宪审查的宪法依据是什么？

2. 按照现行宪法规定，哪些机关有权通过法定途径废除上述规定？

## 延伸阅读

### 历届全国人大常委会人员构成

第一届全国人大常委会有委员长 1 人、副委员长 13 人、委员 65 人，共 79 人组成；第二届有委员长 1 人、副委员长 16 人、委员 62 人，共 79 人组成；第三届有委员长 1 人、副委员长 18 人、委员 96 人，共 115 人；第四届有委员长 1 人、副委员长 22 人、委员 144 人，共 167 人组成；第五届有委员长 1 人、副委员长 20 人、委员 175 人，共 196 人组成；第九届有委员长 1 人、副委员长 15 人、委员 159 人，共 175 人组成；第十届有委员长 1 人、副委员长 13 人、委员 161 人，共 175 人组成；第十一届有委员长 1 人、副委员长 13 人、委员 161 人，共 175 人组成；第十二届有委员长 1 人、副委员长 13 人、委员 161 人，共 175 人组成。

### 焦春生非法拘禁人大代表案

被告人：焦春生，男，33 岁，河北省昌黎县人，原系吉林省长春市公安局刑警大队八队侦查员。1992 年 7 月 23 日被逮捕，1993 年 1 月 18 日取保候审。

被告人：贺洪才，男，43 岁，吉林省长春市人，原系吉林省长春市公安局刑警大队副大队长。1992年7月23日被逮捕，1993年1月18日取保候审。

被告人：兰旭，男，39岁，河北省沧州市人，原系吉林省长春市公安局刑警大队八队副队长。1992年7月23日被逮捕，1993年1月18日取保候审。

被告人：王树海，男30岁，吉林省长春市人，原系吉林省长春市公安局刑警大队八队侦查员。1992年7月23日被逮捕，1993年1月18日取保候审。

1991年8月，长春市曙光粮油食品管理所，以安徽省蚌埠市怀远县梅桥粮油工业公司经理周家良拖欠货款，向长春市中级人民法院提起诉讼。长春市中级人民法院立案后，经过初步调查，认为该经济纠纷案件有经济犯罪问题，于1992年1月12日向长春市公安局发出“周家良有经济犯罪问题”的司法建议函。1992年1月15日，长春市曙光粮油食品管理所又向长春市公安局书面举报周家良犯有诈骗罪。同时，该所议价科科长刘××等人到长春市公安局刑警大队八队，举报周家良利用合同诈骗该所货款22万余元，要求追回货款，查办周家良。被告人兰旭向被告人贺洪才汇报了举报情况，经过研究，贺洪才同意立案侦查，由兰旭安排被告人焦春生承办此案。焦春生在对此案的基本事实没有查清的情况下，于2月21日填写了收容审查表，报请收容审查周家良。经兰旭签署同意，贺洪才批准，于2月24日办理了收容审查周家良的手续。

1992年2月27日，在兰旭的安排下，焦春生与被告人王树海和举报单位的刘××等人一起乘火车抵达蚌埠市。当晚7时许，焦、王二人在淮河大旅社门前遇见周家良，焦春生出示了工作证和收审证，以长春市公安局的名义将周家良收审，并给周戴上手铐。此时，周家良说明他是蚌埠市人民代表大会代表，正在参加人代会，要求回去打招呼。焦、王二人拒绝，连夜将周家良押往南京市公安局看守所羁押。2月28日上午，焦春生、王树海在清理周家良的物品时，发现了周家良的人大代表证，进一步明确了周家良是蚌埠市人大代表的身份。焦、王二人既不向长春市公安局领导请示，也未向蚌埠市人大报告；并违反规定，对被收审人未在24小时内进行询问和未在规定的时间内通知被收审人家属。3月2日，焦、王二人将周家良从南京市公安局看守所提出押解回长春，于3月4日早5时许，将周家良送往长春市公安局八里堡收容所继续关押。

1992年3月5日上午8时许，蚌埠市人大将非法收审人大代表周家良的情况通报长春市人大，要求放人。当日焦春生向兰旭汇报收审周家良的情况时，说明了周家良是人大代表。兰旭通知收容所对周家良给予照顾，同时向公安局领导汇报了周家良是人大代表的情况。长春市公安局领导于当日下午2时许召开会议，当面责令贺洪才、兰旭立即将周家良放出，派人送回蚌埠市。贺洪才、兰旭以未买到当日车票为由，没有立即将周家良解除收审，致使周家良在收容所又被关押了36个小时，直到3月6日下午7时许，才将周家良从收容所提出护送回蚌埠市。周家良从收审到释放被限制人身自由8天。案发后，焦春生等4名被告人的认罪态度较好，有悔罪表现。

长春市人民检察院以被告人焦春生、贺洪才、兰旭、王树海犯非法拘禁罪，向长春市中级人民法院提起公诉。认为4名被告人非法收审人大代表周家良，违反了《中华人民共和国地方各级人民代表大会和地方各级人民政府组织法》第30条的规定，触犯了《中华人民共和国刑法》第143条第1款的规定，严重侵犯了人大代表周家良的合法权利，其行为均已构成非法拘禁罪。

被告人及其辩护人提出，收审周家良是有司法建议函和举报材料作根据的，认定被告人的行为违反《中华人民共和国地方各级人民代表大会和地方各级人民政府组织法》第30条的规定，法律依据不足。4名被告人在收审周家良的过程中所出现的问题，是在执行职务中的失误，犯了严重错误，不构成非法拘禁罪。

长春市中级人民法院经过公开审理认为，被告人贺洪才、兰旭，在没有查清案件的主要事实及周家良身份的情况下，即作出收审周家良的决定。在收审周家良时，被告人焦春生、王树海知道周家良是人大代表后，既未向本局领导汇报，也未向当地人大报告，即将周家良从蚌埠市押回长春。当领导决定将周家良放回，被告人贺洪才、兰旭又多关押周36个小时。由于焦春生等被告人无视法律规定，造成人大代表周家良被非法关押8天，后果严重，社会影响很坏。被告人焦春生、贺洪才、兰旭、王树海的行为均已构成非法拘禁罪，应予惩处。在本案中，被告人焦春生应负主要责任；被告人贺洪才、兰旭负有一定的责任；被告人王树海犯罪情节轻微。鉴于焦春生等4名被告人在庭审中有悔罪表现，可酌情从轻处罚。据此，该院依照《中华人民共和国刑法》第143条第1款、第67条和第32条的规定，于1993年3月5日判决如下：①被告人焦春生犯非法拘禁罪，判处有期徒刑1年；②被告人贺洪才犯非法拘禁罪，判处有期徒刑1年，缓刑1年；③被告人兰旭犯非法拘禁罪，判处有期徒刑6个月，缓刑1年；④被告人王树海犯非法拘禁罪，免予刑事处分。

宣判后，4名被告人均没有提出上诉。

## 思考题

1. 试述我国国家机构的组织活动原则。
2. 怎样理解集体负责制与个人负责制？
3. 全国人大有哪些基本职权？
4. 全国人大常委会的基本职权包括哪些方面？
5. 我国国家主席的职权有哪些？
6. 简述总理负责制。

第十章

# 基层群众性自治组织

## 学习目标与工作任务

通过本章的学习，要求学生掌握我国基层群众性自治组织的概念、性质和特征，以及其与基层政权之间的相互关系；了解我国居民委员会和村民委员会的设置、组织、任务或职责，重点理解我国村民自治的民主管理和民主监督。

## 第一节　基层群众性自治组织概述

### 导入案例

**10－1**

王某是下岗职工，2012年5月被选任为某居民委员会副主任。初期，王某工作积极，表现良好。后因工作方法不当，自8月起，不断有居民向有关部门和领导反映王某工作作风不佳，群众基础差，尤其在政策水平方面有偏差。11月9日，该社区16名居民代表联名向居民委员会提出罢免王某的居委会副主任。居民委员会向街道办事处提交了召开居民代表大会罢免王某的书面报告。该居民委员会根据《某某市居民委员会选举办法》中的罢免程序的有关规定，于2012年12月25日召开了居民代表大会，与会人员人数达到法定要求，并形成罢免意见。事后，王某多次向区委、区政府反映。2013年1月12日，区政府相关部门委托该街道办事处对此事复查。街道办事处专门成立复查工作组，该工作组采取走访以及会议形式，一致同意罢免王某副主任的职务。于是街道办事处2013年2月12日作出维持原罢免决定的复查意见。王某收到复查意见后，3月向区政府提出行政复议申请。区政府受理后经审查认为，2012年12月25日居民会议是依法召开的，居民会议的罢免程序符合选举办法的规定，罢免决议体现民意，罢免王某副主任职务理由充分，事实清楚、程序合法，结果有效。王某对此不服，向法院提起诉讼。

问：1. 居民委员会的性质是什么？

2. 区政府、街道办事处和居民委员会之间是什么关系？

## 一、基层群众性自治组织的发展

以根本法形式规定基层群众性自治组织，这在我国制宪史上是由1982年宪法最先规定的，它表明国家对基层社会实行直接民主的重视，反映国家加强社会主义民主政治的决心。但这并不是说1982年宪法颁布后我国才有基层群众性自治组织，事实上，城市的居民委员会早在20世纪50年代就已经成立了。1954年12月31日，第一届全国人民代表大会常务委员会第四次会议通过了《城市居民委员会组织条例》，该条例第1条规定："为了加强城市中街道居民的组织和工作，增进居民的公共福利，在市辖区、不设区的市人民委员会或者它的派出机关指导下，可以按照居住地区成立居民委员会。居民委员会是群众自治性的居民自治。"因此，居民委员会在城市已有几十年的历史，而村民自治组织则是改革开放，特别是农村经济体制改革的产物。1982年宪法在确定政社分开、恢复乡级政权设置的基础上，设置了村民委员会。

我国《宪法》第111条第1款规定："城市和农村按居民居住地区设立的居民委员会或者村民委员会是基层群众性自治组织。居民委员会、村民委员会的主任、副主任和委员由居民选举。居民委员会、村民委员会同基层政权的相互关系由法律规定。"上述规定对居民委员会和村民委员会的具体立法提出了直接要求。所以，1982年宪法颁布以后，国家有关部门就开始了这方面的法律起草工作。1987年11月24日，第六届全国人民代表大会常务委员会第二十三次会议通过了《中华人民共和国村民委员会组织法（试行）》。1989年12月26日，第七届全国人民代表大会常务委员会第十一次会议通过了《中华人民共和国城市居民委员会组织法》。1998年11月4日，第九届全国人民代表大会常务委员会第五次会议通过了新的《中华人民共和国村民委员会组织法》，从而结束了"试行"的历史。2010年10月28日，第十一届全国人民代表大会常务委员会第十七次会议修订了《中华人民共和国村民委员会组织法》。这是一部牵涉到几亿农民根本利益的重要法律，它对于发展社会主义民主，加强农村基层组织建设，密切党群和干群关系，促进农村物质文明、政治文明和精神文明建设都具有重要意义。

目前，我国居民委员会、村民委员会在许多方面都发挥了众多的作用，但在实施居民委员会组织法和村民委员会组织法的过程中还存在一些问题。居民委员会、村民委员会的任务重而繁多；工作条件差、待遇低；缺乏必要的经济基础，无法实行居（村）民的自治；干部结构也不尽合理。

据不完全统计，城市居民委员会的任务一般都有50项之多，有的甚至达上百项。特别是在一些大城市中，大多数居民委员会扮演着“上管天文地理，下管鸡毛蒜皮”，“既管公婆打架，又管夫妻离合”，“上面千条线，下面一根针”的角色。一些城市基层政权组织把本来不属于居民委员会职权范围内的事务都交给居民委员会办理，有的甚至将居民委员会当成其下属机构来对待。许多地方的居民委员会处于“三无”状态，即无固定的办公用房、无必需的办公设备、无必要的活动经费，严重地影响了居民委员会干部的工作积极性。大多数居民委员会都是靠出租办公场地或者是街道办事处的拨款来勉强维持日常开支，居民委员会的工作人员大多数都是中、老年人，由于年轻人不愿意做居民委员会日常事务中那些婆婆妈妈的烦琐事情，所以，一旦有年轻人来居民委员会工作，便立刻成了新闻媒体追逐的对象。

当前，在执行村民委员会组织法的过程中，存在的问题主要表现在：村民委员会是农村村民实行“自我管理、自我教育、自我服务”的基层群众性自治组织，但是在实际中，有的乡镇政府仍视村民委员会为其当然的下属机构，按照行政管理方式来对待村民委员会，一般都是通过对村民委员会发布各项指令和进行具体的工作指导来领导村民委员会的工作。

正因为如此，近年来每年在全国人大会议期间，都有许多全国人大代表联名提出议案，要求修改《城市居民委员会组织法》和《农村村民委员会组织法》。仅2007年3月十届全国人大五次会议期间，就有126名代表提出4件议案，建议修订《城市居民委员会组织法》；有279名代表提出9件议案，要求修改《村民委员会组织法》。2012年3月十一届全国人大五次会议期间，又有123名代表提出4件议案，建议尽快修订《城市居民委员会组织法》。

在关于修改《城市居民委员会组织法》的议案中，代表们提出，《城市居民委员会组织法》实施20多年来，我国城市的社会结构及管理发生了很大变化，城市居民委员会的居民自治工作出现了不少新情况和新问题，《城市居民委员会组织法》的有关规定和内容已经不能完全适应城市发展和基层民主政治建设的需要。民政部正在根据各地民政部门和社会各界的反馈意见起草《城市居民委员会组织法》修订草案稿，并将认真研究吸收代表议案中提出的建议。目前，民政部已完成该法修订草案的起草工作并已将草案报送国务院。国务院法制办公室正在广泛征求有关部门和地方政府意见的基础上，对该法修订草案进行研究论证。全国人大代表在议案中提出的关于居民委员会的性质、功能和目标定位以及居民委员会组织建设、管理方式改革等问题与我国政治、经济发展关系重大，国务院有关部门已组织专门力量逐一进行研究。全国人大内司委表示，内司委已连续多年对《城市居民委员会组织法》进行了执法、立法调研，加强了对立法中一些重大问题的研究，与有关部门进行了多次沟通。今后将继续推动《城市居民委员会组织法》的修订工作，督促有关部门加快修订进程。建议国务院有关部门抓紧修改完善法律修订草案，适时报国务院提请全国人大常委会审议。据了解，《城市居民委员会组织法》的修订已列入国务院立法工作计划。全国人大常委会对《城市居民委员会组织法》的修订工作也非常重视，并将其列入了十二届全国人大常委会立法规划。

总之，宪法规定设立基层群众性自治组织，有助于我国经济的发展和社会主义市场经济体制的确立，有助于加强社会主义民主政治建设，有助于加强基层政权的建设，有助于城乡基层社区秩序的综合治理和社会主义精神文明建设。

## 二、基层群众性自治组织的概念和性质

### （一）基层群众性自治组织的概念

基层群众性自治组织是指依照有关法律规定，以城乡居民（村民）一定的居住地为范围而设置，并由当地居民（村民）民主选举产生的，以民主决策、民主管理和民主监督方式实现居民（村民）自我管理、自我教育和自我服务的基层社会组织。《城市居民委员会组织法》第 2 条第 1 款规定：“居民委员会是居民自我管理、自我服务的基层群众性自治组织。”《村民委员会组织法》第 2 条第 1 款规定：“村民委员会是村民自我管理、自我教育、自我服务的基层群众性自治组织，实行民主选举、民主决策、民主管理、民主监督。”它所增加的四个“民主”，是对“自治”内容和方式的深化认识，是对“自治”的进一步要求。

### （二）基层群众性自治组织的性质

基层群众性自治组织不是国家机关，而是城市居民和农村村民自我管理和服务的自治组织。《宪法》第 111 条对基层群众性自治组织的规定，位于《宪法》第三章“国家机构”的第五节“地方各级人民代表大会和地方各级人民政府”中的末条。这种条款设置主要是考虑编排技术上的方便，同时也考虑到基层群众性自治组织是在基层政府的指导、支持和帮助下开展工作的，基层群众性自治组织有义务协助基层政府的工作，而不意味着居民委员会和村民委员会属于地方国家机构体系，也不意味着它们是国家机构的附属组织。

由这一性质决定，居民委员会和村民委员会的活动不具有国家强制力，它们不能以行政管理方式即命令与服从的方式解决问题。而且，居民委员会和村民委员会开展工作，必须立足于居民（村民）通过的“公约”、“村规”，尊重居民（村民）达成的协议，依靠群众觉悟，采取说服教育的方式进行。

### （三）基层群众性自治组织的特点

居民委员会和村民委员会是城乡居民自我组织起来进行自我管理、自我教育、自我服务的基层群众性自治组织。它不是国家政权机关，也不同于其他政

治、经济等社会组织和社会团体。其特点表现在：

1. 独立性。居民委员会、村民委员会在组织上具有独立性，既不是国家机关的下级组织，也不属于任何社会团体和社会经济组织，与国家机关及其他社会组织之间不存在领导与被领导的关系，国家机关及其派出机构无权对它发布指示和命令。

2. 自治性。居民委员会、村民委员会在活动上具有自治性，通过居民或村民自我管理、自我教育、自我服务开展工作，实行民主选举、民主决策、民主管理、民主监督。尽管基层人民政府或者它的派出机关对居民委员会、村民委员会的工作给予指导、支持和帮助，但不得干预依法属于居民委员会、村民委员会自治范围内的事务。

3. 基层性。从组织上看，无论是居民委员会还是村民委员会都只存在于居住地区范围的基层社区，没有上级组织，更没有全国性的、地区性的统一组织，这一点与工会、妇联等群众组织不同。从自治内容看，居民委员会、村民委员会所从事的工作都是居住范围内的公共事务和公益事业，不涉及其他地区。

**三、基层群众性自治组织与基层政权的关系**

我国《城市居民委员会组织法》和《村民委员会组织法》规定的居民委员会和村民委员会与基层政权的相互关系是一致的。

（一）基层政权中的人民政府对基层群众性自治组织的工作给予指导、支持和帮助，但不得干预依法属于居民（村民）自治范围内的事项

基层政权中的人民政府和基层群众性自治组织之间是法定的指导与被指导的关系，而不是领导与被领导的关系。具体而言，不设区的市、市辖区的人民政府或者它的派出机关对居民委员会的工作给予指导、支持和帮助；乡、民族乡、镇的人民政府对村民委员会的工作给予指导、支持和帮助。除了居民（村民）委员会的设立、撤销、规模调整，由不设区的市、市辖区的人民政府或县级人民政府决定或批准之外，基层人民政府对基层群众性自治组织不得享有任何审批权。居民会议通过的居民公约和村民会议通过的村民自治章程、村规民约，依法只是报基层人民政府备案，而不是报基层人民政府批准。《城市居民委员会组织法》第15条规定，居民公约由居民会议讨论制定，报不设区的市、市辖区的人民政府或者它的派出机关备案。《村民委员会组织法》第27条第1款规定："村民会议可以制定和修改村民自治章程、村规民约，并报乡、民族乡、镇的人民政府备案。"《村民委员会组织法》第36条规定，村民委员会不依照法律、法规的规定履行法定义务的，由乡、民族乡、镇的人民政府责令改正。乡、民族乡、镇的人民政府干预依法属于村民自治范围事项的，由上一级人民政府责令改正。在"支持和帮助"方面，《城市居民委员会组织法》规定，居民委员

会的工作经费和来源，居民委员会成员的生活补贴费的范围、标准和来源，由不设区的市、市辖区的人民政府或者上级人民政府规定并拨付，居民委员会的办公用房，由当地人民政府统筹解决。《村民委员会组织法》第37条规定：“人民政府对村民委员会协助政府开展工作应当提供必要的条件；人民政府有关部门委托村民委员会开展工作需要经费的，由委托部门承担。村民委员会办理本村公益事业所需的经费，由村民会议通过筹资筹劳解决；经费确有困难的，由地方人民政府给予适当支持。”至于“指导”主要是指基层政府应在居民委员会和村民委员会起草居民公约、村民自治章程和村规民约时进行指导，使其内容不与法律、法规和国家政策相抵触。

（二）基层群众性自治组织应当协助基层人民政府开展工作，并可以向基层人民政府反映意见、要求和提出建议

《城市居民委员会组织法》明确规定，居民委员会“协助人民政府或者它的派出机关做好与居民利益有关的公共卫生、计划生育、优抚救济、青少年教育等项工作”。并进一步规定，“市、市辖区的人民政府有关部门，需要居民委员会或者它的下属委员会协助进行的工作，应当经市、市辖区的人民政府或者它的派出机关同意并统一安排”。《村民委员会组织法》第5条第2款明确规定：“村民委员会协助乡、民族乡、镇的人民政府开展工作。”《村民委员会组织法》第2条第2款也规定：“村民委员会办理本村的公共事务和公益事业，调解民间纠纷，协助维护社会治安，向人民政府反映村民的意见、要求和提出建议。”事实上，在公共卫生、计划生育、优抚救济、青少年教育等事项方面，村民委员会也应协助政府开展工作。另外，《村民委员会组织法》第31条规定：“村民委员会不及时公布应当公布的事项或者公布的事项不真实的，村民有权向乡、民族乡、镇的人民政府或者县级人民政府及其有关主管部门反映，有关人民政府或者主管部门应当负责调查核实，责令依法公布；经查证确有违法行为的，有关人员应当依法承担责任。”

此外，村党支部与村民委员会是领导与被领导关系，村民自治是在党的领导下，在国家规定的范围内的自治。《村民委员会组织法》第4条规定，中国共产党在农村的基层组织，按照中国共产党章程开展工作，发挥领导核心作用；领导和支持村民委员会行使职权；依照宪法和法律，支持和保障村民开展自治活动，直接行使民主权利。

**[导入案例分析]**

1. 居民委员会是基层群众性自治组织，并非人民政府的派出机关或下属机构。根据《中华人民共和国城市居民委员会组织法》第2条的规定，城市居民委员会是居民自我管理、自我教育、自我服务的群众性自治组织。居民委员会

在活动上具有自治性，通过居民自我管理、自我教育、自我服务开展工作，实行民主选举、民主决策、民主管理、民主监督。

2. 居民委员会协助人民政府或者它的派出机关（街道办事处）开展工作，人民政府或它的派出机关对居民委员会的工作给予指导、支持和帮助，但不得干预依法属于居民委员会自治范围内的事务。因为居民委员会在组织上具有独立性，居民委员会与人民政府或它的派出机关（街道办事处）之间没有行政管理的上下级关系。

## 第二节　居民委员会

**导入案例**

**10－2**

某镇居民委员会于2013年3月26日以居民汪某招婿在家建房、生子的行为违反了居民公约为由，收取其2000元的建房用地费，4000元的小孩社会负担费。现汪某对居民委员会的该收费行为不服，提起诉讼，要求法院确认被告居民委员会的行为违法，并返还收取的6000元费用。

问：居民委员会能否收取该项费用？为什么？

### 一、居民委员会的任务

《城市居民委员会组织法》第3条具体地规定了居民委员会的任务，主要有：

1. 宣传宪法、法律、法规和国家的政策，维护居民的合法权益，教育居民履行依法应尽的义务，爱护公共财产，开展多种形式的社会主义精神文明建设活动。

2. 办理本居住区居民的公共事务和公益事业。

3. 调解民间纠纷。

4. 协助维护社会治安。

5. 协助人民政府或者它的派出机关做好与居民利益相关的公共卫生、计划生育、优抚政策、青少年教育等项工作。

6. 向人民政府或者它的派出机关反映居民的意见、要求和提出建议。

此外，按《城市居民委员会组织法》第4条、第5条的规定，居民委员会还应当开展便民、利民的社区服务活动，可以兴办有关的服务事业；多民族居住地区的居民委员会，还应当教育居民互相帮助，互相尊重，加强民族团结。

## 二、居民委员会的组织

### （一）居民委员会的设置

居民委员会根据居民居住状况，按照便于居民自治的原则，一般在100～700户的范围内设立。机关、团体、部队、企业事业组织，不参加所在地的居民委员会，但应当支持所在地的居民委员会的工作。这些单位的家属聚居区可以单独成立家属委员会，承担居民委员会的工作。乡、民族乡、镇的人民政府所在地，也可以设立居民委员会，并适用《城市居民委员会组织法》。

### （二）居民自治的组织体系

1. 居民会议。是居民委员会辖区范围内居民自治的最高决策机构，由当地18周岁以上的居民组成，居民委员会向居民会议负责并报告工作，居民会议有权撤换和补选居民委员会成员。

2. 居民委员会。是居民会议的执行机构，由主任、副主任和委员共5至9人组成。多民族居住区的居民委员会，应当有人数较少的民族的成员。居民委员会每届任期3年，其成员可以连选连任。

3. 居民委员会的下属委员会。居民委员会根据需要设人民调解、治安保卫、公共卫生等委员会。居民委员会成员可以兼任下属委员会的成员。居民较少的居民委员会可以不设下属的委员会，由居民委员会的成员分工负责有关工作。

4. 居民小组。居民委员会可以分设若干居民小组，小组长由居民小组推选。

## 三、居民自治的活动

### （一）民主选举

1. 居民委员会的主任、副主任和委员，由本居住地区全体有选举权的居民或者由每户派代表选举产生。根据居民的意见，也可以由每个居民小组选举代表2至3人选举产生居民委员会的主任、副主任和委员。年满18周岁的本居住地区居民，不分民族、种族、性别、职业、家庭出身、宗教信仰、教育程度、财产状况、居住期限，都有选举权和被选举权；但是，依照法律被剥夺政治权利的人除外。

2. 居民会议可以由全体18周岁以上的居民或者每户派代表参加，也可以由每个居民小组选举代表2～3人参加。

### （二）民主决策

1. 涉及全体居民利益的重要问题，居民委员会必须提请居民会议讨论决定。居民会议由居民委员会召集和主持。有1/5以上的18周岁以上的居民、1/5以上的户或者1/3以上的居民小组提议，应当召开居民会议。居民会议必须有全体18周岁以上的居民、户的代表或者居民小组选举的代表的过半数出席，才能举行。会议的决定，由出席人的过半数通过。

2. 居民公约由居民会议讨论制定，报不设区的市、市辖区的人民政府或者它的派出机关备案。居民公约的内容不得与宪法、法律、法规和国家的政策相抵触。

3. 居民委员会决定问题，采取少数服从多数的原则。

4. 居民委员会办理本居住地区公益事业所需的费用，经居民会议讨论决定，可以根据自愿原则向居民筹集，也可以向本居住地区的受益单位筹集，但必须经受益单位同意。

（三）民主管理

居民委员会进行工作，应当采取民主的方法，不得强迫命令。

（四）民主监督

1. 居民委员会向居民会议负责并报告工作。

2. 居民委员会成员应当遵守宪法、法律、法规和国家的政策，办事公道，热心为居民服务。

3. 居民公约由居民委员会监督执行。居民应当遵守居民会议的决定和居民公约。

4. 居民委员会的收支账目应当及时公布，接受居民监督。

5. 依照法律被剥夺政治权利的人编入居民小组，居民委员会应当对他们进行监督和教育。

**[导入案例分析]**

居民委员会不能收取该项费用。虽然依据《中华人民共和国城市居委会组织法》第16条的规定，居民委员会办理本居住地区公益事业所需的费用经居民会议讨论决定，可以根据自愿的原则向居民筹集。该条规定授予了居民委员会在居民自愿的前提下筹集公益事业费用的行政职权，但居民委员会向招婿在家建房生子的居民汪某收取的两项费用都非汪某自愿。

居民委员会的行为超越了法律法规授权范围。本案中汪某作为居民委员会的居民，如果违反了建房及计划生育的相关法律政策的规定，需要实施处罚，应由其所在地的人民政府或其他职能部门依据相关法律规定作出决定，而不是由居民委员会依据居民公约来收取。居民委员会只有在居民自愿前提下才可以向居民收取其他费用，因此居民委员会的收费行为超出了法定授权范围。

## 第三节　村民委员会

**导入案例**

**10－3**

2006年11月16日，《山东法制报》“社会与法”专栏以“村民为‘选举权’讨说法告民政局”为题，用半个版面报道了济南市中级人民法院审结首起村民委员会选举权案。原告张某某因不满济南市槐荫区民政局作出的其没有村民委员会选民资格的行政答复，于2006年初向济南市槐荫区人民法院提起行政诉讼，槐荫区人民法院一审裁定驳回原告起诉，原告不服，上诉至济南市中级人民法院，济南市中级人民法院作出了维持原审人民法院裁定的终审裁定。这是济南市法院系统审理的首起关于村民委员会选举权的诉讼。

问：1. 村民委员会换届选举选民资格的决定权属于谁？

2. 指导村民委员会选举工作的主体是谁？

## 一、村民委员会的任务和职责

《村民委员会组织法》第1条规定：“为了保障农村村民实行自治，由村民依法办理自己的事情，发展农村基层民主，维护村民的合法权益，促进社会主义新农村建设，根据宪法，制定本法。”为此，《村民委员会组织法》具体规定了村民委员会的主要任务和职责。

### （一）村民委员会的主要任务

1. 办理本居住地区的公共事务和公益事业。公共事务是指与本村全体村民生产和生活直接相关的事务，公益事业是指本村的公共福利事业。两者有所不同，但又不可截然分开。在实际工作中，村民委员会兴办的公共事务和公益事业主要有：修桥建路、修建码头、兴修水利，兴办学校、幼儿园、托儿所、敬老院，植树造林、整理村容、美化环境，扶助贫困、救助灾害等。

2. 调解民间纠纷。调解民间纠纷是村民委员会的一项重要的经常性工作。村民委员会调解民间纠纷，应当遵守一定的原则，即依据法律、法规、规章和政策进行调解，法律、法规、规章和政策没有明确规定的，依据社会公德进行调解；调解工作应当在双方当事人自愿平等的基础上进行；尊重当事人的诉讼权利，不得因未经调解或者调解不成而阻止当事人向人民法院起诉。

3. 协助维护社会治安。在我们这样一个人口众多、地域辽阔的大国，必须动员和组织广大人民群众参加社会治安工作。因此，法律赋予村民委员会协助人民政府维护社会治安的任务。村民委员会协助维护社会治安，要做好以下几项工作：①加强治安防范工作。只有大力抓好预防工作，才能减少犯罪，更好地维护社会秩序。②要广泛开展法制宣传和教育工作，提高村民的法律意识和法制观念。③深入开展社会治安综合治理工作。协助有关部门，对被依法剥夺政治权利的村民进行教育、帮助和监督。做好教育、感化和挽救失足青少年的工作。同时，要培养村民的社会正义感，敢于同违法犯罪现象做斗争，让人人都来参与维护社会治安。

4. 向人民政府反映村民的意见、要求和提出建议。村民委员会是村民同人民政府之间的纽带和桥梁。村民委员会来自于村民，了解群众的意愿和心声，通过反映村民的意见、要求和提出建议，可以使人民政府及时发现、研究和解决村民在生产生活中存在的各种问题；加强对各级国家机关和国家工作人员的监督，加强廉政建设；更重要的是可以吸引亿万农民关心国家大事，密切人民政府同广大群众的联系，广泛调动他们的积极性。

（二）村民委员会的主要职责

1. 村民委员会应当支持和组织村民依法发展各种形式的合作经济和其他经济，承担本村生产的服务和协调工作，促进农村生产建设和经济发展。村民委员会依照法律规定，管理本村属于村农民集体所有的土地和其他财产，引导村民合理利用自然资源，保护和改善生态环境。村民委员会应当尊重并支持集体经济组织依法独立进行经济活动的自主权，维护以家庭承包经营为基础、统分结合的双层经营体制，保障集体经济组织和村民、承包经营户、联户或者合伙的合法财产权和其他合法权益。

2. 村民委员会应当宣传宪法、法律、法规和国家的政策，教育和推动村民履行法律规定的义务、爱护公共财产，维护村民的合法权益，发展文化教育，普及科技知识，促进男女平等，做好计划生育工作，促进村与村之间的团结、互助，开展多种形式的社会主义精神文明建设活动。村民委员会应当支持服务性、公益性、互助性社会组织依法开展活动，推动农村社区建设。多民族村民居住的村，村民委员会应当教育和引导各民族村民增进团结、互相尊重、互相帮助。

3. 村民委员会及其成员应当遵守宪法、法律、法规和国家的政策，遵守并组织实施村民自治章程、村规民约，执行村民会议、村民代表会议的决定、决议，办事公道，廉洁奉公，热心为村民服务，接受村民监督。

**二、村民委员会的组织**

（一）村民委员会的设置

村民委员会的设立，直接涉及村民自治。适度的村民委员会规模，将会促进农村民主制度的建设，把直接民主扩大到政治、经济和社会生活各个方面。如果村民委员会设置规模过大，村民之间难以相互了解，召集会议比较困难，不利于村民集体讨论决定问题，村民自治就会受到影响。相反，村民委员会的设置规模过小，聚集不起一定的人力、物力、财力，农村集体经济发展不起来，同样也会削弱村民自治。因此，村民委员会的设置必须适宜，不能过大，也不能过小，便于村民自治是决定村民委员会设置所应遵循的一项基本原则。《村民委员会组织法》第3条规定，村民委员会根据村民居住状况、人口多少，按照便于群众自治，有利于经济发展和社会管理的原则设立。村民委员会的设立、撤销、范围调整，由乡、民族乡、镇的人民政府提出，经村民会议讨论同意，报县级人民政府批准。此外，《村民委员会组织法》第38条第1款规定："驻在农村的机关、团体、部队、国有及国有控股企业、事业单位及其人员不参加村民委员会组织，但应当通过多种形式参与农村社区建设，并遵守有关村规民约。"

（二）村民自治的组织体系

1. 村民会议，村民会议是村民集体讨论决定涉及全村村民利益问题的一种组织形式，是村民行使自治权利的根本途径和形式，在村民自治组织体系中拥有最高的决策权，它与村民委员会之间是决策与执行、委托与受托、监督与被监督的关系。村民会议是村民实行自治的权力机构，村委会是村民实行自治的执行机构和工作机构，村民委员会向村民会议负责并报告工作。《村民委员会组织法》规定，村民会议由本村18周岁以上的村民组成，村民会议由村民委员会召集。有1/10以上的村民或者1/3以上的村民代表提议，应当召集村民会议。召集村民会议，应当提前10天通知村民。召开村民会议，应当有本村18周岁以上村民的过半数，或者本村2/3以上的户的代表参加，村民会议所作决定应当经到会人员的过半数通过。法律对召开村民会议及作出决定另有规定的，依照其规定。召开村民会议，根据需要可以邀请驻本村的企业、事业单位和群众组织派代表列席。村民会议审议村民委员会的年度工作报告，评议村民委员会成员的工作；有权撤销或者变更村民委员会不适当的决定；有权撤销或者变更村民代表会议不适当的决定。村民会议可以授权村民代表会议审议村民委员会的年度工作报告，评议村民委员会成员的工作，撤销或者变更村民委员会不适当的决定。另外，村民会议还可以制定和修改村民自治章程、村规民约，并报乡、民族乡、镇的人民政府备案。村民自治章程、村规民约以及村民会议或者村民代表会议的决定不得与宪法、法律、法规和国家的政策相抵触，不得有侵犯村民的人身权利、民主权利和合法财产权利的内容，否则，由乡、民族乡、镇的人民政府责令改正。

2. 村民代表会议，村民代表会议是一个新出现的村民自治组织的形式，考虑到人数较多或者居住分散的村，全体18周岁以上的村民难以超过半数到会，而且现在农村外出务工经商者较多，按时召开村民会议确有困难。所以，法律上肯定了村民代表会议这一形式，但这并不意味着村民代表会议等于村民会议，甚至可以取代村民会议。修订后的《村民委员会组织法》第25条规定："人数较多或者居住分散的村，可以设立村民代表会议，讨论决定村民会议授权的事项。村民代表会议由村民委员会成员和村民代表组成，村民代表应当占村民代表会议组成人员的4/5以上，妇女村民代表应当占村民代表会议组成人员的1/3以上。村民代表由村民按每5户至15户推选一人，或者由各村民小组推选若干人。村民代表的任期与村民委员会的任期相同。村民代表可以连选连任。村民代表应当向其推选户或者村民小组负责，接受村民监督。”

《村民委员会组织法》第26条规定：“村民代表会议由村民委员会召集。村民代表会议每季度召开一次。有1/5以上的村民代表提议，应当召集村民代表会议。村民代表会议有2/3以上的组成人员参加方可召开，所作决定应当经到会人员的过半数同意。”

3. 村民委员会，是村民自治的常设组织，是村民会议的执行机构。村民委员会由主任、副主任和委员共3至7人组成，每届任期3年，届满应当及时举行换届选举，其成员可以连选连任。《村民委员会组织法》第6条规定，村民委员会成员中，应当有妇女成员，多民族村民居住的村应当有人数较少的民族的成员。对村民委员会成员，根据工作情况，给予适当补贴。

4. 村民委员会的下属委员会，人民调解委员会是调解民间纠纷，用法律知识和社会主义道德风尚教育群众、团结群众的一个基层群众性组织。治安保卫委员会是发动群众协助人民政府维护社会治安、同一切刑事犯罪活动做斗争的一个基层群众性治安保卫组织。公共卫生委员会是负责办理卫生宣传、治理环境、防病治病等公共卫生事务的基层群众性组织。我国《村民委员会组织法》第7条规定：“村民委员会根据需要设人民调解、治安保卫、公共卫生与计划生育等委员会。村民委员会成员可以兼任下属委员会的成员。人口少的村的村民委员会可以不设下属委员会，由村民委员会成员分工负责人民调解、治安保卫、公共卫生与计划生育等工作。”

5. 村民小组，由于一些地区的村民较多，或者是管辖范围较大，居住分散，为便于村民自治，按照有利生产、方便生活的原则，村民委员会可以根据村民居住状况、集体土地所有权关系等分设若干村民小组，村民小组组长由村民小组会议推选。村民小组长的职责包括：①收集并向村委会反映本组村民的建议、意见；②向本组村民传达村委会作出的有关决定；③协助村委会办理本村的公共事务和公益事业。村民小组组长任期与村民委员会的任期相同，可以连选连任。《村民委员会组织法》第28条规定，召开村民小组会议，应当有本村民小组18周岁以上的村民2/3以上，或者本村民小组2/3以上的户的代表参加，所作决定应当经到会人员的过半数同意。属于村民小组的集体所有的土地、企业和其他财产的经营管理以及公益事项的办理，由村民小组会议依照有关法律的规定讨论决定，所作决定及实施情况应当及时向本村民小组的村民公布。目前，全国多数地区在原来的生产大队一级设村委会，在原来的生产队一级设村民小组。有的地区几个自然村联合设立一个村委会，每个自然村分别设立村民小组；有些大的自然村分设几个村民小组，情况不一。

**三、村民自治的民主管理和民主监督**

（一）民主选举

村民委员会主任、副主任和委员，由村民直接选举产生，任何组织或者个人不得指定、委派或者撤换村民委员会成员。即人们常说的“村官直选”。修订后的《村民委员会组织法》从第11条到第20条规定了选举中的排除外来干涉、平等选举、选举的工作机构和程序、对破坏选举的制裁以及村官罢免等有关问题。由此可见直选村官在村民自治活动中的重要性。而村民直选村官活动的逐步规范化、民主化，更好地保障了中国农民的政治权利，激发了农民当家做主的热情，增进了村官的公仆意识，因而引起了全世界的关注。具体地说，《村民委员会组织法》对村民委员会的民主选举作出了以下规定：

1. 村民委员会的选举，由村民选举委员会主持。村民选举委员会由主任和委员组成，由村民会议、村民代表会议或者各村民小组会议推选产生。村民选举委员会成员被提名为村民委员会成员候选人，应当退出村民选举委员会。村民选举委员会成员退出村民选举委员会或者因其他原因出缺的，按照原推选结果依次递补，也可以另行推选。

2. 年满18周岁的村民，不分民族、种族、性别、职业、家庭出身、宗教信仰、教育程度、财产状况、居住期限，都有选举权和被选举权；但是，依照法律被剥夺政治权利的人除外。村民委员会选举前，应当对下列人员进行登记，列入参加选举的村民名单：

（1）户籍在本村并且在本村居住的村民。

（2）户籍在本村，不在本村居住，本人表示参加选举的村民。

（3）户籍不在本村，在本村居住1年以上，本人申请参加选举，并且经村民会议或者村民代表会议同意参加选举的公民。已在户籍所在村或者居住村登记参加选举的村民，不得再参加其他地方村民委员会的选举。

3. 登记参加选举的村民名单应当在选举日的20日前由村民选举委员会公布。对登记参加选举的村民名单有异议的，应当自名单公布之日起5日内向村民选举委员会申诉，村民选举委员会应当自收到申诉之日起3日内作出处理决定，并公布处理结果。

4. 选举村民委员会，由登记参加选举的村民直接提名候选人。候选人的名额应当多于应选名额。村民选举委员会应当组织候选人与村民见面，由候选人介绍履行职责的设想，回答村民提出的问题。

选举村民委员会，有登记参加选举的村民过半数投票，选举有效；候选人获得参加投票的村民过半数的选票，始得当选。当选人数不足应选名额的，不足的名额另行选举。另行选举的，第一次投票未当选的人员得票多的为候选人，候选人以得票多的当选，但是所得票数不得少于已投选票总数的1/3。

选举实行无记名投票、公开计票的方法，选举结果应当当场公布。选举时，应当设立秘密写票处。

登记参加选举的村民，选举期间外出不能参加投票的，可以书面委托本村有选举权的近亲属代为投票。村民选举委员会应当公布委托人和受委托人的名单。

5. 本村1/5以上有选举权的村民或者1/3以上的村民代表联名，可以提出罢免村民委员会成员的要求，并说明要求罢免的理由。被提出罢免的村民委员会成员有权提出申辩意见。罢免村民委员会成员，须有登记参加选举的村民过半数投票，并须经投票的村民过半数通过。

6. 以暴力、威胁、欺骗、贿赂、伪造选票、虚报选举票数等不正当手段当选村民委员会成员的，当选无效。对以暴力、威胁、欺骗、贿赂、伪造选票、虚报选举票数等不正当手段，妨害村民行使选举权、被选举权，破坏村民委员会选举的行为，村民有权向乡、民族乡、镇的人民代表大会和人民政府或者县级人民代表大会常务委员会和人民政府及其有关主管部门举报，由乡级或者县级人民政府负责调查并依法处理。

7. 村民委员会成员丧失行为能力或者被判处刑罚的，其职务自行终止。村民委员会成员出缺，可以由村民会议或者村民代表会议进行补选。村民委员会应当自新一届村民委员会产生之日起10日内完成工作移交。工作移交由村民选举委员会主持，由乡、民族乡、镇的人民政府监督。

同时，为了保证各地农村能够因地制宜地搞好选举，使选举活动进一步规范和民主化，增强操作性，《村民委员会组织法》规定，具体选举办法由省、自治区、直辖市的人民代表大会常务委员会规定。

### （二）民主决策

在召开村民会议的时候，应当有本村18周岁以上村民的过半数，或者本村2/3以上的户的代表参加，村民会议所作决定应当经到会人员的过半数通过。法律对召开村民会议及作出决定另有规定的除外。召开村民会议，根据需要可以邀请驻本村的企业、事业单位和群众组织派代表列席。《村民委员会组织法》第24条特别规定，对于涉及村民利益的下列事项，经村民会议讨论决定方可办理：

1. 本村享受误工补贴的人员及补贴标准。

2. 从村集体经济所得收益的使用。

3. 本村公益事业的兴办和筹资筹劳方案及建设承包方案。

4. 土地承包经营方案。

5. 村集体经济项目的立项、承包方案。

6. 宅基地的使用方案。

7. 征地补偿费的使用、分配方案。

8. 以借贷、租赁或者其他方式处分村集体财产。

9. 村民会议认为应当由村民会议讨论决定的涉及村民利益的其他事项。

村民会议可以授权村民代表会议讨论决定上述事项。法律对讨论决定村集体经济组织财产和成员权益的事项另有规定的，依照该法律的规定。

（三）民主管理

民主管理的具体要求和表现是村民委员会应当实行少数服从多数的民主决策机制和公开透明的工作原则，建立健全各种工作制度。村民委员会实行村务公开制度。村民委员会应当及时公布下列事项，接受村民的监督：

1. 《村民委员会组织法》第23条、第24条规定的由村民会议、村民代表会议讨论决定的事项及其实施情况。

2. 国家计划生育政策的落实方案。

3. 政府拨付和接受社会捐赠的救灾救助、补贴补助等资金、物资的管理使用情况。

4. 村民委员会协助人民政府开展工作的情况。

5. 涉及本村村民利益，村民普遍关心的其他事项。

上述规定事项中，一般事项至少每季度公布一次；集体财务往来较多的，财务收支情况应当每月公布一次；涉及村民利益的重大事项应当随时公布。同时，村民委员会应当保证所公布事项的真实性，并接受村民的查询。如果村民委员会不及时公布应当公布的事项或者公布的事项不真实的，村民有权向乡、民族乡、镇的人民政府或者县级人民政府及其有关主管部门反映，有关人民政府或者主管部门应当负责调查核实，责令依法公布；经查证确有违法行为的，有关人员应当依法承担责任。

（四）民主监督

根据修订后的《村民委员会组织法》的规定，村应当建立村务监督委员会或者其他形式的村务监督机构，负责村民民主理财，监督村务公开等制度的落实。村民委员会成员及其近亲属不得担任村务监督机构的成员。村务监督机构成员向村民会议和村民代表会议负责，可以列席村民委员会会议。村民委员会成员以及由村民或者村集体承担误工补贴的聘用人员，应当接受村民会议或者村民代表会议对其履行职责情况的民主评议。民主评议每年至少进行一次，由村务监督机构主持。村民委员会成员连续两次被评议不称职的，其职务终止。

村民委员会和村务监督机构应当建立村务档案。村务档案应当真实、准确、完整、规范。村民委员会成员实行任期和离任经济责任审计，审计事项包括：

1. 本村财务收支情况。

2. 本村债权债务情况。

3. 政府拨付和接受社会捐赠的资金、物资管理使用情况。

4. 本村生产经营和建设项目的发包管理以及公益事业建设项目招标投标情况。

5. 本村资金管理使用以及本村集体资产、资源的承包、租赁、担保、出让情况，征地补偿费的使用、分配情况。

6. 本村 1/5 以上的村民要求审计的其他事项。

村民委员会成员的任期和离任经济责任审计，由县级人民政府农业部门、财政部门或者乡、民族乡、镇的人民政府负责组织，审计结果应当公布，其中离任经济责任审计结果应当在下一届村民委员会选举之前公布。

村民委员会或者村民委员会成员作出的决定侵害村民合法权益的，受侵害的村民可以申请人民法院予以撤销，责任人依法承担法律责任。村民委员会不依照法律、法规的规定履行法定义务的，由乡、民族乡、镇的人民政府责令改正。乡、民族乡、镇的人民政府干预依法属于村民自治范围事项的，由上一级人民政府责令改正。

**［导入案例分析］**

1. 村民委员会换届选举选民资格的决定权在村民选举委员会。《村民委员会组织法》第 12 条规定，村民委员会的选举，由村民选举委员会主持。村民选举委员会由主任和委员组成，由村民会议、村民代表会议或者各村民小组推选产生。

2. 乡、民族乡、镇人民政府所属的民政部门有义务对村民委员会选举工作进行指导，但这种指导不具有法律上的强制性。《村民委员会组织法》第 5 条规定：“乡、民族乡、镇的人民政府对村民委员会的工作给予指导、支持和帮助，但是不得干预依法属于村民自治范围内的事项。”

## 实务训练题

### 对话女大学生村官白一彤

白一彤，陕西省清涧县高杰村的村主任。白一彤的父亲白岩林从小在村里长大，当兵退伍后外出经商，白一彤的爷爷以前当过多年村干部，一直希望村子能发展起来，但直到老人去世，村里还是老样子。为了完成老人的遗愿，19 岁的白一彤终止了大学学业，回村竞选村主任，以 97% 的得票率当选。上任后的白一彤一心想着改变高杰村落后的状况，她先后在家里无偿的支持下，为高杰村建起了环村公路；引进了鸵鸟和山羊养殖；建造了蔬菜大棚；修复戏楼。由于缺乏农村工作经验，白一彤也曾引来了不少村民的埋怨，因之前的村干部不作为，国家拨付的饮水工程专项资金并未用到饮水工程建设上，面对多年的饮水难题，村民也曾质疑这个年轻姑娘的能力。2012 年换届选举，白一彤成功连任，她每天四处奔波筹集资金，办起了红枣加工厂。在总结了之前蔬菜大棚失败经验的情况下，白一彤和村委会商量，流转部分土地，集中种植，规范管理。如今，高杰村里的管道已经铺设完成，水塔也即将完工，户户通自来水也将成为现实。白一彤还有自己的梦想，那就是等饮水工程完工后，她准备参加自学考试，专攻农业技术方面的知识，早一天把乡亲们领上致富路。以下是南方周末记者与白一彤的对话。

南方周末：你爸打电话建议你来竞选村官，当时第一反应是什么？

白一彤：第一反应是不愿意来。他说条件好，一马平川，来了给我这给我那，启动资金都不用想。到这一看，简直是一不小心就掉沟里。说到最后，就把我爷爷搬出来了，说他以前就想建设家乡。

南方周末：到目前为止，觉得当初提出的十条承诺是不是太乐观了？

白一彤：决心肯定还是有。但现在看来，有象牙塔里闭门造车之感。原来觉得三年内就能干起来，现在觉得好渺茫。除了我们家这一块，我自己已经垫进去一万五，是我的压岁钱。实在不行再去社会上募捐。以前是幻想，现在是现实。以前没想那么多，到处都是“新农村建设”，我这为啥不能？看见人家房顶上的太阳能板，幻想着我这太阳能电池板也来了，后来听说一个要十几万（笑）。

南方周末：那怎么办？

白一彤：现在没有退路了，非干不可。非得干好不可，要不就臭名昭著了。

南方周末：上任后，村里跟乡镇的工作协调怎么样？

白一彤：初八我去找镇上的领导，政府的门一直关着。他们说我是法定代表人，我觉得我是空架子、摆设、花瓶。路肯定能修下去，这条路的事，我们村里的人反映了三年，有用吗？政府会不知道这事？

南方周末：大家都往城里跑，你却回到乡下。

白一彤：城里人才都饱和了，也体现不出我的价值。

南方周末：你怎么看政治？

白一彤：史书上写着“学而优则仕”嘛。在中国，挣多少钱也造福不了一方百姓，只有去抓住一些权力。希望我将来不要给村民带来灾难。

南方周末：如果干满一届后村民还选你，你还会留在这里吗？

白一彤：会！只要村民选我，我就接着干。可能的话，以后让老公倒嫁过来。

请结合上述对话，邀请我院已毕业的优秀大学生村官回校，与同学们共同开展对大学生村官问题的课堂讨论。

## 延伸阅读

### 关于《中华人民共和国村民委员会组织法（修订草案）》的说明

——2009年12月22日在第十一届全国人民代表大会常务委员会第十二次会议上

**民政部部长　李学举**

全国人民代表大会常务委员会：

《中华人民共和国村民委员会组织法》（以下简称《村民委员会组织法》）自1998年11月公布施行以来，对推进以民主选举、民主决策、民主管理和民主监督为主要内容的村民自治发挥了重要作用，村民自治制度已经发展成为中国特色的社会主义民主政治的重要组成部分。随着农村经济社会的发展，特别是城乡户籍制度、农村税费制度改革的深化，在实行村民自治中也遇到一些新的情况和问题，有必要在总结实践经验的基础上，尽快修订《村民委员会组织法》。

民政部、国务院法制办在总结《村民委员会组织法》实施经验的基础上，多次征求中央有关部门和地方人民政府和专家、学者的意见，经过反复研究修改，形成了《中华人民共和国村民委员会组织法（修订草案）》（以下简称修订草案）。修订草案已经2009年12月2日国务院第90次常务会议讨论通过。修订草案的主要内容如下：

一、进一步完善了村民委员会成员的选举和罢免程序

村民委员会选举是实行村民自治的重要环节。修订草案依据近几年村民委员会选举工作实践经验，对村民委员会选举作了以下三个方面的完善：

1. 完善了村民选举委员会的组成和推选程序。修订草案规定：村民选举委员会由主任和委员组成，由村民会议、村民代表会议或者各村民小组会议推选产生。村民选举委员会成员被提名为村民委员会成员候选人的，退出村民选举委员会，缺额按照原推选结果依次递补，也可以另行推选。村民选举委员会成员不履行职责的，经村民会议、村民代表会议或者各村民小组会议讨论同意予以免职，缺额按照原推选结果依次递补，也可以另行推选。

2. 增加了选民登记的内容。修订草案规定：村民委员会选举前，应当对下列参加选举的村民进行登记：①户籍在本村并且在本村居住的村民；②户籍在

本村，登记参加选举或者选举期间不在本村居住，接到村民选举委员会通知表示参加选举或者书面委托他人投票的村民；③户籍不在本村，在本村居住一年以上，本人申请参加选举，并且经村民会议或者村民代表会议同意参加选举的公民。参加选举的村民名单应当在选举日的20日前由村民选举委员会公布。对登记参加选举的村民名单有异议的，应当自名单公布之日起3日内向村民选举委员会申诉，村民选举委员会应当自收到申诉之日起3日内作出处理决定。

3. 完善了对村民委员会成员的罢免程序。修订草案规定：本村1/5以上有选举权的村民或者1/3以上的村民代表联名，可以提出罢免理由要求罢免村民委员会成员。被提出罢免的村民委员会成员有权提出申辩意见。表决罢免要求的村民会议由村民选举委员会主持。罢免村民委员会成员，有登记参加选举的村民过半数投票，表决有效；投票的村民过半数同意，始得罢免。罢免要求通过后，村民选举委员会应当主持村民委员会成员缺额的补选。补选的村民委员会成员的任期到本届村民委员会任期届满时止。

二、进一步完善了民主议事制度

民主议事是村民自治中村民行使民主权利、维护自身利益的重要制度，对于制约村民委员会不作为或者滥作为发挥着重要作用。修订草案主要从以下三个方面完善了民主议事制度：

1. 进一步充实了村民会议讨论决定的事项，并规定了村民会议可以授权村民代表会议讨论决定的事项。

2. 完善了村民代表会议的组成和议事程序。鉴于基层普遍反映村民会议难以召开，为保证制度效能，使村民能够经常行使自己的民主权利，修订草案规定：人数较多或者居住分散的村，可以设立村民代表会议，讨论决定村民会议授权的事项。村民代表会议由村民委员会成员和村民代表组成，村民代表应当占村民代表会议组成人员的2/3以上，妇女村民代表应当占村民代表会议组成人员的1/3以上。村民代表由村民按每5户至15户推选一人，或者由各村民小组推选若干人。村民代表的任期与村民委员会的任期相同。村民代表可以连选连任。村民代表应当向其推选户或者村民小组负责，接受村民监督。村民代表会议由村民委员会召集。村民代表会议每季度召开一次。有1/5以上的村民代表提议，应当召集村民代表会议。村民代表会议有2/3以上的组成人员参加方可召开，所作决定应当经到会人员的过半数同意。

3. 增加了村民小组会议制度。为了切实保障村民依法办理自己的事情，保障其利益不受侵害，修订草案增加了村民小组会议制度，并规定：属于村民小组的集体所有的土地、企业和其他财产的经营管理以及公益事项的办理，由村民小组会议依照有关法律的规定讨论决定，所作决定及实施情况应当及时向本村民小组的村民公布。

三、进一步完善了民主管理和民主监督制度

依据近年来各地在村级民主管理和民主监督方面的成功经验，修订草案从以下四个方面完善了民主管理和民主监督制度：

1. 增加了村务监督机构。修订草案规定：村应当建立村务监督机构，负责村民民主理财和村务公开等制度的落实，其成员应当具备财会、管理知识，并由村民选举产生。村民委员会成员及其近亲属不得担任村务监督机构成员。村务监督机构成员列席村民委员会会议，向村民会议和村民代表会议负责并报告工作。

2. 完善了民主评议的内容。修订草案规定：村民委员会成员、村务监督机构成员以及由村民或者村集体承担误工补贴的聘用人员应当接受村民会议或者村民代表会议的民主评议。民主评议每年进行一次。村民委员会成员、村务监督机构成员连续两年被评议不称职的，应当主动辞职；拒不辞职的，应当启动罢免程序。

3. 增加了村务档案制度。修订草案规定：村民委员会和村务监督机构应当建立村务档案。村务档案包括：选举文件和选票，会议记录，土地发包方案和承包合同，经济合同，集体财务账目，集体资产登记文件，基本建设资料，宅基地使用方案等。村务档案应当真实、准确、完整、规范。

4. 完善了村民委员会成员任期和离任审计制度，并明确了任期和离任审计包括的事项。

此外，修订草案还对加强基层党组织对村民自治的领导、村民委员会职责、村民委员会开展工作和办理村公益事业的经费保障等作了完善。

四、修订草案的框架结构

《村民委员会组织法》共30条，没有分章。修订草案在总结地方立法经验的基础上，以民主选举、民主决策、民主管理和民主监督为顺序，将修订草案的内容分为“总则”、“村民委员会的组成和职责”、“村民委员会的选举”、“村民会议和村民代表会议”、“民主管理和民主监督”及“附则”共6章。这样更有利于使村民自治各个环节的制度设计一目了然。

《中华人民共和国村民委员会组织法（修订草案）》和以上说明是否妥当，请审议。

## 思考题

1. 如何理解基层群众性自治组织的性质？
2. 基层群众性自治组织与基层政权的关系是什么？
3. 简述居民自治和村民自治的组织体系。

第十一章

# 国家标志

## 学习目标与工作任务

通过本章的学习，要求学生明确我国的国家标志包括哪些，掌握国旗法和国徽法的相关内容，了解我国国歌和首都的一些基本知识，使学生在实际工作和生活中严格按照《国旗法》和《国徽法》的规定制作、悬挂、使用国旗、国徽。

## 第一节 国 旗

### 导入案例

**11－1**

三名消费者到某涉外星级酒店用完餐，准备离开酒店时，突然发现该酒店门前三根旗杆上悬挂的中国国旗、香港特别行政区区旗和该酒店的店旗处在同一水平线上。之后，他们发现另外两家涉外酒店也存在这样的问题。三名消费者认为我国《国旗法》对国旗的制作、悬挂、使用有明确规定，国旗作为中华人民共和国的象征理应受到尊重，所有在中国的宪法主体都有自觉遵守的义务，而这三家涉外星级酒店的做法，严重违反了《国旗法》的相关规定。于是他们根据《国旗法》第15条的规定和《消费者权益保护法》的有关条文，一纸诉状将这三家涉外星级酒店告上法庭。三个被告酒店的总经理在得知此事后，均表示将积极配合，做好整改工作。

问：涉外酒店把我国国旗与其他旗帜悬挂在同一水平线上是否违法？为什么？

### 一、国旗的概述

国旗是象征一个主权国家的旗帜。它通过一定的式样、色彩和图案反映一个国家政治特色和历史文化传统。作为国家标志的国旗，源于欧洲十字军东征时所用的军旗。迄今为止，全世界170多个独立国家都有自己的国旗。为了得到国际社会的承认和使用，并区别于国际、国内用于其他目的的旗帜，各国往往以宪法或其他法律规定国旗的名称、色彩、图案、式样以及使用办法。

国旗法是指规定国旗的名称、色彩、图案、式样和使用办法以及其他有关国旗的内容法律规范的总和。这是广义上的国旗法。在我国，广义上的国旗法不仅包括《中华人民共和国国旗法》，还包括宪法、全国人大常委会《关于惩治侮辱中华人民共和国国旗国徽的决定》和中央军委、国务院相关部门及民族自治机关制定的有关升挂、使用国旗的具有法律效力的行政规章和规范性文件等。狭义的国旗法是指以统一法典形式表现出来的国旗法，即规定国旗式样、图案、色彩和使用办法等专门的法律文件。1990年6月28日第七届全国人民代表大会常务委员会第十四次会议通过的《中华人民共和国国旗法》（简称《国旗法》）就是狭义上的国旗法。它的颁布与实施，标志着我国国旗的制作、升挂与使用走向了法制的轨道。

《国旗法》第3条第2款规定："每个公民和组织，都应当尊重和爱护国旗。"因此，尊重和爱护国旗、维护国旗的尊严是每个公民和组织的义务。《国旗法》明确规定，不得升挂破损、污损、褪色或者不合规格的国旗；国旗及其图案不得用作商标和广告，不得用于私人丧事活动。全国人民代表大会常务委员会《关于惩治侮辱中华人民共和国国旗国徽的决定》还规定，在公众场合故意以焚烧、毁损、涂划、玷污、践踏等方式侮辱中华人民共和国国旗的，处3年以下有期徒刑、拘役、管制或者剥夺政治权利。

**二、我国的国旗是五星红旗**

我国《宪法》第136条规定，中华人民共和国国旗是五星红旗。《国旗法》第3条第1款规定："中华人民共和国国旗是中华人民共和国的象征和标志。"它不仅在形式上区别于其他国家的国旗，而且具有深刻的历史背景和政治内涵。

（一）五星红旗的构成

世界上各国国旗的区别主要表现在国旗的具体构成不同。国旗的构成指的是国旗的形状、颜色、图案等要素体现在旗面上的相互关系。对我国国旗的构成和制作，中国人民政治协商会议第一届全体会议主席团于1949年9月28日公布了《国旗制法说明》对我国国旗的构成和制作作了法定的说明，《国旗法》沿用了这一说明。根据《国旗制法说明》的规定，我国国旗的构成是：旗面为红色，长方形，其长与高之比为3:2。旗面左上方缀黄色五角星5颗，1颗星较大，其外接圆直径为旗高的1/10，4颗小星环拱于大星之右侧，并各有一个角尖正对大颗星的中心点；旗杆套为白色。整个旗面色彩简明扼要，浑然一体，稳健生动，充分展示了中华人民共和国的勃勃生机。

按照《国旗制法说明》的规定，我国国旗大小共有五种规格，供使用时选用。

（二）五星红旗的含义

国旗作为一个主权国家的标志和象征，不同于其他用途的普通旗帜，具有深刻的历史背景和政治内涵。

我国的国旗——五星红旗形象而且深刻地反映了我国的政治特色。红色的旗面象征着革命，她是无数革命先烈和仁人志士的鲜血染红的，是革命的旗帜、胜利的旗帜。五星红旗是通过表现国家的阶级性质来体现国旗政治内涵的。我国革命的性质和社会阶级结构决定了我国国旗所体现的是比工农联盟更为广泛的统一战线。五星红旗上的五颗五角星象征中国共产党领导下革命人民大团结和人民对党的衷心拥护和无比爱戴。大五角星代表中国共产党，四颗小五角星代表中华人民共和国成立时我国人民所包括的四个阶级，即工人阶级、农民阶级、城市小资产阶级和民族资产阶级。四颗小五角星呈椭圆状围绕在大五角星右侧，各有一个角尖正对向上方，象征党的领导坚固有力。黄色五角星与红旗相映衬，象征红色大地上显出一片光明，象征人民内部的团结贵如金子。

随着我国政治经济的发展，我国的阶级关系发生了变化，作为剥削阶级的城市小资产阶级和民族资产阶级不存在了，他们已经变成了自食其力的劳动者。虽然人民内部的结构和成员有所变化，但我国人民民主专政的性质没有变，五星红旗上的五颗星及其相互关系所表达的中国共产党领导下的革命人民大团结和人民对党的衷心拥护的政治内涵没有变。

**三、国旗的升挂、使用**

我国《国旗法》对国旗的升挂、使用办法作了明确规定，主要包括升挂国旗的范围、时间和仪式以及下半旗等内容。

（一）升挂国旗的范围

1. 应当每日升挂国旗的范围。按照《国旗法》的规定，下列场所或者机构所在地，应当每日升挂国旗：①北京天安门广场、新华门；②全国人民代表大会常务委员会、国务院、中央军事委员会、最高人民法院、最高人民检察院；③中国人民政治协商会议全国委员会；④外交部；⑤出境入境的机场、港口、火车站和其他边境口岸，边防海防哨所。

2. 应当在工作日升挂国旗的范围。按照《国旗法》的规定，应当在工作或者学习时间升挂国旗的场所或机构所在地包括：①国务院各部门，地方各级人民代表大会常务委员会、人民政府、人民法院、人民检察院，中国人民政治协商会议地方各级委员会，应当在工作日升挂国旗；②全日制学校，除寒假、暑假和星期日外，应当每日升挂国旗。

3. 可以升挂国旗的范围。按照《国旗法》的规定，可以升挂国旗的范围包括：①企业事业组织、村民委员会、居民委员会、城镇居民院（楼）以及广场、公园等公共活动场所，有条件的可升挂国旗；②民族自治地方在民族自治地方成立纪念日和主要传统民族节日，可以升挂国旗；③举行重大庆祝、纪念活动，大型文化、体育活动，大型展览会，可以升挂国旗。

4. 节假日升挂国旗的范围。节假日升挂国旗的范围是指在国庆节、国际劳动节、元旦和春节等应当或者可以升挂国旗的场所或机构所在地。具体包括：①国庆节、国际劳动节、元旦和春节，各级国家机关和各人民团体应当升挂国旗；②民族区域自治地方在自治地方成立纪念日和主要传统民族节日，可以升挂国旗。

### （二）升挂国旗的时间和仪式

1. 按照《国旗法》的规定，升挂国旗的时间是指升降国旗的起止时间。我国国旗法对升降国旗的时间规定有两种情况：

（1）属于经常升挂。工作日升挂和节假日升挂国旗的场合或机构所在地（即《国旗法》第5至7条规定的范围），按照《国旗法》第12条第1款的规定，应当每天早晨升起，傍晚降下。

（2）《国旗法》没有明确规定升挂时间的，又可分为两种：①特定时间升挂。该范围国旗升挂的时间应根据特定活动的性质、天气情况和《国旗法》规定升挂国旗时间的精神，参照《国旗法》的第12条第1款的规定确定；②《国旗法》授权其他机关规定国旗升挂、使用办法的，升挂国旗的时间，应以各机关规定的升降时间为准。

2. 升挂国旗的仪式。升挂国旗的仪式，简称升旗仪式。《国旗法》第13条对升旗仪式作了规定，参加升旗仪式的人应当面对国旗肃立行注目礼，向国旗致敬。举行升旗仪式时，可以奏唱国歌。

另外，我国《国旗法》还对全日制中小学的升旗仪式有特别要求。全日制中小学除假期外，每周必须举行一次升旗仪式。

**[导入案例分析]**

导入案例11－1中提到的三家涉外酒店把我国国旗与其他旗帜悬挂在同一水平线上的行为是违法的。因为，我国《国旗法》第15条规定，升挂国旗，应当将国旗置于显著的位置。列队举持国旗和其他旗帜行进时，国旗应当在其他旗帜之前。国旗与其他旗帜同时升挂时，应当将国旗置于中心、较高或者突出的位置。

### （三）下半旗的规定

下半旗是国家体现某种立场或态度的重要方式。下半旗表示国家对有功于国家和社会的人逝世，以及其他发生特别重大伤亡的不幸事件或严重自然灾害造成重大伤亡的哀悼。我国《国旗法》对下半旗的情况作了明确规定。下列人士逝世，下半旗志哀：①中华人民共和国主席、全国人民代表大会常务委员会委员长、国务院总理、中央军事委员会主席；②中国人民政治协商会议全国委员会主席；③对中华人民共和国作出杰出贡献的人，对世界和平或者人类进步事业作出杰出贡献的人。

此外，在发生特别重大伤亡的不幸事件，或者严重自然灾害造成重大伤亡时，可以下半旗志哀。

## 第二节 国 徽

**导入案例**

**11－2**

我们经常看到，我国运动员在奥运会的运动场和领奖台上所穿运动服或领奖服的前胸上，往往印有我国国徽的图案；在全国人民警察的警徽、帽徽上也赫然可见我国国徽的图案，并且连国徽的金红二色也完全变成了灰色；在每个人的身份证上都印有我国国徽的图案；在很多国家机关工作人员的工作证上，甚至在他们的名片上都可以看到我国国徽的图案。

可以肯定地说，以上使用国徽行为的出发点都是好的，是用于正当场合和事项，是为了显示爱国之心和作为一个中国人及国家工作人员的骄傲，彰显国家执法机关的威严。但是，国徽显而易见被滥用了，依照《国徽法》进行判定，有些行为甚至是违法了。

问：我国国徽的图案包括哪些内容？其含义是什么？

### 一、国徽的含义和构成

国徽也是国家的象征和标志。它通过一定的图案表现一个国家的自然条件与地理特征，或体现一个国家的历史与传统，或表现一个国家政治体制、民族精神和意识形态。国徽通常也是由宪法和有关法律予以规定的。

中华人民共和国国徽的图案，是由中国人民政治协商会议全国委员会第二次会议提出，经1950年9月18日中央人民政府委员会第八次会议审议通过的《中华人民共和国国徽图案》予以规定的，并在1950年9月20日，根据中央人民政府主席毛泽东的命令，公布于《人民日报》，这一图案为历部宪法所确认。现行《宪法》第137条明确规定：“中华人民共和国国徽，中间是五星照耀下的天安门，周围是谷穗和齿轮。”

［导入案例分析］

导入案例 11－2 中，我国国徽的图案包括中间是五星照耀下的天安门，周围是谷穗和齿轮。其中，天安门表示中国人民从“五四运动”以来进行的新民主主义革命斗争的胜利和中华人民共和国的诞生；谷穗和齿轮象征工人阶级领导的工农联盟；国徽中的 5 个五角星象征着中国共产党领导下的人民大团结。由此可见，国徽鲜明地反映了我国的国家性质。

1991 年 3 月 2 日，第七届全国人民代表大会常务委员会第十八次会议通过了《中华人民共和国国徽法》（简称《国徽法》），它对我国国徽的制作、使用等方面作了专门规定。

按照《国徽法》第 12 条的规定，悬挂的国徽由国家指定的企业统一制作，其直径的通用尺度为下列三种：100 厘米；80 厘米；60 厘米。在特定场所需要悬挂非通常尺度国徽的，报国务院办公厅批准。

《国徽法》第 3 条 2 款规定：“一切组织和公民，都应当尊重和爱护国徽。”维护国徽的尊严是公民和一切组织的一项重要义务。为了维护国徽尊严，《国徽法》第 13 条规定：“在公众场合故意以焚烧、毁损、涂划、玷污、践踏等方式侮辱中华人民共和国国徽的，依法追究刑事责任；情节较轻的，参照治安管理处罚条例的规定，由公安机关处以 15 日以下拘留。”

**二、国徽的使用**

（一）应当悬挂国徽的机构和场所

依照《国徽法》第 4 条的规定，下列机构应当悬挂国徽：县级以上各级人民代表大会常务委员会；县级以上各级人民政府；中央军事委员会；各级人民法院和专门人民法院；各级人民检察院和专门人民检察院；外交部；国家驻外使馆、领馆和其他外交代表机构。至于乡、民族乡、镇人民政府悬挂国徽的具体办法，由省、自治区、直辖市的人民政府根据实际情况决定。

国家行使权力和主权的正式场所应当悬挂国徽。《国徽法》第 5 条规定，下列场所应当悬挂国徽：北京天安门城楼，人民大会堂；县级以上各级人民代表大会及其常务委员会会议厅，各级人民法院和专门人民法院审判庭；出境入境口岸的适当场所。

（二）应当刻有国徽图案的机构印章

依照《国徽法》第 6 条的规定，下列机构的印章应刻有国徽图案：全国人民代表大会常务委员会，国务院、中央军事委员会、最高人民法院、最高人民检察院；全国人民代表大会各专门委员会和全国人民代表大会常务委员会办公厅、工作委员会，国务院各部、各委员会、各直属机构、国务院办公厅以及国务院规定应当使用刻有国徽图案印章的办事机构，中央军事委员会办公厅以及中央军事委员会规定应当使用刻有国徽图案印章的其他机构，县级以上地方各级人民代表大会常务委员会、人民政府、人民法院、人民检察院、专门人民法院、专门人民检察院；国家驻外使馆、领馆和其他外交代表机构。

依照《国徽法》第 7 条的规定，下列文书、出版物等应当印有国徽图案：全国人民代表大会常务委员会，中华人民共和国主席和国务院颁发的荣誉证书、任命书、外交文书；中华人民共和国主席、全国人民代表大会常务委员会委员长、国务院总理、中央军事委员会主席、最高人民法院院长和最高人民检察院检察长以职务名义对外使用的信封、信笺、请柬等；全国人民代表大会常务委员会公报、国务院公报、最高人民法院公报和最高人民检察院公报的封面；国家出版的法律、法规正式版本的封面。

此外，《国徽法》还有相关特殊规定。该法第 8 条规定："外事活动和国家驻外使馆、领馆以及其他外交代表机构对使用国徽图案的办法，由外交部规定，报国务院批准后施行。"第 9 条规定："在本法规定的范围以外需要悬挂国徽或者使用国徽图案的，由全国人民代表大会常务委员会办公厅或者国务院办公厅会同有关主管部门规定。"

（三）禁止使用国徽或国徽图案的场合

《国徽法》第 10 条规定，国徽及其图案不得用于：①商标、广告；②日常生活的陈设布置；③私人庆吊活动；④国务院办公厅规定不得使用国徽及其图案的其他场合。

《国徽法》第 11 条还规定，不得悬挂破损、污损或者不合规格的国徽。

以上规定进一步对国徽使用范围和国徽本身质量作出了限制规定，目的在于保证国徽的尊严和庄重，维护国家的主权和权力，防止滥用国徽的现象发生。

## 第三节 国歌和首都

**导入案例**

**11 -3**

前几年我国股市正处在大牛市时，有人把中国国歌改成关于股票的歌曲《股歌》，并通过手机短信大量传播。有时我们在某餐厅里吃饭时，忽然能够听到国歌声响起，但很快国歌声又停了，接着有人拿起手机接电话，原来是该手机用户把国歌设置成了手机铃声。

问：我国法律对国歌的使用有哪些限制？

## 一、国歌

国歌是代表国家、表现民族精神的歌曲。作为国家的象征，国歌一般是由国家的立法机关或政府制定或认可。由于国家性质、民族和历史传统等因素，各国国歌的内容不同，但都体现了本国的尊严和民族精神。一般认为，国歌源于16世纪荷兰歌曲《威廉·凡·拿骚》，这是反映资产阶级革命运动最早的歌曲之一。现在世界各国一般都有国歌，在举行隆重集会、庆典以及国际交往等仪式时，通常演奏或演唱国歌，激发人民的爱国精神。

我国的国歌是《义勇军进行曲》。1949年9月27日中国人民政治协商会议第一届全体会议通过了《关于中华人民共和国国都、纪年、国歌、国旗的决定》，决定在中华人民共和国的国歌未正式确定前，以《义勇军进行曲》为国歌。《义勇军进行曲》是电影《风云儿女》的主题歌，1935年由田汉作词、聂耳作曲。《义勇军进行曲》诞生在抗日战争和解放战争的烽火硝烟之中，对激励和鼓舞人民群众起了巨大作用。这支歌曲高昂激越，旋律铿锵有力，表达了中华民族反对帝国主义的不屈精神和对中华民族未来的坚定信念。今天，奏唱《义勇军进行曲》不仅能够使广大人民牢记近代屈辱的百年史和各族人民奋起抵抗帝国主义的艰难岁月，而且还能够激发和增强人民的爱国主义精神和民族自豪感，鼓励人们为建设富强、民主、文明的社会主义现代化国家而努力奋斗。

1978年3月5日，第五届全国人民代表大会第一次会议通过决议，决定在保留《义勇军进行曲》曲调的基础上填写新歌词。修改后的国歌，由于没有受到人民的普遍认同，因而未得到推广；1982年12月14日，按照广大人民群众的意见和要求，第五届全国人民代表大会第五次会议通过决议，决定恢复《义勇军进行曲》为中华人民共和国国歌。并撤销了1978年3月5日通过的关于中华人民共和国国歌的决定。2004年宪法修正案明确规定："中华人民共和国国歌是《义勇军进行曲》。"

**[导入案例分析]**

奏唱国歌必须庄重、肃穆。根据有关规定，在重要庆典、政治性公开集会、正式的外交场合或重大的国际性集会的情况下应奏唱国歌。在遇有维护祖国尊严的斗争场合，也可奏唱国歌。禁止在舞会、私人婚丧庆悼等活动和商业活动中奏唱国歌。因此，案例中的使用国歌行为都是错误的，甚至是违法的。

## 二、首都

首都，亦称国都、首府，它是一个国家法定的中央国家机关所在地，通常也是一个国家的政治、文化和经济中心，同时也是各国大使馆以及国际组织在该国的驻在地。

1949年9月27日，中国人民政治协商会议第一届全体会议一致通过，中华人民共和国的首都定在北平，并决定自即日起改北平为北京。1954年宪法又规定："中华人民共和国的首都是北京。"以后制定的历部宪法都有明文规定。

北京地理位置和自然条件优越，西部、北部和东北三面环山，东南面通向平原，东临渤海。北京是重要的交通枢纽，是中原与东北、西北交通之要冲。北京是一座有着3000年历史的文化名城。历史上有许多王朝在此建都。从10世纪就成为我国辽代的陪都，以后金、元、明、清均在这里建都。历代劳动人民在这里创造了光辉灿烂的文化，北京的名胜古迹和历史文物举世景仰。此外，北京还具有光荣的革命传统。它是戊戌变法和五四运动的策源地，在这里揭开了新民主主义革命的序幕。经过几十年的英勇斗争，北京于1949年1月和平解放。10月1日，毛泽东代表中国各族人民在天安门广场亲自升起了第一面五星红旗，宣告了中华人民共和国的诞生。

新中国成立后，北京作为共和国的首都进入了新的发展时期，成了我国的政治、经济、文化中心，是新中国的缩影和象征，在国际社会中享有崇高的地位。随着我国社会主义现代化事业的发展，北京将更加宏伟壮观和引人注目！

**延伸阅读**

## 我国国旗、国歌的由来

1949年6月15日召开的新政治协商会议筹备会第一次全体会议上，决定在常委会下设立六个小组，而其中由马叙伦任组长，由叶剑英、沈雁冰任副组长的第六组，负责拟订有关国旗、国歌等方案。

自1949年7月14日至8月15日，《人民日报》、《解放日报》、《新华日报》等报纸同时刊登了新政协筹备会征求国旗图案的通知。在1个月的时间里，四面八方的人们踊跃投稿，国旗审查小组平均每天收到一百张图案，其中还包括从印尼、马来亚、朝鲜、美、加寄来的23张。国旗审查小组从近三千张国旗图案中筛选出38幅编为一本《国旗图案参考资料》，印发给每一位与会代表。

国旗应征图案要符合三个条件，即：①有中国特征；②含有中国的地理、历史、民族、文化等因素；③有政权特征，要体现出中国共产党领导之下的统一战线，并且国旗设计要求庄严简洁，一目了然。应征稿件中，设计构思符合三项条件的主要有以下四种情况：①竖条旗左上方为镰刀、锤子、五角星或齿轮；②镰刀锤子交叉加五角星；③齿轮加五角星；④旗面为红色或2/3红色。

应征的国旗方案各具特色，如陈嘉庚设计的国旗是镰刀斧头旗；郭沫若设计的国旗是两个长条，象征中华民族的发祥地长江和黄河；朱德设计的国旗左上角为蓝色长方形，嵌有红五角星，象征晴朗的天空。这些图案经过认真挑选，选出38幅图案印发给政协代表，让大家评议。最后确定其中的复字第32号图案，经毛泽东审查通过并在9月27日的全国政协第一届全体会议上正式通过作国中华人民共和国国旗。这面国旗的设计者曾联松，是上海一名普通的经济工作者。国旗的寓意是：一颗大星引导在前，几颗小星环绕其后，形成众星拱北斗之势，大星即为中国共产党，小星代表中国人民，党和人民团结战斗，从胜利走向胜利。在确定小星的数目时，他联想到毛主席在《论人民民主专政》一文中说："人民包括四个阶级，即工人阶级、农民阶级、小资产阶级和民族资产阶级。"所以他决定以四颗小星代表广大人民。从此，五星红旗正式成为中华人民共和国国旗。国旗旗面为红色，象征革命。旗上的五颗五角星及其相互关系象征共产党领导下的革命人民大团结。星用黄色是为着在红地上显出光明，四颗小五角星各有一角正对着大星的中心点，表示围绕着一个中心而团结。

1990年6月28日，第七届全国人大常委会第十四次会议通过了《中华人民共和国国旗法》，该法于当年10月1日起施行。

十届全国人大二次会议通过的《宪法（修正案）》在宪法第136条中增加一款，规定：中华人民共和国国歌是《义勇军进行曲》。国歌同国旗、国徽一样，是国家的象征。赋予国歌与国旗、国徽同样的宪法地位，有利于维护国歌的权威性和稳定性，增强全国各族人民的国家认同感和国家荣誉感。

《义勇军进行曲》诞生于中华民族生死存亡关头，凝聚着中华儿女"不做亡国奴"的怒吼。由田汉作词、聂耳作曲的《义勇军进行曲》，诞生于1935年，当时中华民族正处于生死存亡的关头。这首在中华大地上歌唱了近70年的歌曲，像一支战斗的号角，鼓舞了中华民族儿女去抗击日本帝国主义的侵略，去打倒蒋介石、解放全中国，去建设社会主义。

1934年春，田汉决定写一个以抗日救亡为主题的电影剧本《风云儿女》。在他刚完成一个故事梗概和一首主题歌的歌词时，就被国民党反动派逮捕入狱。另一位共产党员、戏剧家夏衍接手将这个故事写成了电影剧本，聂耳主动要求为田汉写就的主题歌《义勇军进行曲》谱曲。当他读到歌词"起来！不愿做奴隶的人们！把我们的血肉，筑成我们新的长城！中华民族到了最危险的时候，每个人被迫着发出最后的吼声。起来！起来！起来！我们万众一心，冒着敌人的炮火前进！冒着敌人的炮火前进！前进！前进！进！"他仿佛听到了母亲的呻吟、民族的呼声、祖国的召唤、战士的怒吼，爱国激情在胸中奔涌，雄壮、激昂的旋律从心中油然而生，很快就完成了曲谱初稿。后来又在躲避国民党政府追捕的颠沛流离中完成了曲谱定稿。一首表现中华民族的刚强性格，显示祖国尊严、充满同仇敌忾、团结御敌豪迈气概的革命战歌就这样诞生了。这是聂耳短暂一生中的最后一个作品。

《义勇军进行曲》诞生后，立即就像插上了翅膀，在祖国的大地上传唱开来。伴随着“一二·九”运动的学潮，救亡运动的巨浪，抗日战争的烽火，解放战争的硝烟，遍及大江南北、长城内外。这首革命歌曲甚至享誉海外，在全世界传播。1940 年美国著名黑人歌唱家保罗·罗伯逊在纽约演唱了这首歌，接着他又灌制了一套名为《起来》的中国革命歌曲唱片，宋庆龄亲自为这套唱片撰写了序言。在当时的反法西斯战线上,《义勇军进行曲》代表了中国人民最强音的一支战歌。第二次世界大战即将结束之际，在盟军凯旋的曲目中,《义勇军进行曲》赫然名列其中。

1949 年 9 月 27 日全国政协第一届全体会议一致通过在中华人民共和国的国歌未正式制定前，以《义勇军进行曲》为国歌。

1949 年 10 月 1 日下午 3 时，在北京天安门广场隆重举行开国大典，毛泽东主席用洪亮的声音向全世界庄严宣告:“中华人民共和国中央人民政府今天成立了。”接着毛主席按动升旗电钮，伴随五星红旗冉冉上升,《义勇军进行曲》作为国歌第一次在天安门广场响起。

对于中国人来说,《义勇军进行曲》最能唤起内心的强烈共鸣。全国各族人民同唱这一首国歌，将不断激发出爱祖国、爱人民、一往无前、自强不息的精神，增加国家和民族的凝聚力、自豪感，为中华民族的和平崛起而努力奋斗。

## 思考题

1. 如何理解我国国旗、国徽的含义?
2. 试述宪法规定国家标志的意义。

图书在版编目（ＣＩＰ）数据

宪法/刘传兰主编.—北京：中国政法大学出版社，2014.7
ISBN 978-7-5620-5471-9

Ⅰ.①宪…　Ⅱ.①刘…　Ⅲ.①宪法-基本知识-中国　Ⅳ.①D921

中国版本图书馆CIP数据核字(2014)第147867号

---

出版者　中国政法大学出版社
地　址　北京市海淀区西土城路25号
邮　箱　fadapress@163.com
网　址　http://www.cuplpress.com（网络实名：中国政法大学出版社）
电　话　010-58908435(第一编辑部)　58908334(邮购部)
承　印　固安华明印业有限公司
开　本　720mm×960mm　1/16
印　张　16.25
字　数　300千字
版　次　2014年7月第1版
印　次　2014年7月第1次印刷
印　数　0001-3000
定　价　28.00元